KB237674

극장국가
북한

극장국가 북한

카리스마 권력은
어떻게 세습되는가

권헌익 · 정병호 지음

창비

서론

서론

북한은 종종 세계에서 가장 격리되고 불가사의한 곳 중 하나라고 일컬어진다. 그 나라의 권력집단이 바깥세상의 시선으로부터 사회를 격리시키고 주민들이 다른 삶의 방식을 발견하지 못하도록 애쓰는 것은 의심의 여지가 없다. 그 지도층이 2천4백만 주민들에게 줄곧 불가사의한 모습으로 보이려 노력한다는 것도 의심의 여지가 없다. 이 노력은 국가가 특정한 개인과 그들의 가족에게 강압적인 조치를 취하는 것을 포함하는데, 이는 역사적으로 형성된 북한식 삶의 방식을 둘러싼 그 특이한 가치와 정치적 의미들, 이를테면 막스 베버가 말하는 '의미의 거미줄'[1]에서 어쩌다 떨어져나간 사람들을 대상으로 한다.

그러나 실제로 북한 정치체제에는 미스터리가 없다. 북한이란 국가는 수수께끼 같은 존재가 아니며 그랬던 적도 없다. 북한에는 카리스마 권력의 독특한 마력을 어떻게 만들어내는지를 잘 아는 대단히 능란한 정치 지도자가 있었다. 이 지도자는 야심찬 정치적 목표를 향해 대중들을 동원하는 데 이러한 권력이 효율적임을 이해하고 있었고, 자신이 살아 있는 동안만이 아니라 자신이 지배하는 시기를 넘어서까지 그 권력을 유지하는 데 지대한 관심이 있었다. 현대 세계사에는 그와 비슷한 카리스마 넘치는 비전을 제시하는 지도자들과 그들의 흥망성쇠에 관한 이야기들이 많다. 이는 국제 냉전질서의 절반을 차지했던 공산주의세계의 정치사에서도 마찬가지다. 공산주의세계는 그 시대 세계질서의 다른 절반인 자본주의세계와 경제생활을 규제하는 방식에서뿐만 아니라 근대적 이상을 추구하는 방법, 즉 전통적 믿음과 오래된 관념에서 벗어나 세속적이고 탈주술화된 사회를 만들어가는 방법에서도 구별된다. 우리는 혁명적 사회주의정치에서 추구한 사회의 계몽에 자유주의적 자본주의사회보다 훨씬 더 명백하게 의식적으로 국가권력이 개입했음을 잘 안다. 하지만 세속적인 혁명정치가 한편으로는 사회가 전통 종교규범과 신비주의 관념으로부터 탈피하는 것을 목표로 하면서도, 그와 반대로 종종 혁명적 리더십의 권위와 권력을 신비화한다는 것도 잘 알고 있다.

현대 혁명정치의 이런 일반적 경향에서 북한의 탈식민 정치체제의 진화도 예외는 아니었다. 북한 지도자들은 외래적 정치사상을 (주로 소련으로부터) 들여와 그것을 자신들의 목적에 맞게 변형하고 창의적인 토착 요소와 외관을 더했다. 북한의 정치적 기원은 20세기의 많은 신생 탈식민독립국의 경험과 근본적으로 다르지 않은데, 그 국가들은 하나같이 과거 유럽의 경험으로부터 차용해온 기존의 국민국가 건설 기술로써 하나의 정치공동체를 다져갔음에도, 그 과정이 오로지 자생적이고 민족적인 정치발전 과정이었다고 주장했다. 이러한 관점에서 북한 정치체제는 현존하는 다른 어떤 정치체제만큼이나 현대적인 것이며 또한 글로벌한 현대성과 접촉하면서 만들어진 산물이다. 이 점에서 북한은 현대 세계에서 그 이상도 그 이하도 아닌 "또 하나의 나라"일 뿐이라는 브루스 커밍스의 주장은 옳다.[2]

북한의 탈식민적 정치체제의 성격 자체는 이처럼 역사상 독특한 것은 아니지만, 북한이 이와 같은 성격을 냉전 시기에 탄생한 다른 어떤 국가보다도 더 오래 유지했고, 실제로 20세기의 지배적인 지정학적 체제로서의 냉전이 종식된 훨씬 이후까지 유지하고 있다는 점은 매우 독특하다. 초기 북한의 정치체제는 탁월한 인물을 중심에 두었는데, 이는 냉전 역사 속의 다른 혁명국가 체제들과 마찬가지였다. 그 인물, 김일성은 내용과 형식 면에서 20세기의 다른 선구적 혁명가들(스딸린이나 마오 쩌둥)과 비교하여 특별한 존재가 아니다. 이 지도자들은 모두 해방정치운동에서 대단한 업적을 이루었고 대중에 기반을 둔 엘리뜨 정치조직을 이끌었는데, 이 조직은 민주집중제[3]의 원칙에 따라 급진적 사회변혁을 위한 대중동원에 집중했다. 그들은 모두 정치에서 현대적 기술이 매우 중요하다는 것을 파악하고 대중동원에 효과적인 출판, 예술, 극장과 드라마를 포함한 다양한 기술을 활용했다. 또한 엘리뜨 혁명전위조직이 늘 다루기 쉬운 집단은 아니라는 점을 매우 잘 알고 있었고, 이 조직의 효율적 기능을 위해 때때로 제도정치 영역을 넘어서는 권위를 가진 예외적이고 카리스마적인 지도자가 필요하다고 보았다.

20세기의 이러한 카리스마적 혁명지도자들의 역사적 삶은 비교역사학의 관점에서뿐만 아니라 역사사회학의 성과, 그중에서도 저명한 현대 정치이론가인 막스 베버의 개념적 전제를 토대로 논의할 수 있다. 베버는 카리스마 권력을 포함한 현대의 정치권력과 권위의 유형학에 관심을 갖고 있었다.[4] 합리적인 관점에서는 카리스마 권력의 매혹적인 힘이 기이하게 보일지 몰라도, 베버에게는 완벽하게 이해 가능한 역사적·사회적 현상이었다. 그 권력의 본질이 전통적 권력(예를 들어 가부장이나 황제의 권력)이나 현대적 관료제 혹은 법률체계의 권력보다 더 기이할 것은 없다고 보았다. 베버는 이러한 모든 형태의 권력들이 불완전하며, 그럼에도 불구하고 모두 완벽함을 열망하고, 또 완벽함을 성취했다고 흔히 주장한다는 점을 이해하고 있었다. 비범하게 보이는 카리스마 권력이 출현했을 때, 베버는 그것이 떠오르게 되는 상황은 평범하지 않을지언정 그 본질은 결코 특이한 것이 아니라고 말했다. 그의 관점에서는, 기적적이라고 주장하는 인물에게 기적적인 것은 하나도 없다. 그는 카리스마 권력이 존재하는 것은 단지 다른 권위들이 불완전하기 때문이라는 점을 분명히 했다. 카리스마적 인물들은 역사상의 급진적 사회격변 상황에서, 즉 변화에 대한 사회의 열망이 더이상 일상적인 전통적 체제로는 억눌러지지 않으며 기존의 합법적–관료적 체제를 통해 충족될 수 없을 때 출현한다. 하지만 베버가 또한 분명히 한 것은 카리스마 권력의 역사성은 그것이 사회적 위기를 겪는 이례적인 시기에 나타나기 때문에 시간적으로 제한되어 있고, 결국 그 사회가 격변을 수습하고 의례적인 일상의 질서로 되돌아가면 서서히 사라지게 된다는 것이다. 냉전시대에 국가차원에서 숭배받은 대부분의 카리스마적 인물들은 베버가 20세기 초반에 예견했던 대로 카리스마 권력의 역사적 운명을 따라 극적인 흥망성쇠를 겪게 되었다. 북한만이 예외다.

북한 정치체제의 예외적 성격은 그러므로 개인숭배에 기반을 둔 국가와 사회의 특정한 관계에 있기보다는, 이러한 특정한 방식의 지배가 다른 대부분의 혁명적 사회들의 역사적 경향과는 달리 예상을 깨고 놀라운 탄력성을 보여주었다는 사실에 있다. 이러한 형태의 정치가 오래 견뎌왔다는 점은 이론적인 관점에서도 예외적인데, 카리스마 권력의 비영속성을 주장한 베버 식의 현대 정치권력과 권위에 대한 설명을 거스르고 있기 때문이다. 북한 정치체제의 수수께끼는 따라서 특이한 개인숭배의 관행에 있는 것이 아니라 이러한 관행의 특이한 지속성에서 비롯된다. 통념을 벗어나 세대를 초월하여 오래 지속되어온 이 카리스마 정치를 오늘날 북한의 정치용어로 표현하자면 '유훈정치' 또는 '그리움의 정치'다(제1장 참조).[5]

이 책은 북한에서 지속되어온 카리스마 정치의 역사적 기원과 오늘날의 현실을 탐구했다. 북한의 정치체제가 카리스마 권력의 비영속성을 어떻게 넘어섰으며, 베버가 "혁명적 카리스마의 관례화(routinization, 일상화)"[6]라고 부른 것을 어떻게 그렇게 놀랄 만큼 오랜 기간 동안 그리고 명백히 세습적인 형태의 통치권 승계로 이뤄냈는지 연구했다. 북한의 최근 사건들에서 드러나듯이(이 책의 결론 참조), 북한의 세습적 유훈정치는 1994년 북한 정치체제의 창시자가 죽은 이후에도 여러해 동안 지속되어왔다. 이 사건들은 누가 김일성이 남긴 무거운 유산의 미래 상속자가 되어, 김일성의 장남이자 지난 18년간 북한을 통치해오다 최근 사망한 김정일 이후의 지도자가 될 것인지를 공표했다. 김일성으로부터 김정일이 물려받는 작업은 "공산권 세계 최초의 권력세습"이었고, 일찍이 1970년대 초부터 시작되었다.[7] 요즘의 북한 기록은 이 과정의 기원을 멀리 1960년대 초까지, 그리고 심지어는 더 이전인 한국전쟁 시기(1950~53)까지 올려잡고 있다. 이 주장들은 다른 사회주의 정치체제와 마찬가지로 북한이 특정한 정치적 목적에 맞게끔 역사를 고쳐 쓰고 전유하려고 매우 노력했음을 보여준다. 이러한 역사 수정은 단순히 상징적 지도자에게 더 큰 영예와 위엄을 부여하기 위해서만이 아니라, 지도자의 인격적 권위와 위엄을 이용하여 미래를 원하는 방향으로 이끌고, 특히 카리스마 권력의 정치적 생명이 끊어지는 위험에서 벗어나 정치체제의 지속성을 확보하기 위한 것이었다. 이런 점에서 국가로서의 북한의 진화는 20세기의 다른 모든 카리스마적 인물들이 결국에는 굴복한 카리스마 권력의 필멸성에 저항하고, 그러한 권위의 비영속적 성격을 극복하려는 하나의 서사적 투쟁이었다.

자연의 진로를 바꾸려면 적어도 천재적 재능이나 주요한 기술혁명이 필요할 것이다. 그 변화가 카리스마 정치권력자의 생애주기를 변화시키는 것이라면, 큰 힘과 새로운 국가정치 기술의 발명이 필요하다. 북한은 무엇보다도 대중적 사회동원과 대중적 정치교양이라는 기술을 발명했다. 이 기술의 중요성은 현대정치에 관한 기존의 문헌에서도 쉽게 찾아볼 수 있다. 예를 들면 근대적 국민국가주의 이념을 연구하는 학자들은 국민을 통합하고 공동의 국민의식을 형성하는 데 인쇄기술이 중요하다는 사실을 오래전부터 강조해왔다(그래서 현대 국가사회는 같은 신문과 책을 읽는 공동체다).[8] 혁명적 사회주의국가의 정치에 대한 연구는 노래, 연극과 영화, 군중집회와 대규모 행사, 그밖에도 여러가지 유사한 사상보급과 선전의 도구 등 대중정치의 여러 기술에까지 탐구영역을 확대하곤 했다.[9] 북한에서는 이러한 다양한 선전 양식들을 폭넓게 "혁명예술"이라 부르며 이들의 보급방식을 높은 수준으로 끌어올렸다.[10]

북한의 예술사가들은 그 나라의 혁명예술이 1970년대 초 중대한 혁명을 겪었고 이 혁명이 당시에는 아직 미래의 지도자였던 김정일의 천재성과 영도력에 힘입어 성취되었다고 주장한다. 김정일이 이끈 1970년대의 예술혁명이 나라의 초대 지도자로부터 그의 장남에게 이어진 권력세습에 필수적이었다는 것은 북한 전문가들이 널리 인정하는 사실이다. 이에 대해, 일본의 역사학자 와다 하루끼는 인류학자 클리퍼드 기어츠의 인도네시아 제의정치와 권력의 스펙터클에 대한 고전적 연구를 인용하며 "극장국가"라는 개념을 소개했다. 와다는 김정일시대 북한의 정치 과정과 발전을 이해하는 하나의 패러다임으로 이 개념을 제시했다(제2장 참조).[11]

이 책에서 소개하는 자료들이 주로 북한의 극장국가적 성격을 탐구하는 데 연관되어 있고 그래서 공공예술 작품이나 대규모 스펙터클에 대해 주로 검토하고 있지만, 우리는 이 책을 북한의 국가예술에 관한 연구라기보다 북한이라는 국가에 관한 연구로 기획했다. 이 두 분야에 대해서는 최근 몇개의 훌륭한 연구서들이 나왔다. 가장 주목할 만한 것으로는 찰스 암스트롱의 북한 초기 국가건설과정에 대한 엄밀한 연구인데, 그는 다른 무엇보다도 북한의 혁명정치에서 예술과 대중의례가 지닌 중요성에 대해 조사했다.[12] 따찌아나 가브루센꼬의 『문화 전선의 전사들』은 초기 북한의 문학작품 생산에 관한 흥미로운 역사를 소개하는데, 특히 북한 문학예술이 고전적인 사회주의 리얼리즘 예술과 갈라지는 점에 주목했다.[13] 김숙영의 『환영의 유토피아』는 또다른 장르의 북한 공공예술인 뮤지컬(혁명가극)과 대형 기념물 등이 어떻게 선전과 정치적 세뇌 도구로서 이용되는지에 주목하여 검토했다.[14] 이밖에도 북한의 예술과 정치에 관한 유익한 저작물들이 최근 한국에서 많이 출간되었다.[15] 이 책을 쓰면서 우리는 최근 급속히 발전하고 있는 북한의 사회·문화사 연구 분야에서 이루어진 학술적 성과에서 큰 도움을 받았다. 사회주의 정치과정에서 공공예술이 지닌 중요성에 관한 연구는 많은데, 북한연구 분야는 기존의 비교사회주의 연구에서 배울 것이 많고, 또 거기에 공헌할 것도 많다. 이미 사라졌거나 현존하는 다른 대부분의 사회주의 정치체제와는 달리, 북한의 혁명정치는 과거의 일이 아니라 현재 역사의 확실한 하나의 부분이다. 따라서 북한의 예술정치에 관한 연구는 북한의 미래와 국제사회에서의 북한의 위치에 대해 오늘날 진행 중인 학술적·정책적 논의에도 기여할 수 있을 것이다.

이 책은 북한의 사회주의 리얼리즘 예술에 대한 문화사적인 연구만이 아니며 북한의 국내외 정치에 대한 분석만도 아니다. 오히려 지난 수십년간 북한의 예술과 정치를 빚어낸 강렬한 정치적 열망을 다룸으로써 이 두 연구 영역을 연결하고자 한다. 이를 이해하지 않고서는 북한의 정치와 예술 두가지 모두 미스터리로 남을 것이기 때문이다. 근래의 북한 문헌은 이 열망을 "유훈정치" 혹은 "도덕 의리의 정치"라는 관용어와 "대를 이어 (유훈에) 충성하자"라는 슬로건으로 표현한다.[16] 이 책에서 우리는 그 열망이 역사적으로 지속 가능한 초월적인 카리스마 권력의 추구라고 생각했고, 그것을 북한이라는 국가의 진화과정에 중심요소로 정의했다. 앞으로 보게 되겠지만, 이러한 열망의 외골수적 추구로 인해 공공예술과 국가정치 간의 구분이 사라졌다. 그 결과는 인위적 예술정치를 통해 카리스마 권력의 자연적 도태에 저항하는 것을 목적으로 한 강력한 현대적 극장국가의 탄생이다.[17] 북한은 "사상의 힘은 한계가 없다"고 단언한다.[18] 우리는 이 한계가 없는 사상의 힘을 실현하고자 하는 북한의 서사적 투쟁과 무한한 권력을 추구한 그 오랜 투쟁이 오늘날 도저히 넘지 못할 장벽에 직면한 상황을 이해할 필요가 있다.

제 1 장

대국상

이 책의 저자들은 인류학자다. 인류학자가 연구를 하려면 보통은 이해하고자 하는 사회나 커뮤니티의 일상생활에 오랫동안 잠겨보아야 한다. 우선 그 사회에 관한 기존 문헌을 신중히 조사하고, 그곳의 언어를 배운다. 그리고 현지조사를 시작하게 되면 그 공동체에 받아들여져 역동적이고 흥미진진한 공동체의 생활문화 영역에 들어갈 수 있도록 끈기있게 노력해야 한다. 그러나 이렇게 적절히 정립되고 소중히 쓰이는 현대 인류학의 현장연구 방법은 유감스럽게도 북한에는 적용할 수 없다. 북한사회는 현재 세계에서 가장 높은 보호막을 세우고 빈틈없이 지키는 곳 중 하나다. 또한 혁명적 유산과 주체적 정치경제를 자랑으로 삼는 대단히 자부심이 강한 정치사회여서, 외부인들이 부정적인 인상을 가질 만한 것은 전혀 보지 못하도록 막는 데 부단히 노력하고 있다. 이것은 평양 혹은 다른 어디건 북한을 방문한 모든 외국인에게 익숙한 일이라 그들의 보고서나 회고담에 자주 등장한다. 이러한 상황 앞에서 인류학자들은 상당히 실망하게 된다. 이 책의 저자 권헌익은 구소련과 베트남 농촌에서 현장연구를 했다. 그런 곳에서 현지조사를 하면서 연구자의 이동과 조사활동을 규제하는 국가체제에 익숙해지기는 했지만, 이는 외국인 방문객에 대한 북한의 통제 강도와는 비교도 할 수 없는 것이었다. 공저자 정병호는 1990년대 중반 이후 조중 접경지역과 북한을 여러차례 방문할 기회가 있었고, 또한 현재 중국과 남한에 살고 있는 탈북 청소년에 대한 다방면의 연구와 교육 경험이 있다. 그러나 북한에서는 다른 모든 외국 방문자들과 마찬가지로, 당국이 배정한 안내원들이 항상 주의깊게 살펴보았기 때문에 북한의 보통사람들을 알게 될 기회가 거의 없었다. 하지만 외부인들에게 그곳 주민의 실제 현실과 매우 제한된 접촉만을 허용하는 고도의 통제사회 안에서도, 순간적이나마 그 사회의 속사정과 숨겨진 진실과 맞닥뜨리게 되는 경험을 할 수 있다.

2000년 초, 정병호는 남한 인도주의 단체의 일원으로 평양을 방문하여 오랫동안 잊을 수 없는 인상적인 경험을 했다. 북한 측 관계자들과 식량위기와 보건 문제가 어린이들에게 미치는 영향에 관해 몇 차례 회의를 마친 후, 남한 대표단 일행은 평양과 그 주변지역의 주요 기념물과 박물관을 돌아보게 되었다(북한을 찾는 대부분의 외국인 방문객은 모두 그런 장소를 돌아보고 경의를 표하도록 일정이 짜여져 있다). 일행은 1982년에 세워진 웅장한 주체사상탑과 89년에 새롭게 완성된 화려한 만경대소년궁전을 보고, 곧이어 더욱 최근에 조성된 기념물로 향했다. 북한 측 안내원은 이 모든 건축물이 당시 지도자인 김정일의 영도 아래 건립되어, 최고지도자 김일성의 영예와 권위를 드높이기 위해 바쳐졌다는 점을 분명히 전달하려고 애썼다. 또한 1994년 김일성 사망 이후 건립된 최근의 기념물들이 '위대한 지도자' 김일성을 영원히 기념하려는 '친애하는 지도자' 김정일의 깊은 존경심에서 지어졌으며, 그것들이 국가창시자에 대한 지극한 효심을 표현하는 것이라는 인식이 있어야만 제대로 그 진가를 음미할 수 있을 거라고 덧붙였다.

방문을 마치고 나오면서, 정병호는 다른 남한 사절단과 북한 관계자들과 떨어져서 안내원과 둘이 나란히 걸을 기회가 있었다. 안내원에게 북한주민들이 어떻게 그렇게 어려운 시기에 이렇게 큰 기념사업을 수행할 수 있었는지 물었다. 그 어려운 시기가 무엇을 의미하는지는 안내원에게 따로 설명할 필요가 없다고 보았다. 1990년대 중반부터 북한을 황폐하게 만들었던 극심한 식량·에너지 부족 시기를 일컫는 북한식 명칭, "고난의 행군" 시기를 언급하고 있다는 것을 그도 잘 이해하리라 여겼기 때문이다.[1] 그 시기에는 기근과 함께 전염병 등의 위기로 50만명 이상이 목숨을 잃었다고 알려져 있다(희생자수가 200만명 정도라고 주장하는 보고도 있다).[2] 그 질문에 안내원은 고개를 돌려 사망한 지도자에게 봉헌된 기념탑을 바라보면서 이렇게 말했다. "우리 조선 사람에게 가장 중요한 것은 정치입니다. 정치에 비하면 경제는 아무것도 아닙니다. 우리는 필요하다면 정치를 위해 굶주림을 참고 목숨을 바칠 준비가 되어 있습니다." 이 말을 듣고 그에게 뭔가 되묻고 싶었지만 생각을 어떻게 표현해야 할지 금방 떠오르지 않았다. 이어나갈 말을 찾지 못하고 있는데, 다른 북한 관리가 다가오는 바람에 대화는 자연히 중단되었다. 호텔로 돌아와, 그 중년의 안내원이 '정치'란 말로 무엇을 의미하고자 했는지, 또 외부 세계에서 일반적으로 받아들여지는 '정치'란 말뜻 안에서 어떻게 이 의미를 제대로 이해할 수 있을지 깊이 생각해보았다. 또한 그가 '정치'라는 말을 할 때 표정과 억양에서 보인 갑작스런 변화를 곰곰이

음미하면서, 그 돌연한 변화가 어떤 식으로든 북한정치가 사람들의 생활과 인간관계에 미친 영향에 관해 그동안 말하지 않았고 말할 수도 없었던 숨겨진 이야기와 연관이 있지 않을까 생각했다.

평양의 그 안내원만이 정치 대 경제의 개념적 위계질서에 관하여, 그리고 정치라는 개념이 그렇게 지고의 도덕적 가치를 지니고 있어 수많은 사람들의 굶주림의 고통과 죽음까지도 정당화할 수 있다고 말하고 있는 것은 아니다. 이러한 급진적인 도덕정치는 북한의 공식 매체와 문학작품들에서 흔히 접할 수 있는 주제이기도 하다. 남한의 원로 인류학자이자 북한 전문가인 이문웅(李文雄)은 1976년에 이미 다음과 같이 지적했다. "북한의 사회과정에 관심을 가지는 사람이면 누구나 관찰할 수 있는 바이지만, 북한의 주민생활에서 정치는 하나의 전체를 이루는 데 빠져서는 안 될 필수적 부분이다. 이것은 곧 사회의 구성원들을 전체로서의 한 정치체계에로 연결시키고 묶는 가장 중요한 동원 메커니즘이기도 하다. 그러면 북한 공산주의자들은 정치라는 용어를 어떤 의미로 사용하고 있을까?"[3]

정치의 월등한 중요성은 근래에 중국이나 남한 그리고 다른 지역에 정착한 탈북난민들과의 대화에서도 자주 접할 수 있다. 이들 탈북난민 대부분은 식량을 구하고자 고향을 떠나야 했는데 그중 일부는 특히 주민들의 기본적인 생계를 보장하는 데 실패한 북한정부에 대해 비판적일 수 있다.[4] 하지만 이들이, 특히 최근에 온 사람들이 북한의 정치를 그것만으로 부정하는 경우는 상대적으로 드물다.[5] 이들 탈북난민 중 몇몇은 식량을 구하러 중국 동북부 지역으로 탈출한 후 북한으로 다시 강제 송환되는 끔찍한 경험을 했다. 송환된 사람들은 보안대에 의해 벌금을 내거나, 재교육수용소에 감금되거나, 심지어는 신체적 학대를 당하기도 했다.[6] 북한정부의 관점에서 보면, 경제나 다른 무엇을 정치보다 우선하는 것은 이기심의 표시고 그 유약함은 처벌받아 마땅하다.[7] 식량을 구하러 탈출하는 것이 공적 범죄라는 것은 공민의 미덕과 인간적 가치의 서열구조에서 정치가 아닌 다른 어떤 것을 우선하여 생각하거나, 최근 우리가 브뤼셀에서 만난 탈북난민의 말처럼 "이념보다 자기 입부터 챙기는 것"이 범죄라는 이야기다. 많은 탈북난민들은 북한에서 정치라는 최고의 미덕을 존중하는 것이 시민의식의 핵심적 요소이며 그렇지 못하면 배반이나 심지어 반역행위에 해당될 수 있다는 것을 알고 있다.[8]

이와 관련된 최근의 또다른 한 사례는 2009년 2월 21일에 나온 이명박 대통령의 발언이다. "하루 세끼 밥 먹는 것을 걱정하는 사회주의라면 그런 사회주의는 안 하는 게 좋지 않겠느냐." 이런 즉흥적인 발언은 최근 북한에서 나온 것 중 가장 격렬한 다음과 같은 반발을 유발했다. "우리는 가장 무자비하고 단호한 결단으로 역적 패당과 끝까지 결판을 보고야 말 것이다."[9]

그렇다면 이 '정치' 즉 경제를 초월하는 정치란 무엇인가? 북한사람들의 삶에 그것이 왜 그토록 결정적으로 중요한 것인가? 경제적 복지나 기본적 생계보다 앞서 독립적으로 존재하는 이 초월적인 도덕정치를 우리는 어떻게 이해해야 하는가?

이 질문은 북한이라는 수수께끼 같은 나라를 풀이하려는 시도에서 핵심적이다.[10] 북한 정치체제는 다른 대부분의 사회주의국가를 휩쓸고 지나갔던 1980년대 후반 이후의 구조적 변화를 전반적으로 무시해왔다는 점에서 세계에서 유일무이하다. 과거 쏘비에뜨 진영의 다른 사회들과는 달리, 북한은 동유럽과 중부유럽 전문가들이 '탈사회주의적 전환'(postsocialist transition)이라 표현한 급격한 사회적·경제적 변화를 경험하지 않았다. 최근 주로 남한 및 중국과 관련하여 얼마간 제한적이고 들쑥날쑥한 경제자유화 조치들을 도입하기는 했지만, 북한은 (유럽의 이전 사회주의국가들과 달리) 여전히 굳건한 유일정당 국가이며 (여타 아시아 사회주의사회들과 달리) 여전히 경제적 생산과 분배에서 중앙집중적 계획과 집행 체제를, 그 기능이 제대로 되건 안 되건 완고하게 고수하고 있다. 북한은 다른 아시아 사회주의 정치체제들, 특히 중국과 베트남에서 전개된 일련의 변화를 따르지 않았다. 베트남과는 달리, 북한은 통제된 사회적 자유나마 허용하는 정치개혁은 말할 것도 없고, 흔히 시장사회주의라 불리는 시장경제적 개혁을 향한 일반적 움직임도 받아들이지 않았다. 사실 북한의 공식매체들은 때때로 이런 탈사회주의적 전환의 흐름을 변절이라며 비난했다. 지배적인 형태의 탈사회주의적 전환을 수용할 수 없었기 때문에, 북한은 자유주의세계의 국제적 주역들뿐 아니라 구동유럽권 동맹국들로부터도 폐쇄되고 고립된 시대착오적인 정치체제라는 평판을 얻게 되었다. 북한 스스로도 외부세계가 보는 자신의 대외적 이미지를 분명히 의식하고 있는 듯하다. 그 나라의 유명한 대규모 공연인 아리랑축전에서 관객들과 외부세계에 보낸 가장 두드러진 메시지 중 하나는 "나에게서 그 어떤 변화를 바라지 말라!"는 것이었다.[11]

이러한 거부선언에도 불구하고 북한은 다른 모든 구사회주의권 국가들과 마찬가지로 분명히 전환을 겪고 있다. 보기에 따라서는 변화에 반대하는 공개적인 거부선언의 필요성 그 자체가 변화가 진행 중이라는 사실을 시사한다. 최근 북한 전문가들도 이 견해를 공유하고 있는데, 그중 몇몇은 특히 도시 지역과 공업단지의 경제조직과 무역관계의 변화와 북한의 남한·중국 간의 관계 변화를 특히 강조한다.[12] 다른 몇몇 전문가들은 아래로부터 일어나는 사회적 변화의 힘

1-1 "나에게서 그 어떤 변화를 바라지 말라." 대집단 체조공연의 한 장면.

을 강조하는데, 특히 식량과 기본 생계물품 분배와 관련하여 여전히 머뭇거리며 혼란스럽게 대응하는 국가권력에 반대하는 움직임에 주목한다.[13] 만일 북한이 국제무대에서 변화하지 않고 변할 수도 없는 나라처럼 보인다면, 그것은 북한이 진정 변화를 거부하기 때문이라기보다는 아마도 북한이 지금 겪고 있는 변화가 외부세계에 생소한 것들이고 따라서 쉽게 감지할 수 없기 때문일 것이다.

이러한 의미에서 "나에게서 그 어떤 변화를 바라지 말라!"라는 선언은 아마도 "나는 당신들이 바라는 방식으로 변화하지는 않을 것이다"라는 의미로 이해해야 할 것이다. 이 선언의 대상인 "당신들"이 누구인지는 물론 흥미로운 질문이다. 만약 북한이 다른 사회주의 정치체제가 경험한 것과는 다른 변화를 겪고 있다면, 이러한 변화를 이해하기 위해서는 현 세계의 변화과정에 대하여 좀더 다원론적인 이해가 필요하고, 기존의 전환 방식에만 제한된 시각(그런 시각에서 보면 북한은 탈사회주의적 전환이라는 세계적 과정에서 아웃사이더의 위치에 서게 된다)에서 벗어날 필요가 있다.

그러나 북한을 세계의 탈사회주의적 전환에 관한 어떤 논의에라도 포함시킬 때엔 개념상 약간의 난점이 있다. 그중에서 우리는 탈사회주의의 사회적·정치적 전환에 관한 기존의 대중적·학문적 관심에서 식민·탈식민의 역사에 대한 주목이 부족했다는 점을 강조하고 싶다. 다른 책에서 우리는 탈사회주의 연구 분야가 너무 협소하게 유럽의 예들에만 초점을 맞추고 더 폭넓은 비교역사학의 지평을 고려하지 않는다는 문제를 제기한 바 있다.[14] 사회주의혁명의 역사는 지역마다 다른 파급결과와 다양한 의미를 지닌다. 즉 세계의 다른 많은 지역에서 이 혁명사는 주제 면에서 식민·탈식민 정치와 떼려야 뗄 수 없는 터라 러시아 혹은 유럽의 정치 경험과는 중요한 측면에서 다르다. 사회주의와 사회주의 이후를 유럽 중심적으로 편협하게 이해하다보니, 기존의 탈사회주의 연구는 폭넓은 국제지역학 연구와 냉전에 대한 비교론적 연구와 맞물리지 못했다.

냉전은 전지구적 갈등이었지만 세계 모든 곳에서 이를 동일한 방식으로 경험한 것은 아니었다. 초강대국들의 지정학적 상상력 안에서는 서로 밀접히 연관을 맺었지만, 유럽 무대의 양극적 갈등과 비서구 탈식민지의 양극적 갈등은 근본적으로 달랐다. 유럽에서의 냉전은 주로 "가상의 전쟁"으로 경제발전, 정치조직, 핵무기를 비롯한 군비경쟁이었다. 이 경쟁을 통해 그들은 유럽을 파괴했던 두차례의 세계대전 같은 실제 전쟁의 발발을 막을 수 있었다.[15] 하지만 많은 탈식민국가에서 '냉전'은 가상적이지 않은 실제 전쟁이었고, 혁명봉기와 내전의 무력충돌(종종 심각한 국제적 개입도 수반했다)과 여러 특별한 형태의 조직적인 정치폭력이 뒤따랐다.[16] 예를 들어 마크 브래들리(Mark P. Bradley)는 베트남 사회주의혁명의 정치사를 탈식민적 전환의 일부인 파괴적인 전쟁, 즉 프랑스와 미국(그리고 남한)과의 오랜 전쟁 경험과 떼어서 생각할 수 없다고 했다. 브래들리는 베트남혁명을 완전히 독립적인 풍요로운 국민국가 건설이라는 탈식민적 이상을 냉전시기에 추구한 것으로 규정한다.[17] 이로써 도이모이 개혁[18] 착수 이후, 베트남의 사회적 전환은 하나의 경제형태에서 다른 형태로 변동한 것 이상의 훨씬 많은 내용을 포함하게 되었으며 이는 과거 베트남의 역사적 투쟁이 단순히 특정한 경제체제를 실현하기 위한 것만은 아니었던 것과 마찬가지다.

비슷한 지적을 북한의 정치사에 대해서도 할 수 있고, 실제로도 그런 지적이 있다.[19] 외부세계의 관점에서 보면, 오늘날 북한은 냉전시대의 정치사조를 떨쳐버리지 못하고 탈사회주의의 발전 흐름에도 합류하지 못하는 매우 시대착오적인 정치적 존재처럼 보일 것이다.[20] 그러나 북한 국내의 정치무대에서 두드러지게 나타나는 것은 냉전이라는 양극적 역사의 문제가 아니라 식민적·탈식민적 역사의 문제들이다.[21] 역사 속의 혹은 현존하는 사회주의 정치체 가운데 북한은 독특한 지위에 있는데, 이는 그 나라의 정치사가 일련의 탈식민적 질문들에 의해 형성되어왔으며 그 질문들이 오늘날에도 줄곧 그 국가의 발전형태를 규정하고 있기 때문이다. 이 책에서 우리는 오늘날의 북한이 근본적으로 탈식민적 정치체임을 주장한다. 이에 더하여 북한의 탈식민주의 성격이 국제냉전의 종식과 소련제국의 붕괴 이후에 그 이전보다도 오히려 더 강해져왔음을 지적하고자 한다. 현대 북한을 이해하기 위해서는 따라서 탈사회주의적 전환의 진행과정에서 식민의 역사와 탈식민의 수사(rhetoric)가 재구성되고 있는 정치과정에 세심한 주의를 기울일 필요가 있다는 것이다.

이 필요성은 앞서 언급한 '정치'라는 문제와 직결된다. 이때의 정치란 권력승계의 문제, 즉 1994년 김일성 사망 이후의 정치과정과 밀접하다. 차후에 우리가 논하게 되듯이 이 정치과정에는 식민의 기억과 탈식민의 수사의 재활성화가 수반되어왔다. 당면한 탈냉전시대에 오래전의 식민주의의 역사적 기억이 재현·재구성되는 이러한 현상을 현대 북한의 맥락에서 검토해보기 위해서는 북한 정치체제의 몇 가지 근본적 요소들을 간단히 소개할 필요가 있다. 정치의 월등한 중요성에 관한 생각은 평양의 한 안내원이 그곳의 기념탑과 관련하여 일깨워주었다. 여기서 우리는 그 나라의 공공예술과 정치미학에 관한 논의에 초점을 맞추고자 한다. 북한의 정치문화를 정의하려는 최근의 몇몇 학문적 시도 중에서는 "유격대국가"와 "가족국가" 개념이 우리의 논의에 특별한 연관성이 있다. 다음 장에서 우리는 "극장국가"라는 또 하나의 개념에 대해서 논의할 것인데, 이 개념은 유격대국가론과 가족국가론이 어떻게 서로 연관되어 있는지 파악하는 데 유용하다.

그러나 우선 '탈식민의 역사'(postcolonial history)에 관해 간단히 짚고 넘어가자. 최근에 자주 논의되는 탈식민주의 역사 혹은 문화라는 표현은 (기존의 불평등한 국제적 권력구조에 대항하는 의미에서) 비판적 관점을 내포한다. 분석적 측면에서 이 표현은 공적인 식민지 시대가 오래전에 종식되었음에도 불구하고 제국주의적 지배의 역사가 어떻게 개발도상국가에 아직까지도 지속적으로 영향을 미치는가를 조사하고 기술하는 것을 지칭한다. 탈식민의 역사적 경험이라는 개념은, 디페쉬 차크라바티(Dipesh Chakrabarty)와 파타 챠터지(Partha Chatterjee) 같은 학자들이 논하듯이, 식민주의를 제도적 질서와 문화적 구도라는 두 영역으로 분리하고, 제도적 질서로서의 식민주의가 종식되고 정치적 자치가 성취된 이후에도 문화로서의 식민주의는 계속된다는 것이다.[22] 챠터지는 '포스트콜로니얼'이란 말에서 '포스트'의 속성을 과거에 존재했던 식민주의 경험이 현재에도 강력한 상징적 힘을 지닌 것으로 설명한다. 위의 학자들이 말하는 탈식민의 경험이라는 개념은 2차대전에서 현재에 이르는 역사적 시기를 식민주의의 문화적·정신적 영향으로부터 자유로워지기 위한 끊임없는 투쟁기로 제시하는데, 이는 이 세계가 식민적 예속이라는 공식적·제도적 억압에서 해방된 1940년대 후반에서 60년대 시기 이후를 거쳐 지금까지 지속되어온 것이다. 이러한 개념구도는 그 시기에 국제 권력관계가 식민주의적인 것에서 양극적 냉전구조로 이동한 중대한 전환이나, 그 결과로 야기된 탈식민세계 혹은 제3세계의 국민국가 형성과정의 혼란을 고려하지 않는다.[23]

탈식민주의 비평은 탈식민적 혁명사회주의 정치체의 분석에서 또다른 중요한 문제를 직면한다. 혁명적인 반식민운동이 혁명적 국가정치로 발전할 때, 그리고 이 국가가 바로 자기 정통성을 보강하기 위해 전투적인 탈식민 수사를 동원할 때, 그 수사는 지역의 패권으로 변질될 수 있고 그렇게 되면 다양한 목소리와 해석을 짓밟아버리게 된다.[24] 그러한 상황에서 탈식민주의 비평은 탈식민주의 관점이 권력의 도구로 변질되는 역사적 현실에 대해서도 비판적 시각을 가져야 할 것이다. 북한은 탈식민적 수사의 남용의 극단적인 사례인데, 1994년 김일성 사망 후 그 수사에는 추모와 그리움의 엄청난 드라마가 더해졌다. 우리는 지도자에 대한 이 그리움의 드라마에서, 어떻게 식민주의의 기억들이 재창조되었는지 목격하게 된다. 그리고 북한에서 이 드라마는 탈사회주의적·탈냉전적 흐름의 일부로서 (또한 그 흐름에 대한 반작용으로서) 독특한 정치적 지배와 정치적 세습 과정으로 전개되었다.

유격대국가

와다 하루끼(和田春樹)는 북한정치사에 관한 그의 중요한 연구에서 북한의 정치체제를 "유격대국가(遊擊隊國家, partisan state)"라고 정의했다.[25] 이 개념은 정치적 주역을 맡은 한 집단에 주목하게 하는데, 그들은 20세기 중반 북한의 건국과정에서(그리고 여러 정파들 사이의 치열한 권력투쟁에서) 핵심적 역할을 했으며 또한 식민지시기에 일본이 점령한 만주지역에 주로 기반을 둔 무장저항단체의 일원으로 활동했던 경력이 있다.[26] 김일성은 비교적 작은 항일무장투쟁 집단을 이끌었는데, 당시 그 집단은 중국 동북부의 많은 조선 정착민들로부터 상당한 지지를 끌어냈다.[27] 이미 잘 알려진 대로 본래 만주를 기반으로 한 이들 무장혁명세력들은 1945년 일본의 식민지배에서 해방된 후 탈식민화된 한반도의 북쪽 절반을 점령했던 소련 군부의 강력한 지원을 받으며 북한의 국가형성 초기에 다른 공산주의 정파나 민족주의 단체들에 비해 특권적 위치를 점했다.[28] 또한 잘 알려진 대로 1950년에서 53년에 이르는 처참한 한국전쟁 이후에 김일성과 그의 만주 시절 빨치산 집단은 다른 혁명집단과 분파에 맞선 권력투쟁에서 승리를 거두었다.[29] 1960년대 말에는 김일성의 이른바 만주 빨치산파가 북한에서 도전받지 않는 유일한 정치세력이 되었고 이는 오늘날까지도 그대로 유지되고 있다.[30] 이런 점에서 와다는 북한이 유격대국가를 수립한 것은 1967년 5월 조선로동당 중앙위원회와 70년 조선로동당 전당대회에서라고 보았다. 와다에 따르면, 이때가 되면서 당 내부의 권력투쟁이 끝나고 "북한은 김일성과 그의 만주 빨치산들이 세웠다"라는 이야기가 북한의 공식적 역사이자 헌법적 에피소드가 되었다.[31]

북한 전문가들은 대체로 이들 옛 게릴라전사 집단이 주요 권력기반이 되어 이른바 김일성 개인숭배를 전후 여러해 동안 발전시켰다는 견해를 갖고 있다.[32] 이 집단은 후에 김일성의 후계자로 지명된 김정일의 후원을 받아 자신들이 중요한 지위를 차지하고 있는 인민군을 점점 더 핵심적인 정치세력으로 만드는 데 기여했다. 와다는 "유격대국가"라는 개념을 제안하면서 앞서 언급한 북한의 전후 정치 전개과정에서 김일성이 이끌었던 빨치산 집단의 항일무장투쟁사가 어떻게 북한 현대사에서 무엇보다 중요하고 신성하며 모든 것을 아우르는 영웅담으로 승화되었는지를 기술한다. 이러한 역사적 승화과정의 중심에는 인류학자 쏘니아 량(Sonia Ryang)이 말하는 "주권적 사랑"(sovereign love), 즉 그들의 최고영웅인 김일성에 대한 "민족의 무한한 사랑"(그리고 그런 인민들에 대한 지도자의 헤아릴 수 없는 사랑)이 있다. 민족적 서사를 다룬 무수한 문화작품에서 김일성은 식민지의 고통에서 민족을 해방시켜줄 유일한 희망으로 상징화되었다.[33]

와다의 "유격대국가" 개념은 북한의 정치사뿐 아니라 북한의 공공문화에 관하여 고찰하는 유용한 시각을 제공한다. 이 개념의 타당성은 최근의 공식 출판물, 무엇보다도 아리랑축전 같은 중요한 공식적 정치행사를 통해 충분히 입증된다.[34] 여기서 우리는 공식 문헌(제3장 참조)보다는 공식 행사에 초점을 맞추고자 하는데, 왜냐하면 북한에서는 이러한 연극적 공연들이 서적보다 더욱 대중적이기 때문이다. 따라서 이 공연들은 국내적으로 정치과정을 형성하는 데 중요하다. 찰스 암스트롱(Charles K. Armstrong)에 따르면 뮤지컬과 영화는 북한 정치체제가 강조하는 "올바른 사상의 우월성"을 구현하는 데 중요한 역할을 한다.[35] 조선로동당 공식기관지인 『로동신문』에 실린 「수령님 부르신 노래」라는 최근의 기사는 조선이라는 혁명적 국가(國家)가, 고인이 된 지도자가 민족해방을 위한 고난의 행군에서 불렀던 노래에서 태어났고 이 노래는 "김일성민족의 영원한 넋이며 박동"이라고까지 주장한다.[36] 영화는 학교와 일터에서 폭넓게 활용된다. 영화는 그런 곳에서 열리는 정기적인 학습교양 소조모임에서 인민의 정치교양을 새롭게 하고 강화하는 중요한 학습자료로(지도자의 저작물과 중요한 신문기사나 사설과 함께) 자주 쓰인다. 영화를 본 후에 사람들은 그에 관한 감상을 글로 쓰고, 뒤에 그 감상문에 대해 토론을 벌인다. 토론그룹은 지역 당지도자들이 이끌고, 이들은 또 상위 당조직에 조직성원들의 학습에 대한 헌신성을 보고할 책임이 있다.

　혁명정치에서 사상의 중요성 그리고 올바른 사상함양의 도구로서 예술과 음악의 중요성은 바로 김정일의 영화와 가극 제작에 대한 소문난 관심 및 재능 그리고 정치지도자로서 김정일의 업적이 왜 예술과 밀접하게 연결되는지를 설명해준다.[37] 다음 장에서도 살펴보겠지만, 아버지에서 아들로 권력과 권위가 이전되는 과정에 왜 음악과 연극 공연이 넘치도록 많았는가 하는 것도 올바른 사상의 함양이 중요하기 때문이라고 설명할 수 있다. 남한의 사회학자이자 북한예술사에 대한 관찰자인 이우영(李宇榮)은 이에 관하여 다음과 같이 적절하게 지적했다. 그는 "예술과 문학은 중요한 정치적 영역의 행위"라는 사실에 주목하여, 문화생산에 대한 김정일의 적극적인 관여는 "그의 개인적 취향 때문이 아니라 사회주의체제의 정치지도자로서 공적인 임무를 수행한 것"으로 봐야 한다고 주장했다.[38] 이 주장은 남한이나 다른 나라에서 김정일의 음악과 예술에 대한 관심을 정치지도자로서는 이상한 특징이라거나 심지어는 삐뚤어진 집착으로 묘사하는 지배적인 인식에 맞서는 것이다.

아리랑축전 같은 대규모 공연들은 또한 외부세계를 의식하여 의도적으로 만들어진다. 캐럴 메들리코트(Carol Medlicott)가 지적했듯이 "상징은 어떤 국가에서나 중요한 역할을 하지만, 북한같이 외교나 국제적 정책결정의 정상적인 통로를 회피하거나 거기에서 배제된 폐쇄적인 국가에서는 상징과 상징적 공연이 종합적으로 '실제' 북한이라는 국가와 외부세계 간의 유일하고 중요한 매개체가 된다".[39]

아리랑축전은 거대한 대중공연으로 10만명 이상의 고도로 훈련된 시민 출연진(아동·학생·여성·군인 등)이 참여하는 치밀하게 연출된 행사다. 아리랑은 이전의 상대적으로 작은 규모의 작품들의 핵심 요소를 모으고 북한의 모든 주요한 무대공연을 종합해낸 최고의 작품이다. 그 세부내용들은 매번 조금씩 바뀌는데, 그중에서 북한에서 '배경대'라고 부르는 수천명의 관객들이 손에 든 다양한 색깔의 피켓을 세심한 동시동작으로 바꾸면서 주요 슬로건과 이미지를 전달하는 대형예술(카드섹션)이 특히 그렇다.[40]

아리랑공연은 북한의 혁명사가 식민지시대 만주의 조선인 유랑민 공동체에서 기원했다고 묘사한다. 그 유랑민들의 비극적 삶은 식민지배 때문에 고향을 등지고 국내외로 흩어진 민족 전체의 운명을 상징한다. 그들의 슬픔을 영웅적인 혁명지도자가 품어안음으로써, 그를 통해 민족해방과 영광스런 운명에 대한 희망과 열정을 회복한다. 아리랑의 이야기는 놀랍게도 기독교 구약에 등장하는 엑소더스(출애굽기)라는 구원의 미학과 흡사한, 추방된 삶 속에서 구현되는 해방의 예언적 진리를 그려보인다. 빨치산 투쟁에 참여함으로써 비로소 식민지 추방의 고통과 절망에 맞서는 진리를 감지하게 된다는 것이다. 빨치산 대원들이 진리를 본다는 것은 그들이 따르는 지도자의 완벽한 능력과 순수한 영성에 대한 절대적인 믿음을 키우는 것이다. 민족해방이라는 대의에 대한 그들의 희생은 빨치산 지도자가 불 밝혀준 삶의 진리의 지고한 선물에 대한 감사다. 지도자에 대한 그들의 헌신은 방황하는 민족의 모든 자식들에 대한 지도자의 무한한 부성애 덕분에 삶의 목적과 자신의 존재의 새 보금자리를 발견한 것에 대한 보답이다. 유랑민 아이들(일본 식민권력의 잔인함에 가족을 잃어버린 고아들)이 "한별(김일성을 나타내는 한편 해방에 대한 민족의 유일한 희망을 나타내는 상징)"을 향한 혁명의 길을 따라가며 진리를 깨닫는다는 것은 유명한 뮤지컬이자 영화로도 만들어진 「꽃 파는 처녀」(1972)와 「피바다」(1971)를 비롯한 북한의 많은 다른 문화예술 작품들의 핵심주제다. 이 작품들의 줄거리는 입양으로 맺어진 정치적 친족관계의 계시적 힘을 중시한다. 이를테면 어린 애국 소년소녀가 식민지배의 폭력에 사랑하는 혈육을 잃고 천애고아가 된다(제2장 참조). 이 아이들은 빨치산 지도자에게서 혈육을 대신할 가족적 유대감과 도덕적 소속감을 발견하고, 빨치산 대원들이라는 혁명가족에게서 새로운 삶의 의미를 깨우친다. 이러한 혁명적 가족의 강인한 연대감과 지도자에 대한 무조건적인 효성 같은 충성은 식민권력에 맞서는 강철 같은 저항의 힘으로 발전하게 된다.

유격대국가 개념은 따라서 또다른 일련의 동기와 가치를 포함한다. 빨치산들의 활동은 강력한 외부세력에 맞서는 전투적인 것인 반면에, 그들의 내적 유대는 부성애와 효성이라는 강력한 가치를 특징으로 하는 가족조직을 닮은 것으로 묘사된다. 북한의 연출에서 가족

적인 우호관계는 혁명활동의 핵심 요소로, 또한 그 연장선에서 혁명
국가의 근원적 미덕으로 부각된다.

가족국가

　몇몇 학자들은 북한 정치체제의 구성에서 친족관계 규범과 용어
의 위상을 탐구해왔다. 암스트롱은 북한의 초기 혁명정치가 "유교적
가족주의와 스탈린주의를 결합"시킨 것인데, 그중 김일성을 향한 집
단적 효성이 가장 특이한 요소라고 지적했다.[41] 인류학자 이문웅은
북한의 정치질서를 "가족국가"로 정의한다. 그의 주장에 따르면 "민
중과 최고지도자의 관계는 꼭 친족 간의 관계 같아서, 현대 공산주의
체제의 북한을 한 **가족국가**라 부르는 것이 적절할 것 같다. (…) **수령**
의 역할은 전통사회에서의 한 가정의 가장의 역할과 같은 것으로 보
인다. 그는 절대적인 권위를 행사하고 그가 바로 국사에 대한 **모든 지**
혜의 원천이며, 국가의 운명은 꼭 한 가정의 운명을 닮았다".[42] 실제로
오늘날 북한의 매체는 "어버이 장군님을 높이 모신 우리 인민은 모
두가 한식솔이고 내 나라는 어디 가나 친혈육, 화목한 대가정입니다"
라고 주장한다.[43] 다른 전문가들은 흔히 북한을 "유교국가"라고 부
른다.[44] 이러한 언급들은 북한이 표명하는 규범적·이념적 성향(종종
"정치문화"라고 지칭된다)을 고려하는 것이 북한의 정치 구조와 과
정을 이해하는 데 필요하다는 점을 강조한다. 한국전쟁 연구로 저명
한 커밍스도 같은 관점을 취한다. 그의 최근 저작들은 북한 정치발전
에 대해 이전보다는 좀더 문화사적인 설명방식을 채택하고 있는데,
이는 토지문제와 농촌의 계급관계를 강조했던 북한의 초기 사회혁

명에 관한 그의 이전의 저술과는 다소 다르다.[45] 정치문화와 정치경제 간의 분석적 관계는 중요하다.[46] 다만 이 장에서는, 북한은 가족국가 혹은 신유교국가라는 말이 제기하는 몇몇 개념적 쟁점들만을 언급하고자 한다.

신유교국가라는 개념은 남한과 일본의 최근 북한 관련 문헌에서 널리 언급된다.[47] 이 개념은 북한 현실의 여러 면모를 이해하는 데 유용하다. 예를 들면 북한의 공식매체들(서적·방송, 정치집회, 대규모 공연)은 유교 전통에서 강조하는 인간의 윤리적 성향 중 가장 중요한 두가지인 충(忠)과 효(孝)를 인민들에게 주입시킨다. 1990년대 후반에 평양 조선혁명박물관을 찾은 방문객들은 도처에 전시된 김일성의 조각상과 유품뿐 아니라 조선왕조 마지막 왕 순종의 조부인 대원군과 연관된 척화비도 보게 되었다. 대원군은 제국주의 열강의 위협에 맞서 개혁파를 숙청하고 쇄국정책이라는 극단적인 방어조치를 통해 왕조의 유교적 정치질서를 지켜내려고 시도했다.[48] 사학자 김성보(金聖甫)는 조선왕조 말기의 쇄국정책과 오늘날 북한의 자기방어적 고립 사이의 유사성에 기반을 두어 북한을 신유교국가로 개념화할 것을 제안했다.[49]

사회주의혁명이 혁명 이전의 과거와 근본적으로 다른 정치사회를 만들었다고 주장하지만 여전히 그 과거의 영향을 받고 있다는 점에 대해서는 기존의 많은 연구가 있다. 북한, 중국, 베트남에서 일어난 혁명운동은 모두 과거의 봉건 유교 전통을 극복하려고 애썼다. 암스트롱은 북한의 국가건설 초기의 이러한 과정을 상세히 기술했다.[50] 하지만 암스트롱이 주목한 것처럼 북한혁명은 자신들이 봉건적·착취적·퇴행적이라고 규정한 전통을 공개적으로 부정하면서도 이와 병행하여 사회적 통합과 정치적 강화를 목적으로 유교 전통을 재구성해서 활용하기도 했다.[51] 베트남에서는 지식인들과 당간부들이 맑스주의와 유교주의의 양립가능성에 관한 오랜 논쟁의 틀 안에서 혁명정치와 혁명 이전의 사회문화적 전통 사이의 모호한 관계에 관해 논의했다.[52] 그들은 베트남의 굳건한 전통인 조상숭배 영역에서도 이 쟁점을 다루었다. 전후 베트남 국가당국은 인민들의 조상숭배를 강력하게 억제하면서 동시에 그 관습을 혁명적 동원과 정치적 통합의 도구로 이용하려고 했는데, 예를 들어 가정과 공동체의 조상숭배 영역을 혁명전쟁의 열사들과 당지도자들의 기념관으로 바꾸는 식으로 추진되었다.[53]

북한에 적용되는 신유교국가 개념도 그와 유사하게 정치공동체가 혁명 이전 또는 식민지 이전의 과거와 모순적·이중적 관계에 있음을 지적한다. 즉 새로운 질서를 통해 과거를 부정하면서 동시에 이를 흡수하며 이 질서를 공고히 하고자 한다는 것이다. 또한 이 개념은 한국이 전통적으로 중국보다 더 정통적이며 교조적인 신유교주의(주자학) 이념을 수용하고 있었다는 인식에도 기반을 둔 것이기도 하다.[54] 흥미롭게도 몇몇 학자들은 위의 견해를 1980년대 이후 중국과 북한의 상이한 사회발전 경로를 설명하는 데 활용하면서, 정치사회 변화에 대한 북한의 덜 실용적이고 더 보수적인 접근이 민족의 뿌리 깊은 신유교적 유산에서 비롯되었다고 주장한다.[55] 이에 대해 이문웅은 다음과 같이 지적했다. "북한에서 전개된 문화과정은 아마도 정치지도자에 대한 강력한 충성심을 통하여 표현된 효의 연장으로 통합된 하나의 새로운 유교적인 사회 즉 **가족국가**에로의 변천으로 요약되어도 좋겠다. 어떤 점에서는 〔12세기 중국의 가장 영향력 있는 신유교 사상가인〕 주희(朱熹)가 꿈꾸었던 사회가 바로 공산주의 북한에서 형성되고 있는지도 모른다."[56] 비슷한 주장이 1980년대와 90년대 초 남한의 정치민주화를 향한 격변기에 남한 지식인들과 학생들의 주목을 끌었다. 그 주장은 민족주의 정서에 호소했는데, 외세에 지배받는다고 여겨진 남한에 비해 민족문화와 정신을 더 온전하게 지켜냈다고 주장하는 북한에 대해 점점 더 공감하게 된 것이다(이러한 새로운 국면은 부분적으로는 당시 남한의 지배적인 반공주의 국가이데올로기가 북쪽 이웃을 부정하고 격퇴해야 할 적대적인 이질세력으로 그리는 것에 대한 반발에서 만들어졌다).[57] 북쪽 이웃에 대한 남한사회의 이런 급격한 관점의 변화는 북한을 신유교국가로 정의하는 것을 이해하는 데 도움이 된다. 주로 젊은 세대의 남한 사학자들이 주장한 이러한 구도는 북한을 이질적인 공산주의체제로서가 아니라 한국의 민족문화적 전통 안에서, 민족사의 일부로 이해하려는 노력을 보여준다.

그러나 신유교국가와 가족국가 개념이 통용되기 시작한 것은 위에서 언급한 남한사회의 변화 때문만이 아니라, 1990년대 이 지역에서 일어난 더욱 광범위한 변화 때문이기도 하다. 이 두 차원의 변화는 물론 서로 관련이 있으며 둘 다 우리가 흔히 냉전의 종말이라고 하는 그 시대의 전세계적 격변의 일부였다. 북한에서는 그 격변으로 인해 유례없는 총체적 위기가 발생했는데, 교역과 산업활동의 붕괴, 농업생산의 급격한 감소, 그리고 공중보건과 식량분배의 심각한 파탄 상황 등이 초래되었다. 이 위기의 여파는 실로 엄청나서, 1990년대 중반에는 북한 전체의 생산과 분배 체제가 거의 기능하지 못했고 경제와 행정이 마비되어 곧 비극적 기근과 대규모 인명손실로 이어졌다.[58] 이러한 사회적 재앙은 우연하게도 국가창시자인 김일성의 죽음과 맞물리면서 더욱 증폭되었는데, '경애하는 지도자'의 죽음은 북한의 전국민을 깊은 정신적 위기감에 빠뜨렸고 뒤이어 장기간의 집단적인 애도과정으로 몰아넣었다. 북한이 가족국가 또는 신유교국가라는 인상은 이러한 총체적인 구조적 위기와 그 수뇌부가 위기를 피해가려 한 방식 때문에 더 굳어졌다.

1994년 7월 8일 김일성의 죽음은 북한사회에 심각한 충격과 균열을 가져왔다. 북한에서 '대국상(大國喪)'이라고 부르는 이 사건은 온 사회를 한순간에 정지시켜버렸다. 수십만의 애도자들이 평양의 광장을 메우고, 외부인들이 보기에 진심이 어린 슬픔을 거대하게 집단적으로 표현했다. 이런 집단적 애도의 장면은 남한사람들에게는 익숙하면서도 동시에 몹시 이질적인 것이었다. 익숙했던 것은 애도자들이 슬픔을 표현하는 방식이 한국사람들이 대개 가족장례에서 공적으로 애도하는 풍습에 따라 슬픔을 드러내어 곡을 하는 방식과 유사했기 때문이다. 평양의 거리에서의 대규모 추모행사가 이질적으로 보인 이유는 한국의 전통관습에서 공개적으로 통곡하며 애도하는 것은 통상적으로 정치지도자가 아니라 죽은 가족과 친지를 위한 것이기 때문이다(역사적으로 남한에서도 사람들이 국가지도자나 그 배우자의 죽음을 공개적으로 통곡하며 애도한 경우가 있기는 했다). 그럼에도 불구하고 북한사람들이 내보인 슬픔은 대부분 진심 어린 것이며(아래에 소개하듯이 이는 최근의 탈북난민들의 증언을 통해서도 확인된 바 있다), 이들의 슬픔은 실제로 많은 경우에 사랑하는 가족을 잃었을 때의 충격과 아주 비슷했다고 말해도 좋을 것이다(물론 그 반대도 역시 사실일 것이다. 주변부 지역에서는 인민들이 의무적으로 공식 애도에 참가했고, 참가하지 못한 사람들은 비판과 비난을 받았다는 보고도 있었다).

사람들은 그 소식을 1994년 7월 9일 점심시간에 들었다. 뉴스 발표 이전에 작업장과 거주단위 별로 정해진 시간에 TV나 유선방송에 주목하라는 지시가 있었다. 유선방송은 북한정부의 정책선전과 주민과의 소통을 위한 주요 도구 중 하나로, 구소련에서 수입한 기술이다. 중국 접경지역의 한 학교에서, 교사들이 "중대발표"를 듣기 위해 교장실로 모였다. 연이어 반복되는 한마디에 모두가 충격을 받았다. "우리의 위대한 수령 김일성 동지께서 우리 곁을 떠나시었습니다." 교장이 깊은 한숨을 내쉬었고, 다른 고참 교사들은 침묵했으며 몇몇 젊은 교사들은 눈물을 글썽였다. 특히 '총대가족(가족 중 여러 명이 군대에 헌신한 집안, 제3장 참조)' 출신의 한 교사가 슬픔을 격렬하게 표현했다. 또다른 학교에서는 교장이 뉴스를 듣자마자 크게 통곡하기 시작했고, 그 방에 모여 있던 거의 대부분의 교직원들이 따라 울었다. 그 교장은 "전사자 가족" 출신으로, 조국해방전쟁에서 전사한 군인가족에게 주는 상당한 특권과 물질적 혜택을 누리는 신분이었다. 이 학교의 교사들은 그날 교장을 따라 집단적으로 크게 통곡했다. 한 가족 안에서도 차이가 있었다. 한 탈북여성은 남편과 시아주버니가 그 뉴스에 별 반응이 없었던 반면 막내 시동생은 오랜 기간 깊은 슬픔으로 괴로워했다고 이야기해주었다.

대국상을 경험한 제보자들은 김일성의 죽음에 대한 정서적 반응이 다양했음을 설명하면서 대체로 집단역학과 상황조건을 강조했다. 몇몇 제보자들은 '눈치'를 언급했는데, 이는 실제 행동이나 행태의 선택에 영향을 미치는 사회생태적 인식과 기민한 대응을 말한다. 이 도식에 따르면 감정의 표현은 철저하게 사회적인 현상이고 언제 어디서 누구와 함께 그 감정을 표현했는가와 떼어서 생각할 수 없는 것이다. 따라서 김일성 사망소식에 두 집단의 교사들이 보인 제각각의 반응은 두 학교의 상이한 조직문화와 각 집단의 위계적 질서, 또 각 집단 특유의 분위기와 관련이 있다. 따라서 이런 맥락에서는, 한 제보자가 주장한 대로 만일 공식발표 내내 침묵으로 일관했던 교사가 다른 학교에서 근무했다면 그도 적극적으로 집단적인 애도에 합류했을 것이 거의 확실하다. 실제로 두 집단의 교사들이 며칠 후 함께 김일성에게 추모헌화를 하기 위해 마을의 김정숙(김일성의 죽은 전 부인이자 그가 가장 신뢰했던 동지. 제2장과 4장 참조) 동상을 찾았을 때에는 모든 교사들이 행동을 통일하여 격렬하게 울면서 국가지도자를 잃은 것을 슬퍼했다. 물론 일부 추모객들은 그 비극에 대한 자신의 상대적인 무감각과 주위 군중들의 격렬한 슬픔의 분출 간의 간극으로 남몰래 고심했을 것이다. 하지만 다른 사람들은 상실의 고통이 넘쳐 병적으로 흥분하거나 졸도하기도 했다. 그들은 "자기 부모의 죽음을 슬퍼하는 것보다 더 구슬프게" 비탄에 잠겼다고 몇몇 제보자들은 이야기했다. 어떤 주민들은 제사상을 차려와 동상 주위에서 철야를 하기도 했다.

다양한 반응이 있었지만, 여러 증언에 따르면 김일성의 죽음은 많은 북한 사람들에게 아버지의 죽음과 비슷한 것이었고, 집단적인 애도와 이어진 장례절차는 거대한 가족국가적 행사였다. 명목적인 장례절차는 열흘간의 장례 전 애도기간을 포함해 백일간 이어졌고, 이후에 삼년으로 연장되었지만 사실상 오늘날까지 계속되고 있다. 중국에서 일하는 한 북한여성은 남한 구호단체 사람과 대화하면서 다음과 같이 말했다. "내 인생에서 가장 잊지 못할 일이 있다면, 1994년도 수령님의 서거와 관련되어서 큰 충격을 받았던 것이다. 우리는 그때까지 '남조선보다 북조선이 더 잘산다. 왜 그런가? 우리는 위대한 분을 모시고 있기에 이 세상에 무서울 것이 없다'고 교육을 받았기 때문에 그렇게 알고 있었다. 그런데 그러한 위인이 하루아침에 서거하였다는 것이 온 나라에 전해졌을 때 모두가 눈물을 흘렸다."[59] 김일

성대학에서 나온 한 추도사에 따르면,

애도기간에 우리나라에 왔던 어느 한 자본주의 나라 실업가들과 기술자들은 자기 나라에 돌아가 기자들과 면담을 가지고 조선에서는 전체 인민이 위대한 수령님에 대한 절대적인 흠모와 존경심을 지니고 있으며 그이의 서거에 비통함을 금치 못하여 가슴을 치며 통곡하고 있다, 세상에서 이런 인민은 처음 본다고 하였다.

미국의 씨엔엔 텔레비죤 방송과 일본의 엔에취케이 텔레비죤 방송은 우리나라에서 전체 인민이 수령님을 잃은 데 대하여 끝없이 슬퍼하면서 깊은 애도의 뜻을 표시하고 있는 모습을 널리 보도하였다. 미국의 씨엔엔 텔레비죤 방송은 다음과 같이 전하였다.

"김일성 주석께서는 생존시 북조선은 한 가정이라고 말씀하시였는데 그때 서방 사람들에게는 그이의 말씀이 리해되지 않았다. 그러나 화요일에 진행된 영결식은 북조선 인민들이 김일성 주석을 자기들의 어버이로 모셔왔다는 것을 명백히 보여주었다. (⋯) 김일성 주석의 서거에 대한 북조선 인민들의 비분의 감정은 강요된 것이 아니라 진정으로부터 우러나온 것이다."

적들은 우리 인민의 슬퍼하는 모습에서 우리의 일심단결의 위력을 보았다. 우리 인민의 일심단결의 위력은 원자탄보다 더 강하다.[60]

김일성 사망 10주기를 기념하여 2004년 7월 2일자 북한『로동신문』에 실린 추모시는 다음과 같이 말하고 있다.

아버지를 잃고

폭우 쏟아지는 만수대언덕에서
이제 우리 어떻게 살아가는가고
천만자식들 어푸러져 목놓아 울고
전승광장을 지나는 수령님 령구차를
두팔 벌려 막아서며
정녕, 이 길만은 못가신다고, 못가신다고.[61]

'장군님 따라 승리의 한길로'라는 제목의 이 시는 김일성 사망 이후 북한의 고난의 행군을 그리고 있는 긴 서사시다. 제목의 '장군님'은 새 국가지도자인 김정일을 가리키며 시의 대부분은 건국지도자가 사망한 뒤 이 새로운 지도자가 가족의(국민적) 결속을 유지하기 위해 어떻게 노력했는가에 관한 것이다. 이 서사시에 따르면 이러한 노력의 뒤에는 후계자의 깊은 효심과 전 지도자와의 견고한 정신적 유대가 있다. 북한이라는 국민가족은 새 지도자의 효심을 목격하고 존경하게 되면서 슬픔을 극복하고 영광스런 미래를 향해 하나된 진군을 시작하는 것이다. 여기서, 정치적 유대는 두 가족적 영역(김일성의 가족 안에서 그리고 이 가족과 국민이라는 가족 사이)에서 작동하고, 새 국가지도자로서의 김정일의 위상은 죽은 국부(國父)에 대한 효성의 의무를 모범적으로 수행하는 데서 나온다. 김정일은 '상주(喪主)'로서 국가 전체가 관여하는 장례행사를 이끌었다. 이 서사시에 따르면 김정일이 이 역할을 주인답게 잘 수행하는 과정은 1994년 이후 북한의 역사이기도 하다. 이러한 메시지는 이 시대 북한의 다른 수많은 문화예술작품에서도 반복적으로 나온다.[62] 이 이야기를 통해 우리는 현재의 북한정치가 기본적으로 장례와 추모의 정치라는 점을 알게 된다. 이러한 추모의 정치에서 핵심은 국가의 모범적인 중심

1-2 "위대한 김정일 장군님만을 믿고 따르렵니다." 대국상 시기에 인민을 수호하는 김정일(그림, 일부분).

으로서 대체 불가능한 김일성을 대체해야만 하는 어려운 과제다.

따라서 북한이라는 가족국가의 최근 역사를 살펴보며 유의해야 할 점은, 여기서의 가족 개념이 실제 혈족관계에 기반을 둔 공동체를 가리키는 것은 아니지만 그렇다고 해서 가족국가에서의 '가족'이 인류학 문헌에서 종종 언급되는 허구적 혹은 비유적 친족관계를 의미하지도 않는다는 사실이다. 앞서 언급한 대로 정치적 아버지로서 김일성에게는 입양과 양육에 얽힌 이야기들이 많다. 항일 빨치산 활동 시기의 초기 혁명사에 관한 작품들을 보면, 김일성과 친족관계를 맺은 인물들은 대부분 가족을 잃고 갈 길을 잃은 고아 청소년들이며 그들을 통해 더 많은 인민들이 혁명지도자와 친족관계를 맺는 것으로 그려진다.[63] 김일성의 정치적 부성(父性)의 형성에서 고아 혁명

청소년들은 그후에도 줄곧 중심적인 역할을 수행한다. 이는 북한의 중요한 교육기관인 만경대혁명유자녀학원을 1947년에 설립한 사실에서도 알 수 있다.[64] 만경대는 김일성이 태어난 고향으로 북한주민에게는 성지이자 주요한 순례장소다. 만경대혁명유자녀학원은 본래 (1958년 개교한 남포혁명유자녀학원, 해주혁명유자녀학원 등과 더불어) 혁명적 대의에 부모를 잃은 아이들을 보호하는 시설인데, 그곳에서 김일성에게 가장 충성스런(김정일을 포함한) "혁명의 핵심골간"을 이루는 엘리뜨 간부들이 양성되었다.[65]

가족국가 개념은 이와 같이 유격대국가 개념과 밀접히 연관되고 동시에 식민지의 고통과 빨치산 투쟁의 기억과도 연결된다. 이로써 우리는 이 두 개념이 함께 서로를 구성한다고 결론내릴 수 있다. 김일성과 그의 정치적 후계자 간의 관계에도 같은 결론을 적용할 수 있을 것이다. 외부세계의 일반적 인식과는 달리, 우리는 북한의 권력승

1-3 "유자녀들의 친어머니." 김정숙과 만경대혁명학원의 개원 관련기사 중 만경대혁명학원 학생들의 행진장면.

계가 그 나라의 정치체제를 "왕조" 혹은 "왕조국가"로, 또는 사망한 지도자를 "신격화된 왕"으로 지칭하는 것을 정당화한다고 생각하지 않는다.[66] 원로 북한연구자인 서대숙(徐大肅)은 다음과 같이 적절하게 설명했다.

> 김일성은 결코 자신을 봉건사회의 영주로 생각하지 않는다. 실사구시의 현실적 정치가로서 여러가지 계승방법을 고려한 끝에 아들을 후계자로 삼는 것이 자기 말년의 권력유지와 사후의 자기 공적에 대한 평가, 그리고 북한에 세운 체제의 계속성이 가장 잘 보장될 것이라고 생각했음에 틀림없다. 김일성은 생전에 스탈린 격하 운동을 비롯하여 수많은 지도자들의 종말을 지켜보았고, 자신의 사후에 어떤 일들이 일어날 수 있을 것인지 가늠해보았을 것이다.[67]

김일성에서 장남 김정일에게 절대권력이 이양된 일은 실제 생물학적 혈통관계에 기반을 두는 것일 뿐 아니라, 더 중요하게는 역사적으로 구성된 정치적 친족관계에 기반을 둔다. 이는 앞서 언급한 대로 식민지 만주에서의 빨치산 혁명 가족집단의 영웅담에 기원한 것이다. 달리 말해, 김일성에게서 아들 김정일에게 권력이 승계되는 것은 봉건왕조의 승계나 가계의 대물림 같은 가족적 일이 아니었다. 오히려 하나의 중대한 정치적 사건으로 가부장적 가족정치체제의 기원 신화를 제공한 정치적 부성의 현대사, 가족국가의 구조, 만주시대에 대한 국가적 서사를 기반으로 한 것이다. 우리는 다음 장에서 이러한 문제로 되돌아가 이를 막스 베버가 말하는 개인적 카리스마가 세습적 카리스마로 이행되는 과정과 관련하여 검토해볼 것이다.

새로운 가족국가

거듭 강조하지만, 유격대국가와 가족국가 개념은 둘 다 북한의 정치사를 이해하는 데 도움이 된다. 그러나 중요한 것은 이 두 개념을 김일성 사후 끊임없는 위기에 처해 있는 북한의 현재 국가구성에 관한 질문과 관련하여 새롭게 생각해보는 것이다. 1994년 이전에는 이 두 개념 간에 모순이 없었다. 김일성이 초기 혁명 빨치산 집단의 지도자이자 혁명적 노동자국가의 아버지를 함께 체화하고 있었기 때문이다. 말하자면 북한이라는 국가공동체에는 오직 하나의 아버지가 전설적인 시작에서부터 모든 정치적 현실 안에 존재했다. 하지만 김일성 사후 새로운 지도자를 찬양하기 시작하면서 유격대국가의 상징체계는 수정되어야만 했다. 김정일은 1942년에 출생했기 때문에 식민지 만주의 항일혁명 빨치산 활동이라는 영웅적 건국전설에 자리매김할 입장이 아니었다. 따라서 건국전설에 김정일에게 자리를 제공하거나 아니면 전설을 재창조하여 어린 김정일이 국가형성기에 중요한 역할을 하도록 엮어내야만 했다. 이런 노골적인 역사의 수정 시도가 북한의 공공매체와 공식적 역사연구에서 두드러지게 나타난 것은 1980년대 초반 이후부터였다.[68] 가족국가의 상징적 속성도 몇가지 주요한 변화를 겪어야 했다. 이전의 지도자는 몇십년간 국가의 유일한 창건자 아버지였다가, 1994년에는 조상으로서의 존재로 변화했다. 북한은 국가 최고지도자가 살아 있는 정치적 아버지에서 건국의 시조(始祖)로 변하는 것을 수용하기 위해 여러가지를 조정해야만 했다.

이러한 구조적 조정은 실제로 김일성 사후 심지어는 그 이전부터도 북한의 정치과정에서 필수적인 문제였다. 이러한 문제는 역사적인 것이자 계보적인 것이었다. 역사적 차원에서 가장 중요한 구조조정은 아마 옛 무장 빨치산 저항활동의 역사를 현재의 역사로 가져오는 것이었다고 볼 수 있다. 이는 인민군을 특권화하는 김정일의 이른바 선군정치라는, 1994년 이후 가장 일관된 정책을 설명하는 데 도움을 준다(제3장 참조). 이 정책은 정부나 당의 문건에서만 아니라 공식 표어와 대규모 공연에서도 강하게 표현되었다. 이러한 공적 형식들은 김정일의 국가지배 방식이 김일성으로부터 직접 물려받은 것임을 강조한다.

서사시 「장군님 따라 승리의 한길로」는 "항일의 혁명전통을 이어 고난의 행군 전통이 마련되었다"고 주장한다. 또한 이 시는 다음과 같이 주장한다. "사회주의 조선의 시조이신 우리 수령님/항일의 피바다, 불바다를 넘어 엄혹한 시련 속에서 찾아주고 빛내주신 조국/선군의 총대로 끝까지 지켜가는 거기에/어버이수령님께 드리는 최고의 충정 조국과 인민에게 바치는 최대의 애국이 있음을/심장으로 간직하신 그이(김정일)." 아리랑공연은 식민지 만주에서의 비극적 장면으로 시작해 그 비극을 어떻게 김일성의 지도력과 군사적 천재성으로 극복했는지 묘사한다. 이 공연은 민족의 또 하나의 빛나는 군사적 천재 김정일이야말로 전세계적인 사회주의혁명의 위기에서 민족을 이끌 수 있는 유일한 지도자임을 주장하면서 절정에 이른다. 수백명의 군인들이 무대에 등장해 혼연일체로 총검술을 공연할 때 관객들은 가장 열렬하게 환호하기 시작한다. 시나리오는 고난의 행군 시기가 식민지배 시기만큼이나 심각한 민족적 위기임을 강조하고, 빨치산의 힘이 식민지배의 종식에 필수적이었던 만큼, 인민군대의 힘이 현 시대의 위기를 극복하는 데 필수적임을 강조한다. 이 같은 탈식민적 시나리오 안에서 인민군 최고사령관으로서 김정일의 명시적 운명은, 혁명 빨치산군의 빛나는 지도자로서 김일성의 역사적 운명과 맞물린다. 서사시에서 주장하는 것처럼, 항일투쟁이라는 옛 전통과 고난의 행군이라는 새 현실을 연결시켜주는 것은 변함없는 "혁명적 총대정신"(제3장 참조)으로, 김일성의 항일 빨치산 정치에서 물려받은 그 정신은 이제 김정일의 선군(先軍, 혹은 선군후로先軍後勞) 또는 "혁명의 선봉으로서의 인민군" 정치에서 구체화되고 있다. 서사시 「장군님 따라 승리의 한길로」는 이러한 전환기에 애국적 인민의 일차적 의무가 무엇인지 말해준다. "장군님 걱정하지 말아주십시오! 장군님 곁에는 천만의 총대가 있습니다! 만일 장군님 배반하는 자 나타나면, 백두산 총대는 무자비하게 징벌하겠습니다!"

효성의 미학은 과거와 현재의 두 혁명의 전통을 연결하는 데 핵심적 역할을 한다. 서사시 「장군님 따라 승리의 한길로」는 다른 많은 문화예술작품과 마찬가지로, 김정일의 권위가 사망한 지도자와의 혈연적 관계보다는 역사적 근접성과 유사성에서 비롯된다는 것을 분명히 한다. 이와 관련하여 특별히 중요하게 부각되는 것이 북한 지도부의 "현지지도" 또는 현지방문 전통이다. 이 공적인 정치관행은 형식면에서 아리랑 같은 대규모 집단공연과 상반된다. 아리랑공연은 일반 인민들이 참여하는 집회와 공연으로 항상 나라의 정치적 중심지인 수도 평양에서 열리고 북한의 지도부는 이때 먼발치에 있는 관객이지만(보이지 않는 무대 뒤에서는 연출가이기도 하지만), 현지지도에서는 반대로 나라의 최고지도자가 변방으로 몸소 찾아가 일반 시민들과 친밀한 만남을 가진다. 메들리코트는 북한의 통치권 상징에 대한 논의에서 근대 초기 유럽의 화려한 왕실행차와 북한의 상징적이고 정치적인 활동무대 사이의 흥미로운 유사성을 제시한다. 그녀는 다음과 같이 썼다.

하지만 북한과 근대 초기 유럽의 공연이라 할 수 있는 관행에서 가장 강력한 상징적 공통성은 엘리자베스(엘리자베스 1세, 1533~1603)식의 "군주의 행차" 방식에 있다. 나라 전역을 몸소 순회하는 의식을 집행하는 것이다. 이러한 방식으로 엘리자베스 여왕은 영국의 시골 지역들을 정치적 영토로 바꾸어놓았다. (…) 이 화려한 행차와 군주라는 인물이 육체적으로 상징하는 국가에 대한 인식은, 영토를 지닌 국가로서 영국을 구성하는 과정에 필수적이었다. 북한의 경우, 김일성이 그의 생애 동안 가장 많이 한 일 중 하나가 "현지지도" 순방으로, 온 나라를 여행하며 몸소 집단농장과 공장 및 여러 생산현장을 방문했다. 이러한 방문에서 북한의 노동계급과 만나는 김일성의 모습이 북한의 화보를 채우고, 그 이미지들은 "현지지도" 관행을 통해 국가권력과 권위를 세우려는 의도를 강력하고 명백하게 전달한다.[69]

메들리코트가 아시아의 제국정치가 실천한 화려한 황실행차 전통을 언급했더라면, 16세기 영국 튜더왕조의 정치기술과 20세기 아시아 혁명정권의 정치기술 간의 먼 거리를 좁히는 데 도움이 되었을 것이다. 황실행차는 일본의 메이지시대와 중국의 청조뿐만 아니라 일본의 비공식 식민지배하에 있었던 1905년에서 1910년까지의 대한제국 시기에서도 중요한 일이었다.[70] 어찌되었건 메들리코트가 현지지도에 주목하고 북한의 정치과정에서 이 관행이 중요함을 강조한 것은 꽤 적절하다.

북한 수뇌부의 현지지도 여행 전통 덕택에 김일성과 북한의 주민들은 일터와 주거지, 심지어 그들의 가정에서 만날 기회가 있었고,

지도자는 인민의 삶의 모든 세세한 부분에까지 세심한 관심을 표현했다. 인민들은 지도자의 그러한 방문을 지역의 역사적 일화로 만들어 기념함으로써 이에 보답했다.[71] 이러한 전통은 메들리코트의 지적처럼 확실히 근대군주제의 왕실행차 관행과 연결되지만, 북한에서는 지배자와 피지배자 간의 친밀한 접촉이 강조되었을 뿐만 아니라 근대군주의 통치술의 특징인 화려한 행렬도 없었다는 점에서 그와는 구별된다. 북한의 매체들은 현지지도가 "김일성동지가 발명하신 새로운 방식의 대중적인 지도력으로서 당과 국가의 건설, 군사력의 양성, 그리고 사회와 자연과 인간의 개조를 포함한 모든 영역에서 사회주의 사업을 승리로 이끌고 있다"[72]라고 주장한다. 1980년대에 들어서는 김정일이 김일성을 수행해서 이 중요한 여행에 함께했고, 이 합동 현지지도는 승계준비에 핵심적인 부분으로 알려져 있다. 북한매체들이 근래에 역설한 것은, 이런 전통이 발명된 것은 김일성에 의해서였지만 "오늘 경애하는 장군님(김정일)에 의하여 새로운 높은 단계에서 구현되고 있으며 세상을 놀래우는 선군조선의 모든 기적의 근본원천으로 되고 있다"라는 것이다.[73]

현지지도의 전통은 위의 발언이 주장하듯이 1994년 김일성 사후에 더욱 중요해졌다. 김일성이 생전에 방문했던 장소들, 특히 군사시설은 김정일에게는 순례지가 되었다. 대중가요인 「선군 승리의 열두 달」은 김정일이 사계절에 걸쳐 지치지 않고 수행한 현지지도의 여정을 그리고 있다. 그의 행선지는 모두 군사요충지인데, 여기에는 1994년 12월에 방문한 남한과의 군사접경지역도 포함되어 있다. 김정일은 1990년 후반의 전기간에 걸쳐 "위대한 수령님의 정신적 족적을 느끼기 위해" 또한 '위대한 지도자'를 몹시 그리워하여 많은 지역을 둘러보았다. 새 지도자의 관심을 끌었던 장소들은 대부분 군사시설이었지만, "수령님 찾아주신 샘물터/수령님 놓아주신 랭동기/수령님 보내주신 증기밥가마/수령님 보아주신 2층침대" 등도 순례 행선지 중 하나였다.[74] 김정일은 순례 경험을 바탕으로 「수령님은 영원히 우리와 함께 계시네」라는 노래를 썼다고 하는데, 이 노래는 그후 「어디에 계십니까 그리운 장군님」이라는 한국전쟁을 배경으로 한 기존의 인민가요와 함께 유훈정치에서 가장 중요한 혁명가요가 되었다. 김정일은 다음과 같이 말했다고 한다. "어버이 수령님 송가가 없으면 민족의 피줄이 끊어진다. 수령님 노래를 잃는 것은 민족의 생명도 미래도 잃는 것이다. 수령님 송가가 변함없이 높이 울릴 때 김일성민족의 혈통이 굳건히 이어지고 수령님 위업이 대를 이어 승승장구해나갈 수 있다."[75] 서사시 「장군님 따라 승리의 한길로」에 따르면, 북한의 인민들은 '위대한 지도자' 김일성을 마음깊이 그리워하지만 그들 모두의 정서적 헌신을 전부 합한다 해도 '친애하는 지도자' 김정일의 그리움의 격렬함과 효성의 힘에 비하면 보잘 것 없다고 한다. 이 서사시는 '친애하는 지도자'에 대해 이렇게 말한다. "선군시대는 그리움의 화폭이 아니던가. (…) 세상에 그리움의 화신이 있다면 그이는 오직 한분 우리 장군님 아니시랴."[76]

그리움의 정치

그리움의 화폭을 만드는 것은 물론 북한으로서는 막대한 비용이 드는 일이었다. 이때의 화폭이란 정치적인 상상의 풍경(러시아어로 politicheskoe voobrazhaemoe)으로서, 수잔 벅-모스(Susan Buck-Morss)에 따르면 "엄밀한 의미에서 지형학적 개념으로, 정치적 논리가 아닌 정치적 풍경이고, 하나의 구체적·시각적 영역으로서 그 안에 정치적 행위자들의 위치가 정해진다".[77] 러시아말로 오브라즈(obraz)는 시각적 재현에서는 '형상'(shape) 혹은 '형태'(form)를 나타내지만, 더 구체적으로는 '기호' 특히 종교적 상징(icon, 러시아정교의 교회예술에서 보이는 성인들의 아이콘)을 뜻한다.[78] 이러한 그리움의 정치적 화폭에서 새 지도자 김정일이 모범적인 효성과 열정적인 순례를 실행하는 것은 단순한 가족행사(자손이 망자인 부모를 기리는 의미에서)가 아니라 모두의 행사로, 모든 북한 "가족" 구성원들, 즉 김일성이라는 정치적 아버지에게 그들의 생명과 정신을 빚진 모두에게 관련된 일이었다. 그리움의 풍경은 가족국가의 모든 구성원들의 헌신을 요구했고 그 헌신은 정신적인 것이자 물질적인 것이었다. 정신적인 면에서 그리움의 정치는 경제위기나 기근에 영향받아서는 안 되었다. '위대한 지도자' 김일성의 죽음에 대한 애도만이 거국적인 장례행사에서 가시화되어야 했다. 이러한 공적인 집단적 애도에 대기근의 희생자들에 대한 사적인 애도가 들어설 자리는 없었다. 물질적인 면에서 그리움의 풍경은 구체적인 추모문화로 표현해야만 했고, 이를 위해서는 기근에 시달리고 있는 주민들에게서 노동과 자원을 동원해내야만 했다. 가장 두드러진 것은 김일성의 이전 집무실을 1994년에서 98년까지 눈부시게 호화로운 금수산기념궁전으로 변모시킨 일이었다.[79] 또 주목할 만한 것은 1994년에서 95년 사이에 완공된 거대한 조선로동당창건기념탑과 고조선과 고구려, 고려왕조를 개국한 왕들의 위대함을 보여주는 대규모 역사기념물들[80], 그리고 평양시와 묘향산의 김일성기념단지를 연결하기 위해 1996년에서 97년 사이에 건설한 고속도로 등이다. 묘향산에는 유명한 국제친선전람관(제5장 참조)이 있어 세계 각지의 국가 지도자와 민간단체가 김일성에게 헌정한 수많은 선물들을 보관하고 있는데, 이 유명한 순례지와 평양을 연결하는 전용도로로 건설된 고속도로는 순례 이외의 일상적인 용도로는 사용할 수 없다. 그외 다른 비문과 기념비들도 1990년 후반 평양에 나타났고, 많은 ('영생탑' 등) 기념물들이 지방도시와 마을에까지 세워졌다.

1995년에서 97년 사이의 극심한 고난 속에서 국가 배급체계가 완전히 붕괴되고 식량부족으로 참혹한 희생이 늘고 있을 때, 기근에 시달리던 주민들이 열성적으로 기념물 건립사업에 참여한 것은 아이러니다. 정부가 그 사업을 우선시했기 때문에 거기에 합류한 사람들에게는 부족한 생계물품이 먼저 할당되었다. 공적인 대규모 행사와 의식도 더 웅장한 장관을 이뤘는데, 이는 유례없는 경제위기와 식량부족에 직면하여 붕괴 직전에 처했던 그 사회에 거대한 압박이 되었다. 정치적 "그리움의 풍경"은 부분적으로 이 위기를 인정하며 "고난의 행군"이라는 이름을 붙였다. 후에 김정일 스스로가 그 시기의 참화를 간접적이나마 인정했다. 그는 어디인지는 알려지지 않은 어느 군사시설의 현지지도 중에 군인들에게 이렇게 말했다. "인민생활에서는 걸린 것이 적지 않다. 지난날 수령님께서는 늘 우리 인민들이 흰쌀밥에 고기국을 먹으며 비단옷을 입고 기와집에서 살게 하여야 한다고 하시었는데 우리는 아직 수령님의 이 유훈을 관철하지 못하고 있다. (이 때문에 나는 자나깨나 편히 쉴 수 없다.) 나는 최단기간 안에 인민생활문제를 풀어 우리 인민들을 남부럽지 않게 잘살도록 할 데 대한 수령님의 유훈을 반드시 관철하자고 한다!"[81] 보고에 따르면 '고난의 행군' 시기 조국방문을 한 해외동포들을 맞이하는 환영사에서 김정일은 이렇게 말했다고 한다. "동무들이 지금 여기에 와보면 앞이 캄캄할 것이다. 그러나 그 어둠 속에서 우리의 청년들은 자기의 생활을 사랑하고 인민들은 노래를 부르고 있으며 우리의 생활은 힘차게 흘러가고 있다. 자본주의 번화가는 일시적인 번화가이지만 우리는 이 땅에 영원한 번화가를 꾸리자는 것이다!"[82] 2000년에 발표된 북한노래「우리는 잊지 않으리」는 이렇게 말한다.

> 얼마나 준엄한 날이 이 땅에 흘렀던가
> 얼마나 험난한 길을 우리가 걸었던가
> 피눈물 언덕에서 장군님 시작하신
> 고난의 그 행군을 우리는 잊지 않으리…
> 한공기 죽도 나누며 장군님 헤쳐가신
> 시련의 그 자욱을 우리는 잊지 않으리
> 장군님 없었다면 조선은 숨졌으리
> 그이가 계시었기에 우리는 승리했네
> 총대를 앞세우고 언제나 그날처럼
> 장군님 한분만을 우리는 믿고 따르리.[83]

애국적 효성은 이 그리움의 풍경에서 최고의 미덕으로 제시되었고, 생계위기가 추모의 과정에 영향을 줄 수 없었다. 「장군님 따라 승리의 한길로」는 배고픔의 고통을 "밥투정"이라 치부하고, 만주의 영광스런 빨치산의 유산과 선군정치의 자랑스러운 전사들에게는 그것이 어울리지 않는다고 말한다. 북한정권은 고난의 행군의 "고난"과 인간적 고통을 인정했지만, 1994년 이후 새로운 가족국가의 모든 구성원과 선군시대 유격대국가의 모든 전사들의 기본적인 의무는 1930년대의 모범적인 선조 빨치산 대원들처럼 영웅적으로 "고난"을 견디는 것이라고 단언했다(제6장 참조).

1-4 영생탑(평양, 1995~97년 건축).

선군정치는 가족국가의 위기와 유격대국가가 처한 어려움에 해결책을 제공해주었을 수도 있다. 하지만 이러한 해결책을 밀고 나가면서 선군정치라 부르는 새로운 유격대국가 정치와 그리움의 풍경을 창출했던 새로운 가족국가 정치는 현대사에서 가장 비극적인 대량 아사를 초래했다. 또한 한 사람의 죽음에 대한 추모는 헤아릴 수 없이 많은 사람들, 바로 모두 고인의 자식으로 분류되는 수많은 사람들의 생명을 앗아갔다.

1-5 조선로동당창건기념탑(평양, 1994~95년 건축).

평양의 안내원은 이렇게 말했다. "우리는 필요하다면, 정치를 위해 배고픔을 참고 우리의 삶을 희생할 준비가 되어 있습니다." 그러면서 그는 김일성 사후 고난의 행군 기간에 건립되어 '위대한 지도자'에게 바쳐진 우뚝 솟은 기념탑을 바라보았다. 그의 말은 진실이었다. 그리움의 정치는 상상할 수 없는 희생을 포함하고 있었다. 우리에게 남은 질문은 이것이다. 어버이의 기억을 간직하는 것이 그렇게 많은 자식들이 목숨을 잃는 엄청난 희생을 치를 가치가 있는가? 북한인민들이 그들의 가족국가의 이 같은 근본적인 도덕적 실패, 즉 이 국가가 새로이 태어나고자 애쓰는 과정에서 가족공동체의 초보적인 규범을 위배한 사실과 어떻게 화해할 수 있을 것인가? 이어지는 장들에서는 오늘날 북한 정치체제가 직면한 이러한 심중한 문제들을 살펴볼 것이다. 북한의 가족적 정치체제의 위기와 이러한 규범체제와 유격대국가의 역사적 패러다임 간의 모순을 검토해볼 것이다. 하지만 논의를 더 진행하기 전에, 앞서 언급한 극장국가 개념으로 돌아갈 필요가 있다. 우리는 이 개념이 1994년의 극심한 위기 이후의 북한의 정치과정을 이해하는 데 유용하다고 믿는다.

현대적 극장국가

1994년 김일성의 사망은 북한현대사에서 결정적인 사건이었다. 그 후 북한은 스스로 국가를 재창조하려고 애쓰면서, 한편으로는 나라의 창건영웅이자 최고지도자인 김일성을 육체적으로는 부재하지만 정신적으로는 어디에나 존재하는 조상신적 존재로 바꾸고, 다른 한편으로는 대체할 수 없는 그의 권위를 대체해야 하는 도전적 과제에 직면했다.

이 과정은 넓게는 막스 베버가 "카리스마 중심 정치구조의 관례화(일상화)"라고 부르는 것, 더 구체적으로는 "혁명적 카리스마의 관례화과정"이라고 부른 것과 관련이 있다.[1] 베버에 따르면 사회적 행위는 사회 구성원들이 대체로 지니는 믿음, 즉 정당한 사회질서가 존재한다는 믿음에 의해 구성되고 형성된다. 사회적 행위가 이 질서에 의해 규제될 수 있는 가능성은 그 질서의 권위를 규정한다. 베버는 (물리적) 힘을 정당한 권위로 전환하는 몇가지 방식이 있다고 상정하고, 각각의 권위 형태는 서로 다른 방식으로 사회적으로 인정된다고 이해했다. 잘 알려졌듯이 베버는 그가 비교하려고 한 대표적인 세가지 전형의 정치적 권력, 즉 카리스마 권력, 전통적 권력, 합리적-관료적 권력 중에서 특히 카리스마 권력에 관심을 가졌다. 그는 카리스마 권력을 역동적 형태의 도덕적·정치적 힘으로 보고, 창조적이고 혁명적인 잠재력(과거와 근본적 단절을 가져올 수 있는 잠재력)을 가진 것으로 여겼다. 정태적이며 소외를 불러일으키는 현대의 관료 제도와, 정체되고 보수적인 전통적 권력과는 다른 것으로 이를 파악한 것이다.

카리스마 권력은 다른 두가지 형태의 권력의 위기와 관련이 있는데, 카리스마적 인물은 그 위기를 토대로 등장해 추종자들을 모아서 부상하고 결국 새로이 인정될 수 있는 질서를 창출해낸다.[2] 하지만 베버는 카리스마 권력이 사회적이고 정치적인 체제로서 지속될 수 있는 형태는 아니라고 보았으며 본질적으로 불확실한 권력 형태로 여겼다. 영감을 주는 지도자의 지배는 그 지배의 정당성이 추종자를 끌어들이는 지도자의 호소력을 바탕으로 한 것이라 일정한 기간 이상 유지되기는 어려워서, 결국은 대중을 매료하는 지도자로서의 흡인력과 매력이 필연적으로 스러져가는 것에 적응해야만 한다는 것이다.[3] 이 문제는 특히 필연적인 권력승계의 과정에서는 감당하기 어려운 일인데, 이는 창시자의 감화적 자질을 다른 사람에게 넘겨줘야만 하기 때문이다. 베버는 카리스마적 권위에 기반을 둔 정치권력의 지속가능성에 대한 이러한 불신을 "혁명적 카리스마의 관례화"라고 표현했다. 그는 또한 카리스마 권력에 바탕을 둔 사회와 집단이 "세습적 지위 또는 직책상의 카리스마와 개인적 카리스마와의 갈등"을 조정할 수 있을지에 대해서도 회의적이었다.[4] 그 문제는 기본적으로 고도로 인격화된 카리스마 권력과 그러한 권위를 담보하는 모범적인 인물이 없는 상황에서 이 권력을 재생산해야 하는 불가피한 일 사이의 조정에 관한 것이다. 베버가 보기에 카리스마의 관례화는 근본적으로 자기모순적(자멸적인 것이 아니라면) 과정이며 한편으로 카리스마 권력은 결국 전통적 권력으로 되돌아가거나 합리적 관료구조의 형태로 발전하는 방식으로 어떤 다른 종류의 권력에 그 자리를 내주어야만 하는 경계과정(liminal process)이라는 것이다. 이러한 관점에서 베버는 대체로 20세기 초에 카리스마 권력이 전통적 권력을 일시적으로(종종 폭력적인 수단으로) 대체하고, 이후에는 합리적-관료적-법적 권력에 의해 대체되었다고 보았다.

북한은 이와 유사하게 예언자적인 건국지도자로부터 다음 지도자로 권력승계라는 문제에 직면했는데, 그런 점에서 베버의 카리스마 권력의 역사성에 관한 견해는 현재 북한의 정치과정을 이해하는 데 적절하다. 또한 카리스마 권력의 성격에 관한 베버의 통찰은 "정치가 경제보다 우선한다"는 이전 장에서 소개된 문제에도 시사하는 바가 있다. 베버에게 카리스마는 그 본성상 사회경제적 힘에 반하는 것이다. 즉 카리스마 권력은 일상의 경제적 사안이나 관심을 무시해야만 하는데, 왜냐하면 바로 그 본성상 예외적이 되려고 애쓰면서 평범하게 반복되는 일상생활을 넘어서고 궁극적으로는 초월하려고 노력하기 때문이다.[5] 뒤에서 우리는 경제와 카리스마 권력의 관계에 대한 문제로 되돌아가, 1990년대 중반 이후 북한민중들이 고통스럽게 견뎌온 극단적인 생계위기와 관련하여 이를 살펴볼 것이다(제6장 참조). 이 장에서는, 베버식 역사사회학의 또다른 유산을 북한의 정치사와 정치문화에 관한 기존의 문헌에서 찾을 수 있다는 점을 말해둘 필요가 있다.

앞장에서는 '북한이라는 정치체는 유격대국가'라는 유용한 개념에 대해 논의했다. 와다 하루끼가 제안한 유격대국가 개념을 바탕으로 우리는 북한의 정치적 기원을 이야기하는 건국설화, 즉 1930년대 만주에서 김일성이 이끈 항일무장활동에 주목했다. 와다는 북한정치사에 대한 그의 면밀한 분석의 마지막 부분에서 이 나라의 정치구조에 관하여 극장국가라는 또 하나의 개념을 제시하면서, 이 개념은 특히 김일성의 장남이자 후임자인 김정일의 권력승계 드라마와 관련이 있다고 언급했다. 와다에 따르면 북한의 국가적 위상은 정치적 승계과정에서 상당히 변했는데, 김정일시대에는 그것이 훨씬 더 의례화되었고 유격대국가의 힘과 권위를 과시하기 위한 목적으로 상징적이고 연극적인 수단에 더더욱 의존하게 되었다. 다른 북한 전문가들도 비슷한 개념을 제시했는데, 그중 메들리코트는 국가적 의례와 국가 주도의 대규모 스펙터클이 현대 북한의 정치과정에서 핵심적 중요성을 띠게 되었다고 주장한다.[6] 하지만 와다와 달리 메들리코트는 북한의 정치체제가 기본적으로 유교적이라는 전제에서 출발하고 있는데, 여러 북한 전문가들이 공유하는 이 전제는 혁명적 자의식이 강하고 명백하게 현대적인 북한정권이 통치의 측면에서는 끈질기게 전근대적인 전통적 규범에 의존하고 있다고 보는 것이다. 정치적 스펙터클의 역할을 강조하면서, 메들리코트는 영국 튜더왕조의 정치를 포함해서 한국과 중국의 전통 유교 정치윤리까지 다양한 역사적 자료들을 논한다.

와다와 메들리코트는 모두 현대 북한의 정치과정에서 상징과 은유가 무척 중요하다고 강조한다. 그들은 공히 이러한 주장의 중요한 참고자료로 20세기의 저명한 사회인류학자인 클리퍼드 기어츠(Clifford Geertz)를 소개한다. 기어츠는 1979년에 발간한 저서 『네가

라: 19세기 발리의 극장국가』에서 기호학적 문화이론과 수사학에 기반을 둔 권력이론을 전개했다.[7] 우리는 이 장의 후반부에서 상징적 권력에 대한 기어츠의 의견을 살펴볼 것이지만, 여기에서는 발리의 극장국가 연구에서 기어츠가 갖는 이론적 관심이, 국가권력은 강제적인 힘(관료, 군대, 경찰)의 독점이라고 정의한 베버의 고전적 논지에 의문을 제기하고 정치권력에 대한 개념을 다원화하기 위한 것이었다는 점만 언급하겠다. 이를 위해 기어츠는 19세기 발리에서 왕의 정치적 권위가, 강제적 수단에 의한 통제보다는 왕이 사회와 우주의 중심임을 주기적인 의식을 통해 과시하는 것에 기반을 두었다고 주장한다.

이 장에서 우리는 전근대의 정치체에 대한 분석을 통해 전개된 극장국가라는 개념이 현대적 혁명국가를 이해하는 데에도 적용될 수 있는지 살펴볼 것이다. 우리는 또한 일면 모순적인 상황에 대해서도 숙고해보고자 하는데, 이것은 기어츠가 베버의 정치권력이론에 대한 비판으로 제기했던 극장국가 개념을 위의 학자들은 카리스마 정치권력의 승계과정이라는, 앞서 언급했듯이 대단히 베버적인 주제에 적용했다는 점이다. 우리는 극장국가 개념이 북한의 정치과정을 파악하는 데 유용함을 주장한다. 하지만 우리는 또한 북한연구의 맥락에서 이 개념의 분석적인 가치를 심화시키기 위해서는, 기어츠가 논한 것보다 좀더 역동적인 방식으로 상징의 정치를 생각해볼 필요가 있고, 극장국가의 개념 틀을 더 분명하게 베버가 말하는 개인적 카리스마와 세습적 카리스마의 갈등이라는 맥락에 놓을 필요가 있다는 점도 아울러 강조하고자 한다.

과시적 권력

와다는 정치권력이 권력의 과시(display of power)와 "과시, 관심, 드라마의 규제력"(the ordering force of display, regard, and drama)의 문제일 수 있다는 기어츠의 주장을 언급하면서 다음과 같이 말한다. "김정일이 연출가이자 디자이너로 있는 북조선이라는 유격대국가는 기어츠가 극장국가라고 부르는 것의 몇몇 특징들을 부분적으로는 분명히 지니고 있다고 할 수 있다."[8] 메들리코트는 다음과 같이 썼다. "〔상징〕과 상징적 공연은 총괄적으로 '실제' 북한이라는 국가와 바깥세상을 매개하는 유일한 거대한 층위를 형성하고 있다."[9]

이 문제와 관련하여, 제1장에서 언급한 대로 북한의 괄목할 만한 공식행사는 정기적인 아리랑축전인데, 정교한 안무를 수반하는 이 대규모 스펙터클에는 해마다 10만명 이상의 학생·여성·군인이 고도로 훈련된 시민-배우로 참가한다. 그 자체로 이는 대중공연을 훨씬 넘어선 것이며 실제로 이 폐쇄적인 국가와 외부세계를 "매개하는 거대한 층위"를 형성하고 있다(하지만 언급해두어야 할 것은, 메들리코트의 "실제" 북한국가라는 생각이 바로 그런 정치적 현실주의에 도전하고자 하는 기어츠의 극장국가라는 정치적 상징주의 개념에 상당히 역행한다는 점이다). 이 스펙터클은 북한 주민에게는 도덕적·정치적 슬로건을, 국제사회에는 핵심적인 외교 메시지를 전달한다. 이러한 의미에서 아리랑축전은 북한이라는 국가가 자신에 대해 또 외부세계와의 관계에 대해 어떻게 생각하고 있는지 말해준다. 아리랑축전은 이러한 국가의 생각을 아이들의 대집단체조의 노동과 시민들의 집단예술공연의 노동을 통해서, 북한의 역사적 기원과 미래의 열망을 극적으로 보여줌으로써 전달한다.[10]

2-1 "백두산에 떠오르는 태양." 대집단체조와 예술공연 아리랑의 한 장면.

다만 아리랑축전은 2002년에 처음으로 공연된 비교적 최근의 것이다. 이는 2009년에 잠시 중단되었다가 2010년에 재개되었는데, 여러 북한 전문가들은 이 일시적 중단이 당시 북한이 당면한 국가 리더십의 새로운 정치적 승계문제와 긴밀하게 연결된 것이라고 이해했다. 당시 널리 보도된 것처럼 김정일의 건강은 불안정했다. 또한 아리랑의 내용도 김일성 탄생 백주년이 되는 중요한 해인 2012년을 준비하면서 상당한 변화를 겪을 것이라고 널리 예측되었다. 북한정권은 오래전부터 2012년을 북한이 "강성대국"이 되는 때라고 예정해두었다. 이 당시의 상황은 승계문제 즉 당시의 지도자가 차기 최고지도자로 누구를 선택할 것인가, 또 그 사람이 혈연적 가족의 누구일까에 관한 다양한 추측을 불러일으켰다(이 책의 결론 참조). 승계문제가 의심할 여지 없이 북한의 미래에 엄청난 의미를 지니고 있으며 따라서 당연히 이웃나라들에서도 크나큰 관심을 끌고 있었다는 점은 충분히

납득이 간다. 남한의 북한 관련 정책전문가들과 학계인사들은 대체로 새로운 아리랑축전이 2012년에 개막될 때에는 승계문제가 이미 해결되었을 것이며 그 공연을 통해 북한의 새 지도부가 무엇을 성취하기를 희망하는지와 그들이 어떻게 외부세계와의 관계를 계획하고 있는지에 관하여 명확한 메시지를 보낼 것으로 믿고 있었다.

아리랑공연은 2002년에 들어서야 선보였지만, 그 주요 구성요소는 이미 김일성이 60회 생일을 맞은 1972년경부터 존재하기 시작했다. 그 시기는 김일성 이후의 권력승계문제가 결정되어가던 때였다.[11] 2000년대의 아리랑공연은 1970년대의 몇몇 중요한 연극적·음악적 작품들에 의존하는데, 북한은 이 모든 작품들이 김정일의 예술적 천재성과 노력에 의해 만들어졌다고 주장한다. 아리랑공연은 이러한 종래의 작품들과 1994년 김일성이 사망한 뒤 90년대 중후반에 만들어진 새로운 창작물들을 결합시켰다. 후자는 "추모예술" 또는 북한 용어로 "유훈예술"이라 부를 수 있다. 이에 비해 1970년대와 80년대의 정치적 예술은 "승계예술"이라 할 수 있는데, 이 시대 예술작품의 핵심목표가 김일성의 권위를 이상화하여 그의 개인적 카리스마를 역사적·세습적 카리스마로 바꾸어낼 토대를 다지려는 것이었기 때문이다. 김정일의 예술적 천재성은 이른바 '종자론'(아래 참조)의 발명과 자주 연관된다.[12] '종자론'은 예술이론을 훨씬 넘어선 정치적 권력과 계승에 관한 이론이며 미래의 유훈정치를 위한 씨앗(종자)을 포함하고 있어, 그 이론의 창안자 자신이 그가 뿌린 씨앗에서 나온 과실의 주요 수혜자가 되도록 한 것이다. 이 예술이론은 카리스마 권력의 지속가능성에 대한 베버의 의문에도 불구하고 그 영역에서 눈부신 성공, 즉 혹자는 "공산권세계 최초의 권력세습"이라고 부르는 것을 이루는 데 결정적 역할을 한 것으로 판명되었다.[13]

2-2 김정일과 후계자로 지명된 아들 김정은. 금수산기념궁전에서 군과 당의 최고위직과 함께 기념 촬영.

다시 강조할 점은 2000년대의 아리랑 대집단 예술공연이 1970년
대 초부터 시작된 오랜 정치적 예술제작사의 정점이라는 것이다. 김
정일은 1974년 '위대한 지도자'의 후계자로 공표되었는데, 그해는 김
일성의 60회 생일 2년 뒤였다. 이 60회 생일 축하 준비기간 중에 후계
자가 될 사람의 지도하에 중대한 "가극혁명"이 시작되었다고 한다.[14]
이 가극혁명의 가장 주목할 만한 결과로는 1971년 개봉된 「피바다」
와 「당의 참된 딸」, 72년 대중들에게 공개된 「꽃 파는 처녀」 등 아주
유명한 작품들이 있다. 오늘날 북한에서 주장하는 "5대 혁명가극"에
들어가는 이 세 가극은 건국의 영웅이자 유일한 정치적 어버이인 김
일성에 대한 김정일의 모범적 효심의 선물로 여겨진다. 「당의 참된
딸」은 한국전쟁을 배경으로 실제 여성 전쟁영웅의 이야기를 바탕으
로 한 것으로 선군정치시대의 탁월한 예술작품이라고 여겨진다.[15] 다
른 두 가극 「피바다」와 「꽃 파는 처녀」 역시 영웅적인 여성 혁명가를
중심으로 한 것이지만, 그 배경은 1930년대의 만주다.[16] 우리는 제4장
에서 북한 드라마와 기념건축물에 표현된 한국전쟁의 의미를 검토

하면서, 특히 김정일의 친어머니로 현재 북한에서 최고의 모성(母性)의 상징이자 "선군정치의 어머니"로 불리는 김정숙에 대한 기억과 더불어 선군정치의 전제와 관련된 내용에 대해 살펴볼 것이다.[17] 이 장에서는 만주 빨치산 시대를 다룬 두 가극작품에 초점을 맞추어 이들의 서사적 이야기체계와 상징적 구조를 통해, 앞서 소개한 베버가 제시한 문제, 즉 카리스마적 인물이 부재한 상태에서 어떻게 그의 권위와 그가 체화하는 권력을 유지할 수 있는가라는 구조적 문제가 북한의 맥락에서는 어떻게 다루어졌는지 살펴볼 것이다. 베버는 개인적 카리스마 권력의 종말은 전통적 권력으로 역행하거나 합리적-관료적 권력으로 이행될 수밖에 없다고 믿었다. 그렇다면 문제는 김일성의 개인적 카리스마를 다음 세대로 가져가려고 노력하는 과정에서 전통적 권력과 관료적 권력을 어떻게 다루는가다. 요컨대 우리는 이전의 또는 현존하는 다른 어떤 사회주의 정치체제도 성취할 수 없었던 이러한 정치적 전환을 북한이 어떻게 성취했는지 검토하고자 한다. 우리는 이 문제를 1970년대 초반에 만들어진 두편의 초기 혁명가극과 관련하여 탐구해볼 것이다. 하지만 우선 북한만이 아니라 전 세계적으로 1970년대 초기라는 시간대가 갖는 중요성에 대해 잠깐 살펴보는 것이 도움이 될 것이다.

앞서 우리는 베를린장벽이 붕괴된 해를 지칭하는 "1989년 이후"라는 연대기적 구도를 무작정 아시아의 상황에 적용하는 데에서 야기되는 문제를 지적했다. 이 개념은 우리가 흔히 냉전의 종결이라고 부르는 역사적 격변을 유럽과 서구의 맥락에서 파악하는 데에는 의미가 있을 수 있다. 하지만 동아시아의 역사적 맥락에서는 심각한 개념적 문제들에 부딪치게 되는데, 특히 북한 같은 혁명적 탈식민국가들의 탈냉전적인 사회적·정치적 발전을 이해하려고 할 때에는 더욱 그러하다. 유럽의 냉전 종결과 1989년과 91년 사이에 일어난 쏘비에 뜨 정치체제의 붕괴는 북한에 의심의 여지 없이 지각변동에 가까운 충격을 주었다. 북한에서 1990년대 중반부터 촉진된 선군정치는, 다음 장에서 자세히 살펴보겠지만 유럽과 러시아에서 일어난 중대한 변화, 즉 오늘날 학계에서 탈사회주의적 전환이라고 부르는 것에 대한 대응이었다. 그러나 북한을 둘러싼 국제환경의 변화는 "1989년 이후"라는 구도만으로는 적절히 이해할 수 없다. 이 변화를 다루기 위해서는 냉전의 유럽중심적 시간성에서 벗어나 아시아적 맥락에서 냉전의 특수성에 유의해야 할 필요가 있다. 오직 이렇게 냉전의 역사를 탈중심화하고 다원화하려는 노력을 통해서만 북한이 왜 전세계적인 탈사회주의적 전환의 흐름을 기부하게 되었는지를 이해할 수 있고, 또 그런 점에서, 냉전이 왜 한반도에서는 종식되지 않았는지도 알 수 있을 것이다.

이러한 관점에서 "세계를 변화시킨 일주일"(닉슨 대통령이 자신의 1972년 중국방문에 대해 쓴 표현)과 이와 관련된 "기나긴 1970년대"(중국을 1970년대 말 경제개혁의 출발로 이끌고 1979년에 중미 외교정상화로 이끈 시기)가 동아시아 지역사연구와 세계체제에 대한 최근 연구에서 새롭게 주목받기 시작했다.[18] 이 연구들은 대체로, 중국이 글로벌 경제강국으로 부상하고 동아시아 지역의 초강대국으로 부활한 것과 탈냉전시대에 세계의 글로벌 권력관계에서 구조적 변화가 일어난 것은 1970년에서 72년 사이에 일어난 미국과 중국의 상호 긴장완화(데땅뜨)라는 중요한 사건에서 비롯되었다고 본다.

이 역사적 사건은 복잡한 지정학적 문제들과 관련이 있는데, 당시 닉슨 대통령과 그의 수석보좌관인 헨리 키신저는 1960년대 중국과 소련의 분쟁을 이용해서 중국을 미국에 좀더 우호적인 세력으로 끌어들이고 또한 패전으로 기울던 베트남 상황에서 중국이 그 전쟁에서 손을 떼게 하려 했다. 중국으로서는 그 제안이 자신들이 국제사회의 인정을 받아 경쟁적인 외교전쟁에서 대만을 앞지르고, 그 당시 국내 경제에서 발생한 문제들에 대한 해결책을 찾고, 국제사회주의 리더십 경쟁에서 소련을 넘어선다는 명목에서 대단히 의미가 있었다. 돌이켜보면 실제로 이 일이 있었던 1972년이 1989년보다 탈냉전의 글로벌 정치경제체제 형성의 시작을 보여준다는 주장은 오늘날 여러 세계체제 이론가들이 말하듯 나름의 일리가 있다.[19] 또한 닉슨이 회고록에서 자신이 실용주의적 정치가라고 주장하면서, 1950년대에 강한 반공주의 입장에서 정치경력을 시작했던 자신이 20년 후에는 상당부분 이와는 반대의 입장을 취할 수 있었고 그로 인해 세계의 면모를 바꾸었다고 주장한 것도 일리가 있다.[20] 동일한 관점에서 당시의 중국 지도층도 마찬가지로 인정해주어야 할 것이다. 최근의 회고록에서 키신저는 이렇게 말한다. "대결하는 것은 양측 모두에게 의미가 없었다. 그것이 바로 우리가 베이징에 머무른 이유다. 닉슨은 미국의 시야를 베트남 너머로 끌어올리고 싶어했다. 마오 쩌둥의 결정은 소련이 중국에 군사행동을 하기 전에 주저하도록 만드는 것이었다. 양측 모두 실패해서는 안 되었다. 양쪽 다 이 일에 무엇이 걸려 있는지 잘 알고 있었다."[21] "미국의 시야를 베트남 너머로 끌어올리려는" 희망에도 불구하고, 실제로 미국인의 마음은 여전히 당시 베트남전쟁의 위기에 훨씬 많이 기울어 있었다.

하지만 1970년에서 72년 사이에 일어난 이 사건들은 다른 아시아의 혁명적 사회주의국가들에게는 상당히 다른 의미를 지닌다. 북베트남에게 그 사건은 통탄하게 실망스러운 것으로 거의 중국의 배신 행위에 가까웠다. 그 시기는 베트남전이 정점에 다다라, 공산주의 북베트남은 미국과 남베트남을 상대로 한 20세기의 가장 긴 전쟁의 막바지 단계에서 싸우고 있었다. 이렇게 결정적인 국면에서 이루어진 중국과 미국의 결탁은 당연히 북베트남 지도층에게 깊은 실망을 안겨주었다. 이 사건의 결과는 실제로 1970년대 후반에 베트남·중국·캄보디아 간의 정치적·군사적 충돌(제3차 인도차이나전쟁)로 나타났고, 오늘날 베트남과 중국 간에 급속하게 증가하는 경제적 유대관계에도 불구하고 두 나라 사이의 우호적인 정치관계의 전망에 줄곧 어두운 그림자로 존재한다.[22]

중국의 닉슨 영접은 또한 "평양의 심각한 우려를 낳았다".[23] 물론 중국은 미국과의 외교관계의 방향전환을 북한이 받아들이도록 설득하기 위해 많은 노력을 들였고, 또 그런 목적으로 북한에 꽤 많은 원조를 제공했다. 북한은 베트남전 전개에 관심이 지대했는데, 이 전쟁은 그 자체로 전쟁에 대한 상당한 불안과 두려움을 일으켰다(또한 반대로 1975년 베트남 통일은 김일성에게는 한반도 무력통일에 관한 그의 야망에 다시 불을 지피기도 했다). 북한은 또한 남한이 남베트남과 미국의 핵심적인 군사동맹국으로 1967년에서 73년 사이에 전쟁에 적극 참전한 탓에 동요했다. 이는 북한이 남한 대통령 박정희를 암살하기 위해 1968년 1월 21일 비무장지대 너머로 특공대를 보냈다가 실패한 작전에서도 드러난다(동시에 북한은 그해 1월 23일 미해군 첩보함 푸에블로호를 동해안 근해에서 나포했다). 남한으로서는 베트남 참전이 1970년대의 급속한 경제성장의 중요한 발판이 되었다. 그러나 박정희 대통령 또한 닉슨행정부의 방침을 상당히 불안하게 여겼는데, 특히 수만명의 한국군 장병들을 베트남전에서 가장 위험한 교전지로 보냈음에도 불구하고 미국이 남한의 안보문제에 대해서는 점점 더 미온적이고 냉담한 태도를 취했기 때문이다.

따라서 중국과 미국의 긴장완화는 북한과 남한 모두에 엄중한 경고로 다가왔다. 남북한의 지도자들은 한국전쟁 때부터 각자의 강력한 우방이었던 미국과 중국이 각각 하나는 국제적인 반공산주의 연대를 망각한 이기적이고 신뢰할 수 없는 국가가 되고, 또다른 하나는 국제사회주의 혁명적 연대에 기반을 둔 신뢰관계를 저버렸다고 느꼈다. "세계를 변화시킨 일주일" 이후에 남북한 각각에서, 그리고 남북한 사이에서 매우 중요한 사건들이 잇따랐다. 가장 주목할 만한 것은 우방 강국들에 대한 실망으로 남북한이 짧지만 중요한 관계회복의 기간을 가진 것인데 이는 1945년 민족분단 이후 처음 있는 일이었다. 1970년 8월 15일 광복절 기념사에서 박정희 대통령은 남북 간 평화공존의 시대를 열자고 제안했다. 1년 뒤 남한 적십자사는 북한 적십자사를 만나 다른 무엇보다도 이산가족 재상봉이라는 인도주의적 문제를 논의하고자 했다. 이는 남한의 중앙정보부장 이후락(李厚洛)의 비밀 평양방문으로 이어졌고, 이 방문은 마침내 1972년 7월 4일, 화해와 민족통일의 전망을 담은 양 정부 간의 역사적인 공동성명을 이끌어냈다.

최근 남한에서 공개된 자료에 따르면, 이후락은 자신의 북한 측 상대이자 김일성의 동생인 김영주(金英柱)에게 1972년 10월 18일 다음과 같은 비밀 메시지를 전달했다고 한다. "아시아의 상황은 1970년대 들어 급격히 변했다. 특히 미소 양극체제와 미소중일 4강 관계에도 변화가 있었다. 이런 상황에서 우리는 국가적 과제들을 미국이나 일본에 의지하지 않고 우리 수단을 통해 해결해야 한다는 결론을 갖게 됐다. 7·4남북공동성명이 발표되고 남북대화가 시작된 것도 바로 그런 이유 때문"이다.[24] 최근 공개된 동유럽 국가문서에 포함된 북한외교 관련 자료에 따르면, 북한은 닉슨독트린이 아시아 국가들 간의 갈등과 남북 간의 갈등을 부추겨 (한반도에서) 민족분단을 영구화하려고 획책했다고 믿었다고 한다.[25] 이러한 견해가 북한과 동유럽 동맹국 사이에서뿐 아니라 비무장지대를 넘어 남과 북 사이에서 오가면서, 남북한은 강대국을 배제하고 스스로 민족문제를 풀어야 한다는 절박한 상호인식에 도달했다. 그러나 두 국가의 정치체제에도 중요한 변화가 일어났다. 남한에서는 1972년 10월 박정희가 공식적으로 독재체제(유신체제)를 선언하고, 헌법개정을 통해 대통령 직접선거를 폐지하여 종신집권이 가능하게 만들었다. 그로부터 두달 후, 북한도 헌법개정안을 통과시켜 절대적 정치체제(주석체제)를 수립하고 김일성에게 당의 권력을 초월하는 권력과 지위를 부여했다. 1972년 말 남북 양쪽에 싱립된 독재체제는 이처럼 중국과 미국 간의 긴장완화에 대한 반작용으로 두 국민국가가 최초로 대화를 시도하면서 수립된 것이었다.[26]

한반도의 데땅뜨는 오래가지 못했다. 적십자사의 이산가족 상봉계획은 1980년대 말까지 실현되지 못했다. 헌법개정에 성공하면서 바로 강화된 남북의 독재체제는 과격한 혁명정치와 반공정치를 다시 불러왔다. 남한의 독재체제는 월트 로스토우(Walt Rostow)의 반공주의 경제발전 모델의 교과서적 사례를 상당히 성공적으로 추진했다.[27] 또한 그 독재체제는 강한 사회적 저항을 불러일으켰고 그 저항은 결국 1980년대 후반의 민주주의혁명으로 절정을 이뤘다. 북한경제는 당시 불안한 징후를 보이기 시작해 결국에는 남쪽보다 현저하게 뒤처지기 시작했다. 그러나 북한의 독재정치는 사회로부터 아무런 조직적 저항에 직면하지 않고 혁명독재의 조직적이고 미학적인 힘을 계속해서 확대하고 과격하게 추진했다. 궁극적으로 북한이란 국가는 국내적 독재에서 더 나아가 세계적인 혁명제국으로서의 자아상을 창조하겠다는 야망을 갖고 그 당시 그들의 강력한 후견자인 소련이나 중국과 대등한 위치에 서고자 했다(제5장 참조). 1970년에서 72년까지의 중대한 데땅뜨 기간과 그 이후에 걸친 이 과격한 독재정치의 드라마에서 북한의 미래 지도자로 떠오른 김정일은 이후 주인공으로 등장하여 눈부신 역할을 수행하기 시작했다.

꽃 파는 처녀

김정일의 오랜 정치경력은 1970년대 초에 예술경력으로 시작했다. 중국 잡지 『글로벌 피플』의 최근 특집기사에 따르면, 북한인민들은 김정일을 정치지도자일 뿐 아니라 위대한 예술가이자 예술이론가라고 생각한다.[28] 1973년에 처음 선을 보인 그의 「영화예술론」은 실제로 북한예술사에서 사회주의 예술철학을 혁명화한 걸작으로 여겨진다.[29] 또한 김정일은 인간의 예술 창조와 원예작물 생산 간의 유사성을 이론적으로 제기하는 이른바 '종자론'의 창시자다. 그 주장에 따르면 예술가의 창조적 작업에서 가장 중요한 요소는 올바른 사상의 씨앗〔종자〕에서 출발하는 것이고, 그 씨앗은 결국 작품의 미학적 가치와 창조적 질을 결정한다. 김정일은 예술이론을 집필했을 뿐 아니라 자신의 종자이론을 실천했다.

1971년, 약관의 김정일은 아버지 김일성의 60회 생일 기념행사 준비의 일환으로 북한 최고의 남녀 배우 150명으로 구성된 특별한 극단을 만들었다. 그 첫 작품인 「피바다」(1971)의 제목을 따서 이름 붙인 이 피바다국립극단은 그 다음 해에 북한 역사상 가장 뛰어난 대중적 혁명가극이라고 하는 「꽃 파는 처녀」를 무대에 올렸다. 이 가극은

2-3 영화촬영 카메라를 들여다보는 김정일(사진, 일부분).

곧 영화로도 만들어졌고, 북한의 공식 예술사는 이 가극과 영화가 국내뿐 아니라 전세계에서 혁명예술의 완전히 새로운 시대를 열었다고 주장한다. 「꽃 파는 처녀」는 북한뿐 아니라 중국에서도 곧바로 성공을 거두었다. 수많은 중국 관객들은 문화혁명의 혼란에서 막 벗어나 이 당시의 단조로운 선동예술과는 너무나 다른 북한 가극과 영화의 훈훈하면서도 감상적인 미학과 음악성에 매료되었다. 근래 들어 일부 학자들은 「꽃 파는 처녀」를 심지어 최초의 "한류"라고 평하기도 했다. 그후 「꽃 파는 처녀」는 전세계에 걸쳐 1400회 이상 공연을 했고, 북한의 대표적인 현대 문화작품으로 자리매김했다. 그 줄거리와 연출적 요소들은 또한 최근의 대규모 '아리랑' 스펙터클의 핵심

부분을 구성한다.

「꽃 파는 처녀」 이야기는 식민지 만주에서 아버지를 잃고 소작으로 가난하게 사는 4인 가족의 일원인 꽃분이라는 십대 소녀를 중심으로 전개된다. 꽃분이와 그녀의 힘없는 가족들이 그 마을의 지주들의 착취와 그들이 협조하는 일본 제국주의의 탄압으로 갖은 고생을 하고 있을 때, 꽃분이의 어머니가 하인으로 일한 지주집 사람들은 이들을 더 불행하게 만든다. 이런 이중의 착취에서 꽃분이는 가족들이 살아남을 수 있도록 들꽃을 따 모아 길거리에서 팔면서 「꽃 사시오」라는 극 중 가장 유명하고 아름다운 주제가를 부른다. 그녀의 노력에도 불구하고 가족들은 지주집의 간교한 술수 탓에 뿔뿔이 흩어진다. 꽃분이의 어머니는 기진맥진 상태에서 건강을 회복하지 못한 채 세상을 뜨고, 눈 먼 어린 여동생과 오빠는 실종된다. 꽃분이는 일제경찰이 오빠를 살해했다고 생각했지만 나중에 오빠가 실제로는 감옥에서 탈출해 지역 빨치산 대원이 되었다는 것을 알게 된다. 지주들이 그동안 자기 가족들에게 무슨 짓을 했는지 알게 된 오빠는 마을로 돌아와 착취자를 응징하기 위해 마을사람들을 선동한다. 꽃분이는 오빠와 재회하고 그에게서 빨치산 투쟁의 아름다움을 배운다. 진정한 삶의 의미는 빨치산 혁명의 영광스런 길을 따라서만 찾을 수 있다는 점을 깨닫고, 꽃분이는 꽃을 팔러 거리로 되돌아간다. 그러나 이번에는 그녀의 새로운 가족, 즉 빨치산 동지들이라는 가족을 지원하기 위해서였다. 이제 그녀는 「혁명의 꽃씨앗을 뿌려간다네」라는 새로운 노래를 부르게 된다. 그녀의 이전 노래인 「꽃 사시오」에는 다음과 같은 가사가 담겨 있다. "꽃 사시오 꽃 사시오 어여쁜 빨간 꽃/앓는 엄마 약 구하러 정성 담아 가꾼 꽃/꽃 사시오 꽃 사시오 이 꽃을 사시면/설움 많은 가슴에도 새 봄빛이 안겨요." 그녀의 새로운 꽃노래는 진정한 꽃과 그 꽃의 참된 의미를 찬양한다.

해마다 봄이 오면 산과 들에는
아름다운 꽃들이 피어나건만
나라 잃고 봄도 없는 우리들에겐,
언제 가면 가슴속에 꽃이 피려나?[30]

눈서리와 찬바람이 사납다 해도,
봄과 함께 피는 꽃을 어이 막으랴.
은혜로운 태양이 빛을 뿌리니,
혁명의 붉은 꽃이 만발해가네.[31]

가극의 마지막 장면에서(북한 국내본. 해외본은 약간 다름) 꽃분이와 마을사람들은 영광스런 빨치산 부대의 지도자를 환영한다. 지도자가 천천히 무대 위에 등장할 때 그 배경으로 태양이 떠오른다. 마을사람들은 민족해방과 계급투쟁의 전설적인 지도자를 만나게 되어 큰 기쁨에 넘치고, 꽃분이는 이 귀하디 귀한 손님에게 그녀의 들꽃 선물을 정중하게 바치면서 클라이맥스에 합류한다.

김정일의 지도하에 1972년에 만들어진 「꽃 파는 처녀」는 창작이 아니라 전통의 재창조였다. 그 극은 본래 김일성이 1930년 만주 빨치산 근거지 중 하나인 오가자(五家子)에서, 러시아 볼셰비끼혁명 13주년을 기념하여 창작한 것이었다. 「꽃 파는 처녀」의 줄거리는 북한의 초기 주요 장편영화인 「내 고향」(1949)의 플롯과도 유사하지만 「내 고향」의 배경은 식민지시대 만주가 아니라 조선이다. 한편 1970년대 초 김정일의 또 하나의 훌륭한 작품은 「피바다」다. 1971년 가극으로

2-4 "꽃 파는 처녀"(혁명예술영화 「꽃 파는 처녀」, 1972).

초연되고 나중에 영화와 소설로도 나와 각종 상을 받았던 이 가극 또한 식민지 만주의 삶을 그리고 있다. 이 가극은 1936년 8월 만주 빨치산의 근거지인 만강(漫江)에서 김일성의 빨치산 부대원들이 벌인 문화공연을 바탕으로 했다고 전한다. 「꽃 파는 처녀」의 역사적 기원이 쏘비에뜨 러시아의 볼셰비끼혁명과 관련되어 있는 한편(지도자에게 꽃을 드리는 것은 스딸린 치하의 러시아에서 아주 두드러지게 중요한 행위였다. 제4장 참조), 흥미롭게도 「피바다」는 중국 빨치산 군대에 이미 존재하던 비슷한 제목과 내용의 혁명예술을 차용하고 있다(물론 현대 북한예술사는 이 중국기원설을 인정하지 않고 있다).

80

피바다

「피바다」는「꽃 파는 처녀」와 공통점이 많다. 이 작품 또한 가난에 찌들고 아버지를 여읜 네명의 가족이 일제식민지가 된 중국 동북부에서 가혹한 삶의 조건과 싸우는 것에 초점을 맞춘다. 하지만「피바다」의 이야기가 식민통치하의 군사적·정치적 압제를 강조한다는 점에서, 이주소작인 농민과 친일지주 간의 계급갈등을 부각하는「꽃 파는 처녀」와는 차이가 있다.[32] 또한「꽃 파는 처녀」가 부모 잃은 딸과 그의 오빠인 젊은 혁명가를 주인공으로 하는 데 비해「피바다」는 과부가 된 세 아이의 어머니를 중심인물로 한다.「피바다」에서 그 여성의 남편은 김일성이 이끄는 의용군의 부내원은 아니지만 민족해방을 위해 목숨을 바친 전사로 그려진다. 십대의 큰아들은 아버지를 대신하고 아버지보다 더 잘 싸우기 위해 김일성부대에 참가한다. 가족들은 가난과 착취에도 시달리지만 민족해방운동과 연루된 탓에 일

2-5 "피바다"(혁명가극「피바다」중 한 장면).

제의 사찰기관으로부터 위협받으며 쓰라린 고통을 겪는다. 가장 극적인 장면 중 하나는 일제경찰에 쫓기는 빨치산 대원이 이 가정에 피신한 후에 일어난다. 경찰이 과부 어머니를 심문하면서 막내아들에게 총을 겨누고 그녀가 사실을 불지 않으면 쏴버리겠다고 협박한다. 그녀는 비밀을 발설하기를 거부하지만 고통스럽게 번민하며 결심이 흔들리기 시작한다. 그녀는 아들을 바라보고 그 눈에서 '어머니, 굴복하지 마시오'라는 무언의 애원을 읽는다. 결국 막내아들을 잃은 뒤 그녀와 그녀의 딸은 김일성 빨치산 부대의 근거지로 옮겨가고, 거기서 큰아들과 재회한다. 그곳에서 딸은 (「꽃 파는 처녀」의 주인공처럼) 청소년 선동대에 합류하고, 어머니는 빨치산 부대의 헌신적인 여성 재봉단원이 되어 빨치산이라는 그녀의 새롭고 진정한 가족의 많은 새 자식들을 위해 따뜻한 옷을 만든다.

앞장에서 오늘날 선군정치 시대의 대표적 예술작품으로 소개한 아리랑공연의 중심적인 특징들이 1970년대 초에 만들어진 위의 가극들의 구조 속에 이미 상당부분 구성되어 있다는 점은 어렵지 않게 파악할 수 있다. 앞장에서 논의한 대로 아리랑의 서사적 이야기는 북한혁명의 역사를 식민지 만주의 조선인 유민공동체에서 기원한 것으로 그리면서 그 서막을 망명과 유배의 역사로 연다. 그들의 비극적 삶은 민족 전체의 운명을 상징한다. 그들은 식민지배 때문에 고향에서 쫓겨나고, 식민정치에 부역하는 봉건 지주계급의 착취 때문에 비인간적인 생존조건에 시달린다. 오직 빨치산이 되어야만 굴욕적인 상황을 극복하고 절망적인 식민지적 유랑에서 벗어나 의미있는 삶과 도덕적 자아를 회복하는 진정한 길을 발견할 수 있다. 「피바다」와 「꽃 파는 처녀」는 모두 이러한 강력한 혁명적 구원의 미학을 보여주며 혈연적 가족결속을 더 높은 정치적 가족연대로 승화시킬 것을 역설한다. 이 새로운 가족연대는 빨치산 지도자를 중심으로 이뤄지는 데, 그로부터 고결한 새 생명의 희망이 뿜어져나온다. 이 두 이야기는 공통의 메시지를 사회구조 내의 다양한 입장과 혈연가족 안의 여러 도덕적-정서적 관점에서 전하고 있다. 「꽃 파는 처녀」가 효심이 지극한 어린 딸의 관점과 그녀의 혁명투사인 오빠에 대한 우애관계를 제시하는 한편, 「피바다」는 모성적 인물을 전면에 내세워 자신의 피붙이들을 대체하고 확장하는 정치적 모자관계를 부각시킨다. 이런 점에서 두 이야기는 서로 다르면서도 모두 1970년대 북한 정치예술의 발전기에 창조된 강력한 국가적 상징과 관계가 있고, 또한 베버가 말하는 '카리스마 중심 정치구조의 관례화'를 반영한다는 공통점을 지닌다.

여기서 특별히 주목할 점은 김정일의 생모이자 "조선의 어머니"인 김정숙의 생애사 이야기다. 김정숙의 전기는 북한매체에 나온 대로라면 앞서 언급한 혁명적인 구원미학의 모든 핵심요소들을 압축해낸다. 김정숙은 1917년 중국과 인접한 조선의 최북단 회령의 가난한 소작인 집안에서 태어났다. 그녀의 가족은 고향의 가난과 식민지 착취에서 벗어나려고 1922년 만주로 이주했다. 하지만 일본이 지배하는 만주에서의 삶 역시 나을 것이 없었다. 김정숙은 잔인한 식민지 권력에 아버지와 오빠를 잃은 후, 1935년 김일성이 이끄는 빨치산 부대에 합류하는데 그것이 그녀의 삶을 바꾸었다. 북한의 공식 전기기록에 따르면, 그후 김정숙은 김일성의 가장 충성스런 부하이자 지도자의 안위과 권위를 지키기 위해 절대적으로 헌신하는 모범적인 혁명투사가 되었다.[33]

위에 소개된 두 이야기가 그리는 만주 빨치산 시대의 서사적 역사는 입양으로 맺어진 친족관계의 계시록적인 힘을 부각시킨다. 그 힘은 두가지 다른 입장에서 나온다.「꽃 파는 처녀」는 딸의 관점에서 빨치산 가족의 힘에 접근한다. 어린 애국소녀는 식민지 계급착취의 폭압에 가족이 붕괴된 후 암울한 세상에서 외롭고 궁핍한 영혼이 된다. 그녀는 혈육을 대신할 새로운 부모자식 관계와 도덕적 소속감을 빨치산 지도자에게서 찾고, 빨치산 집단이라는 혁명가족 덕분에 또다른 차원의 삶의 의미를 발견한다. 한편「피바다」는 보살피고 지켜주는 어머니의 관점에서 그러한 역동성을 그린다. 그녀는 식민지배의 폭력에 자식을 잃은 뒤 혁명집단이라는 진정한 가족 안에서 자신의 정체성을 다시 찾고 모든 빨치산 청소년들에게 헌신적인 모성적 인물이 된다. 김정숙의 생애사는 빨치산 가족에 대한 이 두가지 다른 관점을 유기적으로 하나로 결합시킨다.「꽃 파는 처녀」의 꽃분이처럼 김정숙은 식민통치의 폭력에 붕괴된 가난한 가족의 외로운 아이로서 어린 나이에 김일성의 빨치산 부대에 합류했다. 그녀는 꽃분이가 그랬던 것처럼 적의 후방과 식민지배하에 있는 마을에서 사상을 전파하고 조직사업을 하는 위험한 임무를 수행했다. 하지만 또한「피바다」의 어머니처럼 빨치산 부대의 비밀 근거지에서 재봉단을 이끌면서 빨치산 젊은이들을 입히고 정성껏 돌봐주는 자애로운 모성적 인물이기도 했다. 김정숙의 전기적 이력은 꽃분이와 어머니의 이야기를 단순히 합친 것보다는 물론 좀더 복잡한데, 왜냐하면 단순히 입양으로 맺어진 부모자식 관계와 달리 그녀와 지도자의 관계는 결혼을 통해 진짜 가족관계로 발전했기 때문이다. 북한의 문학과 연극 작품들은 김정숙과 김일성의 실재하는 가족관계에 대해 그다지 언급하지 않는 경향이 있고, 대신 혁명가족을 구성하는 데 그녀가 맡았던 중추적 역할을 강조한다. 이러한 묘사에서 김정숙은 한편으로는 지도자에 대한 충성과 헌신 면에서 절대적이고 독보적인 모범적인 빨치산 전사로, 다른 한편으로는 부모가 빨치산 활동으로 희생되어 고아가 된 아이들의 자애로운 양어머니이자 젊은 빨치산들을 늘 보살펴주는 모성적 인물로 등장한다.

김정숙이 구현하는 정치적 모성의 상징은 오늘날의 북한, 특히 김일성에서 김정일로 절대권력이 승계되는 과정을 이해하는 데 대단히 중요하고 흥미로운 요소인데, 이에 대해서는 뒤에서 더욱 심층적으로 추적해볼 것이다(제4장 참조). 김정숙을 모성의 아이콘으로 승화시키는 작업은 김일성의 유일한 합법적 후계자로 김정일을 추대하는 작업과 병행해서 진행되었다. 이 과정에서 가장 중요한 것은 혁명렬사릉 개건사업으로 1970년대 중반과 80년대 중반에 두 차례 이루어졌는데, 이 공사는 김정일이 직접 감독했다. 이 묘역은 북한혁명사에서 가장 추앙받는 영웅들(이른바 혁명 1세대로서 김일성이 이끈 빨치산 부대 대원들)의 묘로 이루어져 있고, 북한에서 가장 신성시하는 국가기념물 중 하나다. 김정숙의 묘는 이 신성한 곳의 맨 위쪽 가운데에 있고 다른 혁명 1세대들의 묘가 완만한 동심원 형태로 그의 묘를 둘러싸고 있다. 김정숙은 북한의 공식출판물에서 1980년대에는 '조선의 어머니'로, 김정일이 권력을 잡은 뒤에는 '선군의 어머니'로 불리게 되었다. 선군정치는 앞서 언급한 대로 김정일시대의 특징적 이데올로기이자 1994년 이후 가장 일관된 정책이다(제1장과 3장 참조).

김정숙의 새 정체성은 또한 아리랑의 서사적 공연을 통해서도 구체화되었다. 이 국가적 서사극의 형식과 내용은 와다 하루끼가 북한 정치체제를 유격대국가라고 특징지은 것을 뒷받침해주는데, 식민지시대 만주 빨치산의 전설은 실제로 북한이라는 정치체의 도덕적 토대의 중심축이다. 와다의 유격대국가 개념이 지적하는 것은, 김일성이 이끈 빨치산 세력의 만주 무장투쟁사를 민족현대사에서 무엇보

다도 가장 중요하고 모든 것을 아우르는 전설적 무용담으로 승화시
킨 전후의 정치적 전개과정의 논리다. 더 넓게 보면 이 승화과정은
현대 북한이 철저한 탈식민적 정치체로서 그 도덕적·정치적 정통성
을 일제강점과 그에 맞선 저항에 대한 집단적 기억을 끊임없이 재생
산하는 데서 찾으려 한다는 사실에 관해 말해준다. 이 과정에서 김정
숙은 가장 고결한 빨치산으로서, 빨치산 지도자와 가장 가까웠고 그
에게 가장 충실했던 인물로 표상되는 한편, 선군정치의 어머니로서
과거와 현재의 빨치산 정신과 정치를 연결하는 가교가 된다.

이 점은 유격대국가 패러다임과 극장국가 관념의 개념적 관계를
설명하는 데 도움을 준다. 유격대국가의 구조 안에서 만주시대의 역
사와 신화는 과거의 것으로 치부될 수 없고, 현재의 살아 있는 역사
로 몇번이고 되풀이해서 실제 현실 속으로 자꾸만 불러들여와야만
한다. 1930년대 김일성의 영웅적 행위는 과거의 유산이 아니라 재현
되고 재경험되는 살아 있는 전통이 되어야 하는 것이다. 그러한 의
미에서 극장국가 개념은 만주 빨치산들의 옛 영웅주의가 그 정치체
의 현재의 삶에 늘 새로운 영광이 되는 방식, 즉 북한정치사가 어떻
게 정치적 문화로 거듭 재현되는지를 설명하는 데 도움을 준다. 따라
서 우리는 유격대국가체제와 극장국가체제가 서로를 구성한다고 결
론지을 수 있다. 즉 유격대국가는 극장국가의 예술정치에 내용을 제
공하고, 극장국가는 유격대국가의 전설과 통치권 패러다임에 형태를
제공하는 것이다.

와다는 유격대국가 패러다임이 강화된 것을 특히 김일성-김정일
권력승계와 김정일시대의 북한 자체와 연관지었다. 메들리코트 또한
극장국가로서의 북한이라는 개념을 전개하면서 북한의 국가적 존엄
성과 관련하여 중요한 견해를 밝혔다. 그는 앞서 기술한 '현지지도'

전통과 관련하여 다음과 같이 지적했다. "국가는 방문을 통해 멀리 떨어진 공적인 독재적 권력에서 아버지 같은 (친밀한) 존재로 변모하는데, 그 권력은 멀리 있기도 하지만 종종 일상적인 삶에 개입하기도 한다. 국가의 영토는 그때 아버지의 확대된 가정이 되고, '위대한 지도자'는 그 가정 내의 곳곳을 돌아다니며 자애로운 지시를 내리고, 상태를 점검하며, 시정할 것을 제안하고, 손을 뻗어서 국가 구성원들을 손수 어루만지고 보듬어주는 아버지가 된다."[34]

국가 전체가 하나의 통일된 생명체이자 확대된 가족을 이룬다는 이 논지는 실제로 북한의 공식문헌뿐 아니라 북한정치사에 관한 문헌에서도 두드러지게 나타난다. 북한의 공공매체들은 주민들에게 충과 효라는 유교적 전통에서 부각되는 인간의 윤리적 성향 중 중요한 두가지 덕목을 철저히 주입한다. 와다에 따르면 "1990년대 들어서 김정일은 '일심단결'이라는 개념을 새로이 제시했다. 이는 문화적으로는 전혀 내용이 없는 것이었다. 따라서 이와는 별개의 개념인 '충효일심'이라는 말을 고안해 이에 결부시켰다. 이는 유교의 전근대적 도덕에서 도출한 것이었다. 결국 이 마지막 국가상은 전통적·전근대적인 국가의 이미지였다".[35]

1994년 이후 북한에서 강조되고 있는 시민윤리가 전근대적인 유교적 윤리관을 따르고 있다는 와다의 주장은 중요하지만 논란의 여지가 있다. 북한이 일종의 유교국가라는 인식은 앞장에서 주목한 대로 남한의 여러 문헌에서도 나타나며, 북한이 봉건왕조국가와 흡사하다고 하는 인상은 국내외 여러 북한 관련 학술 및 정책 발표에서도 널리 보여진다.[36] 북한정권이 끈질기게 강조하는 '충효일심'과 북한이 선택한 특정한 권력승계 방식 때문에, 와다가 주목한 대로 북한은 점점 더 신유교국가 혹은 봉건왕조국가라는 인상을 심어주고 있다.

브루스 커밍스는 "충성과 효도는 수천년간 길러진 한국적 미덕의 가장 깊은 샘을 형성하고 있고, 천여년에 걸쳐 왕조를 다스렸던 수많은 왕들의 진귀한 힘과 고상한 윤리와 무한한 박식함에 관한 많은 설화들이 한국적 정체성과 모범적 지도자를 향한 사랑의 주관적 기반을 형성한다"고 보았다.[37] 이런 주장에 나름의 일리가 있을지 모르겠으나 충과 효의 미덕은 유교적 전통에서는 별개의 원칙이고, 이러한 윤리적 원칙들 사이의 구별을 허물려는 노력은 오히려 대단히 현대적인 정치적 관행이라는 점을 인식하는 것이 중요하다. 전통적인 유교 사회에서 이 두 미덕이 개념적으로 하나의 윤리적·이념적 통합체를 형성했던 것은 사실이다. 하지만 중요하게 인식해야 할 점은 군주에 대한 충성과는 달리 효도는 절대적인 윤리였다는 점이다. 인류학자 이문웅이 정확히 지적한 대로 "전통적인 한국사회에서는 부자관계가 모든 인간관계를 지배하는 주축을 이루고 있었고, 군신관계는 2차적인 것이었으며, 강력한 통합적인 요소는 아니었다".[38] 18세기 이전의 조선 같은 교조적인 유교사회에서조차도, 군주의 신민들은(그들이 분개한 선비이건 분노한 농민반란 세력이건) 어떤 군주가 정치의 덕성(이를테면 왕권세습의 원칙이나 하늘의 뜻)을 그르쳤다고 판단하면 그 군주에 대한 충성을 거부할 수 있는 권리를 가졌다. 또 하나의 좋은 예는 15세기 조선의 저명한 학자이자 문학가인 매월당(梅月堂) 김시습(金時習)이 전하는 유명한 농민군 이야기다. 한 젊은이가 임금에 대한 충성심에서가 아니라 징집된 아버지에 대한 효성의 의무 때문에, 즉 아버지 곁에서 그를 보호하려는 목적으로 전장으로 갔다는 이야기다. 효의 원칙은 충과는 대조적으로 절대적 가치이며, 이문웅의 언급과 김시습의 이야기가 보여주듯이 이 절대적 가치는 역사의 특정한 상황이나 변화에 영향을 받지 않았다.

존 본만(John Borneman)은 현대의 가부장 중심(patricentric) 정치체제(이를테면 차우셰스쿠의 루마니아나 호네커의 동독)에 관하여 이렇게 썼다. "이러한 정권이 가부장 중심인 것은 지도자와의 동일시를 통해 국민을 통합하고 현대적 주체성을 창조하려고 하기 때문인데, 그 지도자는 점점 더 국민 일반과 상응하고 모든 가치의 표준이 되면서도 자신은 그 기준 밖에서 움직이게 된다."[39] 북한의 맥락에서는 충의 도덕과 효의 덕성 간의 개념적 상호작용이 현대적 "가부장 중심" 체제와 전근대적 왕조체제 사이의 중요한 차이를 형성하고 있다. 거듭 강조하지만, 전통적인 유교에서 이들 두가지 규범적인 원칙은 각각 다른 삶의 차원과 영역에 속한다. 즉 충은 공적인 관계에, 효는 가족 안의 사적인 친족관계에 속하는 것이다. 우리는 이러한 분리를 아리스토텔레스의 철학적 유산인 정치적 삶(고대 도시국가의 참여민주주의)과 생물적 혹은 사적인 삶(가정경제)을 구분하는 관점에서도 생각해볼 수 있다. 북한의 현대적인 가족적 정치체제는 한국의 전통적인 유교적 정치체제와는 뚜렷이 다르다. 이는 최고권력(sovereign power)에 대한 인민들의 충성에 관한 북한체제의 요구가 효라는 도덕을 끌어들이고, 그럼으로써 정치적인 것과 가족 혹은 사적인 것 간의 기존 경계를 흐리고 해체하기 때문이다. 이 마지막 사항은, 한나 아렌트에 따르면 현대정치의 중요한 특징이자 전체주의의 기원이다.[40]

아렌트의 현대정치에 관한 견해는 가족적인 것과 정치적인 것의 개념적 구분을 바탕으로 하는데, 그는 현대국가가 어떻게 스스로 거대한 가정의 관리자 역할을 자임함으로써 정통성을 끌어내고 있는지에 주목한다. 그 역할을 표현해낸 형식은 자유주의 복지국가이기도 하고, 카리스마적 가부장주의를 품은 권위주의 정치체이기도 하다. 혁명적 국가정치의 역사에도 역시 가정적인 것과 정치적인 것의 경계를 흐리는 일이 많았다. 앞장에서는 전후 베트남의 맥락에서 어떻게 국가가 가정의 의례영역에 침투해 전통적으로 가족의 자주적 공간인 조상숭배 영역을, 국가가 선정한 혁명열사와 당 지도자들만을 위한 정치적 성소로 바꾸었는지 소개한 바 있다. 중국혁명의 맥락에서도 이와 유사한 많은 사례를 들 수 있는데 이를테면, '한 자녀 갖기 운동'이나 대약진운동 때 강제된 마을 공동식당 같은 것들이다.[41]

북한을 이해하기 위해서는 조금 다른 비교를 해보는 것도 도움이 된다. 제국시대 일본의 정치적 유기체 논리와 심리에 관한 고전적인 연구에서, 마루야마 마사오(丸山眞男)는 사적인 것과 공적인 것의 상호침투와 아울러 가정생활의 윤리가 공간적으로 안팎이 바뀌면서 친족의 내부적 성격에서 벗어나 국가의 공적인 정치적 가치와 동일시되는 과정을 검토했다.[42] 마루야마 마사오는 국가를 황실이라는 본가와 국민이라는 분가들로 구성된 확대가족 이미지로 개념화한 것에 주목했다. 브루스 커밍스가 언급한 대로, 이것은 단순히 유사성의 추론만이 아니라 실질적인 의미를 지녔다.[43] 에미코 오누키-티어니(Emiko Ohnuki-Tierney)도 메이지정부의 이런 시도에 대해 언급했는데, 메이지정부는 독일인 고문 로렌츠 폰 슈타인(Lorenz von Stein)의 제안을 참고하여 천황을 일본국민의 아버지로 승화시키고 효성의 윤리와 군주에 대한 충성의 미덕을 동일시하고자 했다. 그녀는 근대 일본이 실천한 화려한 황실행사라는 국가적 의식이 제국의 정치적 가족을 만들어내는 데 주요한 도구가 되었다고 주장한다. "부모에 대한 효성과 천황에 대한 충성을 동등하게 만들려는 국가전략 중 하나가 학교에서 '쿄오이꾸초꾸고(敎育勅語, 교육칙어)'를 가르치는 것을 의무화하는 것이었다면, 또다른 전략은 천황이 스스로 자비

2-6 만경대학생소년궁전 학생공연 중 '통일무지개' 장면.

로운 아버지의 이미지를 구축하기 위해 나라 곳곳을 다니는 '준교오 (巡業, 순행)'의 관행이었다. 천황은 노인들과 가난한 사람들을 방문했다. 농부들이 들판에서 일하는 것을 지켜보았고, 그들의 노고에 대해 고마움을 표시했다. 메이지천황은 45년간의 집권기 동안 96회에 걸쳐 홋까이도오에서 큐우슈우까지 그리고 태평양에서 동해(일본해)까지 온 나라를 순행했다."[44]

이러한 논의를 바탕으로, 오늘날 북한의 '충효일심' 주장은 전통적 정치규범으로의 퇴행이 아니라 현대정치의 도구이자 표현이라고 결론지을 수 있다.[45] '일심', 즉 일체성은 절대적 윤리원칙인 효의 윤리를 충이라는 정치도덕, 즉 정치체제에 대한 충성과 정절에 끌어다 대었다. 북한의 맥락에서 이 전유의 과정은 권력승계와 그에 따른 중대한 구조조정에 필수적이었다. 만주시대의 영웅주의에 대한 기억은 세대가 내려가며 희미해지고, 쏘비에뜨제국의 붕괴와 사회주의 국제체제의 해체는 북한에 유례없는 정치적 위기를 초래했다. 김일성의 사망은 유격대국가 구도에 위기를 가져왔고, 뒤이은 경제 붕괴와 비극적 기근은 정치체제 전체의 지속가능성과 이 체제의 도덕적 정당성 자체에 의문을 갖게 했다. 이러한 총체적이고 지난한 사회적 위기에서 그들은 정치적 충성심을 새롭게 재생산해내야만 했다. 고난과 혼란을 겪는 인민대중들을 충성스런 시민이자 혁명전통의 수호자로 유지하기 위해서 이때 재구성된 새로운 충성심은, 한편으로는 북한의 모든 시민을 선군정치의 충성스런 군인으로 부각하는 군국주의적인 것이고(제3장 참조), 다른 한편으로는 선군정치의 모든 군인이 국가와 지도자를 효성이라는 절대적 도덕과 정신으로 수호한다는 점에서 가족국가적인 것이다. 즉 아리랑이 공연하는 만주시대의 전설이라는 발명된 전통을 충실하게 재현해야 한다는 것이다.

전통의 재발명

'충효일심'은 선군시대 인민들에게 가정생활 영역에서처럼 정치적 무대에서 행동하라고 명령한다. 즉 가족의 조상을 기억하는 것처럼 정치공동체의 건국유산을 보존하고, 만주 빨치산과 그 혁명가족의 영광스런 전통에 따라 국가의 모범적인 중심에 지극히 효성을 바치며 국가에 충성하라는 것이다. 이러한 맥락에서 작동하고 있는 충이라는 규범과 효라는 가치는 한국의 전근대적이고 전통적인 유교문화와 분명히 긴밀하게 연결되어 있다. 하지만 이러한 연속성을 이유로 에릭 홉스봄(Eric Hobsbawm)과 테런스 레인저(Terence Ranger)가 이야기한 새로이 "발명된 관습과 오랜 전통적 관습 간의" 중요한 차이를 간과해서는 안 될 것이다.[46] 오늘날 북한에서 주장하는 효성의 원칙은 하나의 발명된 전통으로, 정치적인 동시에 과격하게 정치화된 윤리적 원칙이다. 이는 점점 더 위태로워져가는 국내외 환경에서 전통적 문화규범과 윤리적 가치를 새로운 정치적 충성심과 단합을 목적으로 도구화하는 정치통합체(body politic)[47]의 성향을 나타낸다.

마지막으로 기어츠의 극장국가 개념으로 돌아가서 이 개념이 현대 북한을 이해하는 데 어떤 도움이 되는지 알아보자. 와다는 기어츠를 소개한 뒤 북한연구의 맥락에서 기어츠의 개념의 유용성에 관하여 약간의 의구심을 드러냈다. 그는 김정일시대의 충성과 효성의 일체성에 대해 논의한 후 다음과 같이 말했다. "발리섬의 전근대적이고 전통적인 왕권은 '극장국가'로 존재할 수 있지만 현대세계의 국가는 완전한 '극장국가'가 될 수 없다. (…) '극장국가'는 정적인 질서를 전제로 하고 있으며 역동적인 변화에는 적합하지 않다. 여기에서 유격대국가의 근본적인 모순이 발견된다. 유격전쟁에는 규범도 규칙도 없다. 의식적인 형식은 유격전과는 어울리지 않는다. 따라서 유격대국가의 퍼포먼스가 의식이나 '극장국가'의 정형화된 공연이 되어버릴 때 생존에 필요한 역동성을 상실하고 만다."[48] 와다는 기어츠의 극장국가 개념이 시사하는 바가 있다는 점을 인정하지만, 그 개념을 현대 정치체제의 분석으로까지 확장할 수 있는지에 대해서는 회의적이다. 왜냐하면 기어츠가 말하는 극장국가는 그것이 지배하는 세상의 사물과 관념이 안정되고 정태적인 질서를 갖는다는 것을 전제하기 때문이다.

1970년대 말 기어츠는 19세기 발리섬의 왕실의례에 관하여 썼는데, 여기서 권력은 "상호 작용하는 상징의 체계(systems of interacting symbols), 상호 작동하는 의미의 양식(patterns of interworking meanings)"으로서 존재했다고 주장했다.[49] 네가라는 전통적인 발리 말로 (권력과 권위의) 정치체 또는 정치적 영역을 가리키는데, 기어츠는 자신의 책에서 이 이해하기 쉽지 않은 토착적인 개념의 의미를 밝히고자 했다. 한편으로 발리와 다른 인도네시아 섬들의 근대 이전과 식민지 이전의 국가형성, 즉 "고전적 정치체의 본질적 구조"에 관한 많은 역사자료를 참고했으며 다른 한편으로는 근대 유럽의 정치사상과 전통에서 발전된 주권개념에 대한 비판작업을 수행했다.[50] 이러한 야심찬 과제에 대한 기어츠의 노련한 연구작업은 그가 "모범적 중심의 교리(doctrine)"라고 부른 개념에 중심을 두고 있고, 또한 19세기 이전 발리왕국에서 궁정의식이 "사회체제를 단순히 반영하는 것이 아니라 모범적으로 보여주는 것"이라는 관찰결과를 바탕으로 했다.[51] 국가권력의 상징적이고, 드러나게 의례적·연극적인 차원은 기존의 정치질서를 표현할 뿐만 아니라 더 나아가 이를 형성하는 것이라는 기어츠의 주장은, 물론 발리왕국의 국가적 의례가 지닌 풍부한 세부사항(예를 들면 왕의 장례에서 왕과 함께 순장되는 후궁들의 화장의식)의 맥락에서 이해해야 할 것이다. 우리의 논의를 위해서는 발리섬의 네가라가 어느 특정지역의 과거와 함께 보편적 정치이론을 비판적으로 이해하는 데 유용하다는 점을 기어츠의 말을 직접 인용하여 강조하고자 한다. 기어츠는 다음과 같이 썼다.

　　정치이론에 관해서는 국가권력의 상징적 차원을 드러내야 한다. 이는 바로 다음과 같은 것들이다. 즉 위계의 쇠퇴, 특권의 분산, 의례화된 관개수로 관리, 외세가 관리하는 무역, 모범적 화장 등에 대해서도 주목하는 것이 유용하다. 이런 연구는 과시, 관심, 드라마를 통한 정치권력의 창출에 대한 우리의 의식을 회복시킨다. 16세

94

기 이후로 서구에서 나온 국가란 "무엇인가"에 관한 주요 견해들, 즉 한 영토 내의 폭력의 독점자, 지배계급의 집행기구, 공공의지의 위임기관, 이해조정을 위한 실용적 도구 등은 이러한 힘(국가권력을 창출하는 극장의 힘)이 존재한다는 사실을 받아들이는 데 그 나름의 어려움이 있었다. 이 견해들 중 어떤 것도 이 힘의 성격에 대해서 제대로 된 설명을 내놓지 못했다.[52]

'국가권력은 강제력의 독점'은 베버의 말인데, 기어츠에게는 이런 시각이 기존 정치이론이 지닌 한계의 일부분이었다. 기어츠가 이 책에서 공언한 이론적 관심은 국가권력을 강제력의 독점으로만 보는 고전적인 베버식 정의에 도전하는 것과 동시에 정치적 권력개념을 다원화하자는 것이었다.

기어츠가 극장국가라는 개념을 적용한 지역은 네가라만이 아니었다. 기어츠는 「문화체계로서의 이데올로기」라는 논문에서 상징적 권력과 상징의 강제력의 대표적 사례로서 수카르노의 인도네시아 국민국가주의 정치에 대해 조지 카힌(George Kahin)의 고전적 연구를 부분적으로 인용하면서 논의한다.[53] 이 논문에서 기어츠가 말하는 "권력과 거창한 의식(儀式, pomp)의 집약적 중심으로서의 정치체"라는 주제는, 나중에 그가 발리의 전근대적 극장국가의 공공권력을 "과시, 관심, 드라마"를 통한 권력의 생산이라는 개념으로 발전시키는 데 토대가 되었다.[54] 여기서 기어츠는 권력의 미학 측면에서 발리와 자바의 전근대적이고 전통적인 지역국가들과 인도네시아라는 중앙집권화된 탈식민적 국민국가 사이의 연속성을 입증하고자 했다. 전통국가의 권력이 제도적이라기보다는 사실상 장엄한 종교의례 같은 공연을 토대로 했던 것처럼, 세속적 현대국가의 권력도 마찬가지로, 베버의 사회학적 전통에서 언급된 일반적인 믿음과는 반대로, 군사력의 화려한 스펙터클이나 전통적인 종교의 설교형식을 따른 세속적인 정치지도자들의 대중연설 같은, 주로 권력의 의례화된 상징을 토대로 한다고 주장했다.

이와 같은 주장에서 기어츠의 목적은 인도네시아 역사를 통해 국가구성의 문화적 연속성을 입증하고, 국가권력을 강제적 제도의 독점으로 규정하는 베버의 이론을 극장국가 개념을 도입하여 재고하는 것이었다. 달리 말하자면 기어츠는 인도네시아 현대정치사를 "인도네시아의 역사"로 제시하고자 했는데, 즉 어떻게 정치가 문화적으로 독특한 방식으로 창조되는지를 보여주고자 한 것이다. 기어츠가 생각한 탈식민적 인도네시아 정치의 근본적인 문제는 "교도민주주의"(guided democracy)[55]와 "인도네시아형 사회주의"(socialism à la Indonesia)라는 슬로건 아래 이루어진 수카르노의 카리스마적 지배가 전통적인 스펙터클의 정치에 토대를 두었다는 것이다. 그 때문에 탈식민시대의 복잡하고 세속적이고 현대적인 인도네시아 사회를 통합하는 데 실패했다고 보았다. "문화체계로서의 이데올로기"라는 표현으로 사실 기어츠가 하고 싶었던 말은, 수카르노의 교도민주주의라는 이데올로기는 네가라의 의례화된 우주 같은 **문화체계**의 맥락에서 보았을 때에만 이해할 수 있다는 것이다.

기어츠가 체계화한 극장국가 개념은 따라서 단순히 전근대적인 정치체제에 대한 역사적 관심에서 비롯된 것만은 아니라고 결론내릴 수 있다. 대신에 그 개념은 탈식민 지역의 현대적 정치발전에 대한 기어츠의 깊은 관심과, 이러한 발전을 이해하는 방식이 서구 정치이론의 프리즘을 통하기보다는 그 지역의 깊은 역사와 문화에 충실한 것이어야 한다는 그의 믿음과 책임의식을 나타낸다. 그런 의미에

96

서 극장국가 개념에 대한 추구에서 확연히 알 수 있는 기어츠의 관심은, 베버의 정치이론과는 거리가 있다는 그의 주장에도 불구하고 베버의 역사사회학의 넓은 스펙트럼에 확실히 포함되고, 특히 베버의 정치적 권위의 위상학(topology)과 깊은 관련이 있다. 무엇보다도 두 학자는 현대정치에서 카리스마 권력의 위치와 운명에 대해 관심이 있었고, 기어츠는 궁극적으로 그러한 관심에서 전통적인 발리의 정치조직과 관련하여 극장국가 개념을 소개하게 되었다. 따라서 극장국가 패러다임이 현대정치와는 틀이 맞지 않는다고 하는 와다의 주장은 전적으로 정확한 것은 아니다. 반대로 그 패러다임은 탈식민화와 냉전의 시작이라는 격동의 현대사에 대한 관심과 염려에서 창안되었다. 기어츠의 '과시의 정치'(politics of display)에 대한 관심은, 베버의 정치권력의 정의에 대한 그의 비판에도 불구하고 근본적으로 베버적인 문제이며, 현대정치에서 카리스마 권력이 지니는 문제와 한계에 대한 베버의 견해에 뿌리를 둔 것이다.

그렇다면 남아 있는 중요한 숙제는 극장국가 개념의 현대적 차원을 어떻게 좀더 분명하게 할 것인가다. 북한연구의 맥락에서 긴요한 문제는 어떻게 국가의 강력한 '과시의 정치'를 전근대적인 봉건적 현상이 아니라 근본적으로 현대적인 정치적 수행으로 받아들이고, 이 극장국가의 공연에서 어떻게 임기응변과 혁신의 요소를 찾아낼 것인가다. 효성을 정치적 충성의 원리로 바꾸어낸 것은 북한이라는 현대적 극장국가의 한 구성요소이자, 동시에 김일성의 대체할 수 없는 개인화된 카리스마와 그것을 세습적인 카리스마 권력의 형태로 영속시켜야 할 필요성 사이에 발생하는 갈등을 해결하려는 노력 과정의 구성요소이기도 하다. 북한이라는 국가가 개인적 카리스마를 세습적 카리스마로 바꾸는 어려운 과제를 어떻게 다루어왔는지

는 현대 정치의 실천으로서 또한 현대적 극장국가의 일로서 이해해
야 한다. 아무리 이 일의 결과가 복고적인 것처럼 보이고, 또 그것의
근본의도가 아무리 시대착오적이었을지라도 이것은 사실이다.

극장국가의 일은 전통적인 도덕개념들의 재창조에 국한되지 않았
다. 김일성의 개인적 카리스마를 강력한 형태의 세습적 카리스마로
이전하기 위한 주의깊고 집중적인 시도 중에는 일련의 구조적 개혁
도 있었는데, 국가관료제의 위계체제를 개혁하고 아울러 국가의 모
범적인 중심과 이를 둘러싼 바깥 영역들 사이의 관계를 규정하는 동
심원적 체제도 개편했다. 이 개혁과, 개혁이 정당한 것으로 보이게끔
하려는 노력에서 중추적인 것은 두가지 핵심적 상징을 발명한 것이
었다. 이러한 노력은 혁명 빨치산의 유산과 정치적 가족의 도덕성을
탁월하게 결합해냈다. 김일성시대로부터의 전환과정에서 북한이라
는 새로운 극장국가의 두가지 핵심적 상징 중 하나는 가족적 인물이
고, 다른 하나는 전투적 물건이다. 이들은 '김정숙'이라는 가족국가
의 모범적인 모성 상징과 '총대'라는 빨치산 전설의 대표적인 물적
상징이다.

제 3 장

총대

1994년 이후 북한의 추모정치는 충과 효의 도덕적 일치를 내세웠다. 즉 효성의 윤리에 따른 정치적 충성심을 요구하는 것이었다. 이 개념들은 일상과 가치의 체계에서 전통적으로 별개의 영역에 속했는데, 충은 공공 영역에서 군주와의 관계에 그리고 효는 가정 영역에서 친족과 혈연관계에 속했다. 이처럼 전통적으로 구분된 개념들을 분화되지 않은 하나의 유기적 개념으로 융합한 것은 정치적 고립과 경제적 붕괴라는 극한의 국내외적 위기에서 정치체제의 생존을 지켜내기 위한 것이었다. 특히 개인의 카리스마 권력을 세습적 형태로 변환하여 정치체제의 중심인 카리스마 권력을 영속시키는 것을 목표로 했다.

이와 같은 변환에는 전통적 개념들의 전용뿐 아니라 베버가 합리적-관료적 권력이라고 보았을 영역에서 일련의 재조정 조치도 있었다. 여기서 가장 주목할 만한 것은 선군정치라고 하는 제도적·구조적 쇄신이었다. 선군은 선군후로(先軍後勞)라고도 불리듯이(그래서 인민군이 노동당의 위에 그리고 혁명전위로서 좀더 앞에 서게 되듯이) 사회주의국가의 정치에서 일반적인 당과 군의 위계적 관계를 뒤집는 것이었다. 또 한가지 중요한 것은 1994년 김일성 사후의 헌법개정으로, 북한은 이를 통해 영구적이며 초월적인 최고 국가수반이라는 전례없는 지위를 만들어 사망한 지도자를 그 자리에 올려놓았다. 이 두가지 이례적인 제도개선은 서로 밀접히 연관되며, 나라를 창건한 아버지이자 최고의 카리스마적 지도자를 잃은 데서 비롯된 북한 정치체제의 심대한 구조적 위기에 대처하기 위한 것이었다.

1997년 7월 삼년간의 애도기간이 끝나자 북한의 당과 중앙군사위원회는 김일성의 생일을 태양절이자 최고의 국경일로 지정한다는 공동결정문을 발표했다. 이 결정문은 새로운 국가연호의 제정도 포함했는데, 후에 주체력(主體曆)이라 알려진 이 국가달력은 김일성이 태어난 해인 1912년을 북한 역사연표의 기원으로 삼는다. 뒤이어 새 지도자 김정일이 1997년 10월 조선로동당 총서기 자리에 선출되었다. 1998년 9월에는 김정일이 북한 최고인민위원회에 의해 북한군 내 최고지위인 국방위원장에 선출되었는데, 이 자리는 1991년 이후 김정일이 맡아온 인민군 총사령관 자리를 확대한 것이다. 동시에 최고 인민위원회는 김일성이 1994년 7월 사망할 때까지 맡았던 국가주석 자리를 그만이 유일하게 가질 수 있는 영구주석 지위로 개정했다는 결정문을 고지했다. 죽은 사람을 나라의 영원한 최고지도자로 선출하는 이 놀라운 헌법적 발의에 더하여, 최고인민위원회는 새로운 헌법을 김일성헌법이라고 명명하고 김일성사상을 헌법의 기본원칙으로 규정한다고 선언했다.[1]

사망한 지도자의 지위에 관한 이러한 법적·제도적 개혁은 국가적 애도기간에 이루어졌던 또다른 결정들과 밀접히 연관되는데, 특히 주목할 것은 그의 시신을 방부 처리해서 영구 보전한다는 결정과 김일성의 영생에 대한 대중적 캠페인이다. 영구보전이 의도했던 것은, 죽은 국가지도자의 시신에 대해 소련을 비롯한 다른 사회주의국가들도 과거에 그러했듯이, 고인의 정신과 그에 대한 기억을 명시적으로 유물론적인 방식으로 보존하는 것이다. 이는 부분적으로 사회주의정치의 기념의 관행을 부르주아사회의 추상적이고 관념적인 기억 개념과 구별하기 위한 것이었다.[2] 육체의 부패와 해체라는 자연스런 과정을 거스름으로써, 자연에 도전하는 과학과 기술의 힘을 과시하려는 의도 또한 있었다.

국가와 사회에서 김일싱의 지속적인 존재김은 방부 처리힌 시신의 보전과 전시만이 아니라, 김일성의 영생에 대한 일사불란한 대중 캠페인을 통해 현실화되었다. 이것은 1990년대 후반 북한의 공공문화와 정치교양의 중심 요소가 되었다. 「수령님은 영원히 우리와 함께 계시네」를 비롯한 많은 노래가 만들어졌고, 동일한 문구를 비문에 새긴 수많은 "영생탑"이 온 나라에 세워졌다. 죽은 사람을 영구 국가수반으로 추대하는 행위는 현대 헌정사에서 아마도 혁명적인 사건이 될 터인데, 우리의 논의에서 이 드라마의 의의는 북한이 어떻게 카리스마 권력의 지속성에 관한 심각한 구조적 문제들을 피해가려고 했는가를 이해하는 데 있다. 1994년 이후의 정치과정에서 북한은 김일성의 역사적 카리스마 권력을 헌법상의 초월적이며 개념상의 초역사적인 권력으로 변모시키는 제도적 혁신을 추진했다. 이 일을 달성한 뒤에야 비로소 김정일은 사망한 지도자를 대신하여 노동당의 최고위직에 선출되었다. 그 결과는 직무의 계승이 아니었다. 새 국가수반이 전 국가수반을 대체했다기보다, 헌법개정으로 새로운 직책을 만들어 새 지도자와 전 지도자가 각각 물리적 국가수반과 형이상학적 국가수반으로서 함께할 수 있게 된 것이다.

이 제도적 개혁과 그 결과를 오늘날 북한에서는 "유훈정치"로 적절히 표현한다. 이 유훈에 포함된 것이 추상적인 개념적 원칙만이 아니라 물질적으로 구체화된 유산이라는 사실은 시신을 영구 보전하겠다는 결정과 그 불멸화한 몸을 안치한 장소를 보면 분명해진다. 김일성은 묘향산의 자신의 집무실에서 바삐 일하다 심장마비로 죽었다고 전해진다. 1972년 김일성의 60회 생일에 발표된 「수령님 만수무강 축원합니다」라는 북한의 유명한 노래에는 "우리에게 이 행복을 안겨주시려 한평생을 바치시는 우리 수령님"이라는 가사가 있다. 김일성의 다른 집무실이었던 금수산궁전은 나중에 대대적인 보수공사 후 그의 시신을 안치한 묘소가 되었다. 시신은 꽃으로 둘러싸인 진공유리관에 보존되어 날마다 끊이지 않는 조문객을 맞이하고 있다. 이러한 영안예술의 연출은 나라의 창시자인 아버지가 자신의 집무실에서 신성한 의무를 수행하다 돌아가셨다는 메시지를 전달하고, 더불어 북한인민들을 위한 그의 평생의 헌신을 보여주기 위한 것이다. 또한 국가의 정치적 아버지가 그의 집무실에 내내 존재하면서 여전히 사람을 영접하고 있다는 느낌을 주려는 조치이기도 하다. 이를테면 헌법개정으로 불멸의 영속적 최고권력을 갖고 심지어 죽은 후에도 준물질적 현실 속에서 여전히 그의 삶의 신성한 목적에 부응하고 있다는 느낌을 심어주려는 것이다(김일성의 죽음은, 북한의 공식적인 언어로는 지도자의 육체적 삶의 끝일 뿐 정치적 삶은 계속되는 것으로 표현된다). 김일성이 안치된 곳은 김정일시대 북한의 국가적 기념예술의 특징인 기하학적 기획으로, 육체적으로는 죽었으나 정치적으로 살아 있는 그의 묘실은 멀리 김정숙의 묘와 마주보도록 지어졌다. 선군의 어머니이자 김정일의 생모인 김정숙의 묘는 혁명렬사릉 맨 위에 있다(제4장 참조). 두 기념물이 모두 평양 외곽에 있는 터라 김정숙 묘를 방문한 사람들은 자연스럽게 저 멀리 불멸의 지도자의 웅장한 집무실에 눈길을 돌리게 된다.

새로운 헌법체제는 1990년대 북한의 공공예술에서도 드러난다. 이 시기에는 경제적 몰락과 극단적인 생계위기 속에서도 김일성을 추모하는 많은 대규모 건설사업이 이루어졌고 '위대한 지도자'의 영구적이고 초월적인 국가수반으로서의 영생을 찬양하는 여러 장르의 새로운 시각예술과 음악예술 작품이 만들어졌다.[3] 1990년대 후반 이러한 추모예술의 발전은 1970년대 초반부터의 유격대국가 예술의 유산과 더불어 2000년대 초반에 시작된 내규모 아리랑공연에서 절정을 이루었다.

앞서 우리는 아리랑 스펙터클이 예술과 정치의 첨예한 결합체라고 언급한 바 있다. 아리랑공연은 북한의 정치적 기원에 대한 이야기를 연극적 형태로 전달한다. 또한 북한이라는 국가가 인민과 외부세계에 말하고자 하는 것을 학생·여성·군인들의 공연노동을 통해 선보인다. 아리랑공연에서 시민들이 국가의 언어(langue)를 말(parole)하는 역할을 함으로써, 시민과 국가는 언어행위를 통해 극적 합일을 이룬다. 언어와 표현의 문제 외에도 합일성을 드러내보이는 또 하나의 측면이 있다. 아리랑에서 집단적으로 공연하는 인민들의 몸은 단순히 혁명국가의 통치권자의 몸이 말하고자 하는 것을 전달할 뿐 아니라, 더욱 중요하게는 자신들의 극적행위를 통해 바로 그 통치권자의 몸을 활기찬 역사적·도덕적 실체로 새롭게 만들어나간다. 인류학의 의례이론이 참여에 관해 발전시킨 논의를 활용하면, 이러한 대규모 스펙터클에서 공연하는 대중들은 국가라는 가상적 이미지를 현실로 만드는 데 참여할 뿐 아니라, 동시에 자신들이 공연한 국가의 이미지와 목소리가 공연자들의 집단의식에 영향을 미침으로써 그 의식 속에 의미있고 중요한 실체로 뿌리내린다고 할 수 있다. 에밀 뒤르켐(Emile Durkheim)이 오래전에 주목했듯이, 공연의례의 힘은 이러한 두개의 서로 다르지만 동시적인 참여의 역학으로 구성된다. 즉 공연하는 개별적 신체들은 집단적인 사회적 형태를 만드는 데 참여하고, 집단적 합일성이라는 이상적 이미지는 의례를 실천하는 (개별) 신체들의 정신과 의식에 스며든다.[4]

아리랑공연은 뚜렷한 이야기 체계를 지니는데, 앞서 우리는 이것을 탈식민적 서사라고 규정했다(제1장 참조). 아리랑은 이 이야기를 다차원적 방식으로 묘사하는데, 이는 음악적이고 시각적인 매체들과 수많은 시민들이 참여하는 정교하게 연출된 공연으로 구성된다. 관객들(소수의 외국 관광객과 방문객들은 별도로 하고) 역시 이러한 국가적 극장에서 필수적인 역할을 하는데, 다 같이 환호하거나 손에 든 다양한 색상의 피켓으로 중요한 슬로건과 상징들을 그려낸다. 이렇게 표현해낸 상징 가운데 일부(예를 들어 수천송이 꽃에 둘러싸인 김일성의 초상화)는 외부에서 온 사람들까지 포함해서 모든 관객들이 쉽게 이해할 수 있다. 다른 상징들은 그렇지 않아서 그것들을 이해하기 위해서는 제프리 브룩스(Jeffrey Brooks)가 말하는 "정치적 교양"(political literacy, 정치적 문해력)이 필요하다.[5] 이런 상징들 중에는 한국전쟁 시기의 모범적인 영웅적 에피소드 같은 특정한 역사적 사건의 장면도 포함된다. 이른바 조국해방전쟁의 영웅담 중 오늘날 북한의 공식역사에서 가장 중요한 것은 인천의 월미도전투와 강원도의 1211고지전이다. 이 이야기들은 최근 아리랑공연에 빈번히 등장했다(제4장 참조). 공연에 등장하는 또다른 상징들은 중요한 노력영웅이나 국가적으로 중요한 가치가 있는 건설 프로젝트에 관한 것이다. 뒤에서 우리는 북한의 정치경제와 도덕경제에서 노력영웅주의가 차지하는 위치에 대해 살펴볼 것이다(제6장 참조). 여기서는 아리랑공연에서 최근 두드러지게 재현된 시각적 상징인 두개의 권총만을 언급하고자 한다. 2005년과 2008년의 아리랑공연에서 2만명의 학생들이 손에 든 피켓을 사용하여 카드섹션으로 표현한 이 이미지는 김일성이 주도한 국가창건기의 이야기와 김정일의 선군시대 이야기 사이의 중요한 시점에 등장한다.

두 자루의 권총이라는 상징은 김일성의 생애사 중 성장기의 전설적인 에피소드와 연결되기 때문에 1994년 김일성 사후 그의 역사적 유산을 북한 헌정체세의 도딕직·정신직 기반으로 삼으려는 노력에서 핵심요소가 되었다. 따라서 이 총들은 김정일 통치하의 북한에서는 막중한 역사적·도덕적 가치를 지닌다. 이 지고한 가치를 지닌 물건에 관한 이야기는 김정일 통치가 북한혁명의 기원 에피소드와 역사적·계보적으로 어떻게 연결되는지를 이해하는 데 대단히 중요하다. 즉 두 자루 권총의 상징은 김일성의 개인적 카리스마가 현재의 세습적 카리스마로 진행된 것을 이해하는 데 도움이 된다. 이 권총들의 의미는 또한 정치문화로서의 선군정치를 파악하는 데, 다시 말해 선군이라는 정치적 강령을 일반 인민들이 어떻게 이해하고 인식하는지를 파악하는 데 긴요하다. 한자어로 '군사우선' 또는 '군대우선' 정치와 이념을 의미하는 선군은, 북한에서 또다른 말로 '총대'라고도 한다. 이 용어들을 가끔 서로 바꿔 사용하기도 하지만, 둘 사이에는 미묘하면서도 중요한 의미상의 차이가 있다. 오늘날 북한의 공식매체와 정치교양에서 '총대철학'이라고 일컫는 것의 의미를 파악하는 것은 선군정치의 지도적 원칙들이 인민대중에게 어떻게 이해되고 이러한 정치가 대중동원의 영역에서 어떻게 실현되는지를 이해하는 데 중요하다.

선군정치이론

선군정치사상의 기원과 이론적 전제를 논의하기 위한 학술대회가 북한의 저명한 정치이론가들이 모인 가운데 2006년 8월 평양에서 열렸다. 보도에 따르면 이 학술대회는 "경애하는 장군님께서 정력적인 사상리론활동으로 위대한 수령님의 선군사상을 선군혁명원리와 선군정치리론으로 정립하여주심으로써 선군사상이 우리 시대의 위대한 지도적 지침으로 되게 하신 데 대하여 해설하였다"라고 결론지었다.[6] 1990년대의 북한 매체들이 선군정치를 주로 김정일의 독창적인 발명품으로 내세우는 경향이 있었음을 고려할 때 이것은 흥미로운 진술이다. 독창성 주장은 김정일의 통치방식이, 김일성시대의 주요한 요소들을 물려받았지만 이전 시대와는 구별된다는 점을 강조하려 했다. 이것이 2000년대에 들어 변했다. 선군정치이론에 관해 2000년대에 발표된 북한 문건들은 이 이론이 대부분 김일성과 김정일의 세습적 공동저작임을 주장한다. 예컨대 2004년에 발표된 『선군정치에 대한 리해』(이하『리해』)라는 책은 선군의 기원에 관한 계보적 설명과 그 사상의 진화에 관한 상황분석 사이에서 조심스러운 행보를 한다. 선군정치의 기원을 김일성이 이끈 1930년대 만주 항일무장투쟁의 먼 역사에 두는 한편, 이 사상이 김일성과 김정일이 오랫동안 상호 작용하는 과정에서 구체적인 형태를 갖추게 되었다고 주장한다. 『리해』는 또한 선군의 역사적 기원은 깊지만 그 완전한 이론적 힘은 김정일시대에 비로소 실현되었고, 이는 1990년대라는 국제사회주의의 엄중한 위기의 시대에 새 지도자가 북한의 혁명유산을 지켜내고자 기울인 강건한 지적 노력의 산물이라고 주장한다.

『리해』는 북한의 수많은 사회과학 출판물들처럼 김정일의 말을 인용하면서 시작한다. "20세기 1990년대에 들어와 이전 쏘련과 동유럽 여러 나라들에서 사회주의가 무너지고 세계정치구도와 력량관계에서는 커다란 변화가 일어났습니다."[7] 그의 말은 몇 페이지 뒤에서도 인용된다. "제국주의 반동들의 반공화국 고립압살 책동으로 하여 우리 혁명은 력사에 류례없는 엄혹한 시련과 난관에 부닥치게 되였으며 우리는 단독으로 미제와 정면으로 맞서 제국주의 침략세력의 집중공세를 맞받아나가지 않으면 안 되였습니다."[8] 이런 중요한 인용문(지도자의 말은 북한에서 확립된 인쇄 전통에 따라 원문의 나머지 부분과 구별되는 고딕체로 강조된다)을 토대로, 『리해』의 첫 부분은 "사회주의 붕괴"가 북한에 미친 영향에 대해 흥미로운 분석을 내놓는다. 후에 그 분석은 선군정치의 중심적인 개념적 전제로 넘어가, 김정일이 천재적으로 진두지휘한 선군정치야말로 1990년대의 적대적인 세계상황에서 북한 사회주의혁명을 위한 유일하게 가능한 철학적 명제이자 최선의 이론이었다고 주장한다.

『리해』는 러시아와 유럽에서의 사회주의 정치체제의 붕괴와 그에 따른 지정학적 질서로서의 냉전의 종식에 관하여 다음과 같이 말한다. 우선 『리해』는 냉전시대의 양극적 세계질서가 1989년에서 91년까지의 세계적 갈등의 종식 이후 평화로운 다극적인 국제질서로 진화하지 못했다고 주장한다. 대신에 세계는 일극적 세계질서로 퇴보하여 미국의 패권에 지배되고 정치적 갈등과 전쟁의 위협이 만연하게 되었다는 것이다. "랭전시기의 분쟁이 대부분 쏘미 두 초대국의 호상대립으로 산생되고 격화된 것이라면 랭전 종식 후의 분쟁은 미국의 독주에 의해 민족 간, 종족 간의 모순, 정치적 당파들 간의 모순 등 여러 모순점들이 폭발된 것이다."[9] 이 책에 따르면 냉전 종식 이후 국제사회주의 체제라는 대항세력이 없어진 상황에서 대담해진 미국은 민족자결을 추구하는 제3세계의 반제국주의 세력을 집중적으로 공략했다. 결론은 세계 혁명세력들에게 중대한 도전이 되는 이러한 변동상황에서 "일부 나라들에서의 사회주의의 붕괴와 랭전의 종식으로 세계정치구도는 쏘미대결구도로부터 조미대결구도로 변화되였다"라는 것이다.[10] 『로동신문』은 김정일의 선군정치에 힘입어 "동북아시아에 초제국주의 패권과 일극통치에 맞설 수 있는 새로운 정의의 극─강력한 힘의 보루(북한)가 형성되었다"고 역설한다.[11]

위의 주장이 놀라울 정도로 자기중심적이고 북한의 힘을 극도로 과장하는 것처럼 들릴 수 있다. 그러나 이는 냉전 이후의 세계질서에서 북한이 차지하는 위치에 대한 다음과 같은 평가에 바탕을 둔다. "이전 쏘련과 동유럽 나라들에서 사회주의의 기발이 내리워지고 국제적 범위에서 사회주의를 동경하던 사람들이 갈팡질팡하고 있을 때 우리 조국은 그 어떤 정책변화도 없이 사회주의 붉은기를 더욱 높이 추켜들고 나감으로써 사회주의 보루로서의 존엄높은 기상을 높이 떨칠 수 있게 되였다."[12] 동시에 『리해』에 따르면, 북한은 제3세계 혁명의 유일한 선봉이자 개발도상국들의 지도자가 되어 미국의 제국주의적 패권이 주도하는 "새로운 세계질서"에 강제로 편입당하기를 거부하는 집단적인 투쟁에 앞장서고 있다. 결국 "(북)조선이야말로 제3세계 사람들의 정신에 자주의 불을 달아주는 원동력"[13]이라는 것이다. 『리해』에서 주장하기로는, 냉전 이후 세계에서 북한의 이런 유일한 선봉적 위치는 미국이 북한의 존재를 왜 그렇게 위협적으로

3-1 "우리를 당할 자 세상에 없다." 대집단체조와 예술공연 아리랑 중 한 장면.

느끼는지, 또 미국의 (뉴욕타임즈 같은) 뉴스매체들이 북한을 왜 "세계에서 가장 위험한 국가"라고 부르는지를 설명해준다는 것이다.[14]

북한의 선군정치가 떠오른 배경으로 당시의 국제정치를 이와 같이 설명하면 몇가지 흥미로운 주제가 등장하는데, 특히 주목할 만한 것은 소련의 해체에 관한 해석이다. 『리해』에 따르면, 미국의 패권에 맞서는 주 경쟁자였던 구소련의 자리를 냉전 이후의 세계질서에서 북한이 떠맡았다는 것이다. 북한이 소련을 대체하여 국제사회주의 혁명의 지도자가 된 것은 북한의 의도적 선택이라기보다는, 새로운 세계질서 속에서 유일하게 현존하는 혁명적 정치체로서 사회주의의 자랑스러운 깃발을 내리지 않은 국가이기 때문에 어쩔 수 없이 그렇게 되었다는 것이다. 『리해』는 소련 해체의 가장 근본적인 이유가 소련군의 탈정치화에 있었다는 주장을 바탕으로, 사회주의 깃발을 높이 쳐드는 데 무엇이 필요한지를 분명히 드러낸다. 『리해』는 이런 관점에서 예전의 소련 지도자인 고르바초프가 1980년대 후반에 취한 개혁조치에 대해 대단히 부정적인 견해를 제시하면서, 이 조치들은 소련의 정치에서 군을 분리하는 것을 목표로 삼았다고 주장한다. 이러한 견해는 많은 서구 전문가들이 도달한 결론과는 정면으로 상충하는데, 서구 전문가들은 일반적으로 고르바초프가 유럽에서 냉전을 종식하는 데 수행한 역할에 대해 긍정적인 평가를 내놓으면서, 특히 그가 유럽의 소련 동맹국들이 1980년대 말 겪고 있던 정치적 위기에 군사적으로 개입하기를 거부했다는 점을 근거로 든다. 예를 들어 멜빈 레플러(Melvyn P. Leffler)의 이 시기에 관한 최근 연구는, 오랜 미소 갈등의 종식에 가장 중추적인 역할을 한 것은 고르바초프의 비핵화를 위한 모범적인 노력과, 동유럽·중부유럽·아프가니스탄의 국제적 갈등과 위기에 대한 그의 비군사적 해결책의 모색이었다고 말한다.[15] 『리해』는 이 중요한 시기에 대한 평가에서 판이한 결론을 도출하는데, 고르바초프의 군사개혁과 국제사회주의의 위기에 대한 비군사적 해결책의 선택 때문에 "소련군대는 로동계급과 당의 군대, 사회주의 군대로서의 계급적 성격을 잃게 되였으며 그로 하여 공산당 해체, 쏘베트정권 붕괴, 자본주의 복귀의 문이 열리게 되였다"[16]라는 것이다. 이러한 평가를 바탕으로 이 책은 다음과 같이 역설한다.

이전 쏘련의 비극적 운명은 사회주의사회에서 군대는 당의 령도를 떠나 자기의 계급적 성격을 고수할 수 없고 당이 군대를 틀어쥐지 못하면 자기 위업실현에서 패하고 망하고 만다는 것을 보여준다. 로동계급의 당이 군대를 튼튼히 틀어쥐고 군대가 당을 철저히 보위하여야 혁명투쟁에서 승리할 수 있다는 혁명의 법칙으로부터 군대이자 곧 당이고 당이자 군대라는 원리가 성립된다.[17]

또한 주목할 만한 것은 쏘비에뜨제국 붕괴 이후 북한이 소련을 대체하는 대안적인 세계지도자로 스스로를 정의한 것이다. 『리해』는 이와 같이 상당히 논란의 여지가 있고 넘치도록 자기중심적인, 북한 대 미국의 권력관계에 초점을 둔 현대세계의 정치질서에 대한 견해를 제시하면서 그 근거로서, 선별된 서구자료 몇가지를 인용한다. 이 자료들 중에는 '미국의 소리' 방송도 포함되는데, 이 책의 주장에 따르면 이 방송이 "(북)조선은 앞으로 동북아시아 나아가서는 세계적 판도에서 다시 사회주의 재생을 몰아올 **가장 영향력 있는 존재**로 인정되고 있다"고 했다는 것이다.[18]

이를 비롯하여 그밖의 외국자료에 대한 인용은 『리해』에서 김정일의 권위있는 담론의 발췌문과 상호 삭용한다. 이러한 인용은 책의 주장이 논리적·과학적 분석이며 세계의 의견과 동향에 대한 지식을 토대로 한 것이라는 인상을 분명히 심어주기 위한 것이다. 현대 지식생산과정에서의 대부분의 참조 관행처럼, 선군정치에 관한 이 책이나 다른 북한문헌에서 인용한 외국자료들도 역시 텍스트에서 주장하는 내용의 권위를 강화하기 위한 것이다. 그러나 그 주장의 궁극적 권위는 외부세계의 자료보다 국가지도자의 글과 말에서 따온 가끔씩 등장하는 굵은 고딕체의 인용문에 있다. 이러한 특별한 인용 전략에서 하나 더 주목할 것은, 지도자의 권위있는 발언에 대한 텍스트의 언급이 일반적인 인용 관행의 의미를 넘어선다는 점이다. 『리해』뿐 아니라 선군정치에 관한 다른 이론적 문헌에서도 김정일의 말과 글을 인용하는 것은 단지 그의 권위에 기대어 주장하는 바를 뒷받침하기 위해서만이 아니라, 더 중요하게는 인용한 담론 자체의 권위와 존엄성을 더욱더 높이기 위해서라는 것이 분명하다. 예를 들어 『리해』에는 국제사회주의 동맹의 붕괴 후 걸어야 할 북한의 운명에 대하여, 북한이 홀로 미 제국주의와 맞서게 되었다는 김정일의 말을 인용하는 부분이 있다. 이 말은 책의 이야기 흐름 속에서 앞서 언급한 다소 놀라운 결론, 즉 북한이 냉전 종식 후의 새로운 세계질서 안에서 소련을 대신해 미국의 패권에 맞설 수 있는 유일한 적수가 되었다는 논리로 확대된다. 또한 이 책은 일련의 외국 자료를 인용해 북한의 위상과 지도자의 위신을 높이기 위한 주장을 정당화하는 데 활용한다. 결국 지도자가 세계에 대해 내놓은 말을 인용하는 행위는 우선은 그의 명예와 권위를 높이려는 목적이 있지만, 그 과정에서 말의 의미를 과장하거나 심지어 더 과격하게 만들기도 한다.

과거의 지정학적 양극질서가 붕괴된 후에 북한과 미국이 새로운 양극적 세계질서를 형성했다는 생각과 관련하여 또 한가지 흥미로운 사실은 탈냉전·탈사회주의 세계에 대한『리해』의 분석이 유독 세계적 변화의 특정한 어느 흐름에만 초점을 맞추고 있고, 그만큼 중요한 다른 탈사회주의적 사회발전의 흐름은 무시한다는 점이다. 앞서 우리는 두가지 별도의 탈사회주의 발전과정을 언급한 바 있는데, 하나는 주로 구소련과 동유럽에 관한 것이며 다른 하나는 아시아의 사회주의 정치체들, 특히 중국과 베트남에 관한 것이다. 후자는 통상적으로 '시장사회주의' 또는 '시장지향적 사회주의'라고 불리는데, 중앙집권적 정치와 통제된 탈중앙집권화·자유화된 시장경제를 결합한 사회발전 양식이 특징이다. 이러한 발전 양식은, 이데올로기적 관점에서 볼 때 사회주의의 장점과 사회주의혁명의 유산이 더 효과적으로 지켜지고 또 어떻게든 확장될 수 있으려면 경제가 성장해야만 하고, 이를 위해서는 현실적으로 세계시장에 참여해야 한다는 인식을 바탕으로 한다.

흥미롭게도『리해』를 비롯하여 지난 10여년간 발간된 북한의 이론적 문헌들은 세계정세와 세계 속의 북한의 위치에 대해 분석하면서 세계경제에 참여하여 사회주의혁명을 보호하는 방안과 시장사회주의론에 대해서는 거의 침묵하고 있다.[19] 이 중요한 정치경제적 동향에 대해 전혀 언급하지 않는 것은 시장사회주의론이 북한의 선군정치가 상정하는 탈냉전시대의 군사중심 사회주의혁명론과 정면으로 충돌한다는 점을 고려할 때 충분히 이해할 만하다. 그럼에도 불구하고 이렇게 언급조차 없다는 점은 북한의 최근 정치문헌들을 읽을 때 마음을 불편하게 하는데, 특히 시장사회주의가 북한과 역사적·문화적으로 가장 가까웠던 국가들의 발전과 연관되기 때문이며 그리하여 북한이 국제사회주의 혁명의 선봉역할을 한다는 담론을 접하면서 이 공백은 우리의 뇌리에서 떠나지 않았다.

북한의 '군사우선 사회주의'와 다른 아시아 사회주의국가들, 특히 북한의 이웃이자 전통적 동맹국인 중국이 추구하는 '경제우선 사회주의' 간의 부조화에 관해서는 추가적인 설명이 필요하다. 이 문제에서 중요한 것은 정치적 독립과 민족자결을 위한 제3세계운동에서 북한이 존경받는 지위에 있다고 『리해』가 넌지시 언급했다는 점이다. 한국전쟁 이후, 북한의 정치발전은 복잡한 상황에 놓였는데 이는 남한 및 미국과의 악화된 적대관계 때문만이 아니라, 전쟁과정에서 주요한 동맹국이자 지원세력이었던 중국과 소련 간에 1950년대 말부터 적대감이 증폭되었기 때문이기도 하다. 이런 격동의 환경 속에서 북한은 각기 다른 이 적대적인 국제환경에 동시에 대처할 길을 모색했고, 이를 위해 제3세계 신생독립국들의 비동맹운동에 적극 참여해 그 운동의 지도자가 되려는 야심을 가졌다. 중소 간의 지역분쟁과 60년대 사회주의혁명의 세계적 주도권을 차지하기 위한 양국 간의 경쟁은 북한의 강력한 민족주의적·탈식민적 국가 이데올로기인 주체사상의 등장에 주요한 역할을 했다.[20] 이 이데올로기는 이전 국가형성기의 쏘비에뜨식 정치지향을 대체했다. 돈 오버도퍼(Don Oberdorfer)에 따르면 "주체사상은 김일성의 결정을 신성화하는 것을 넘어 두 공산주의 후원국으로부터 정치적 독립을 선언한 것이었다. 시초에는 '맑스-레닌주의의 창조적 적용'이라고 했지만, 결국에는 맑스주의와의 관련성에 대한 언급이 모두 사라졌다".[21] 뒤이어 1970년대에 북한은 주체사상을 정교하게 다듬어 민족해방과 민족자결을 위한 지도적 이데올로기로서 이를 제3세계의 다른 개발도상국들에 수출하려고 상당한 노력을 기울였다. 탈식민문제에서는 주체사상이 이전의 레닌주의나 마오주의보다 전세계의 개발도상국들에 더 적절하다는 주장이었다. 북한은 비동맹운동에 적극적으로 참여했으며 탈식민세계에서 중국이나 소련과 대등한(군사적 혹은 경제적 패권에서는 아닐지라도 존경과 권위 면에서는) 세계적 혁명세력이 되겠다는 야망을 보였다. 뒤의 제5장에서 살펴보겠지만, 이런 야망은 온 세계에서 김일성과 김정일에게 보내온 선물을 전시하고 있는 국제친선전람관에서 생생하게 드러난다.

이런 관점에서 보면 북한이 유일하게 남은 "사회주의의 보루"라는 선군정치론의 주장에는 1990년대 초 쏘비에뜨 정치체제의 붕괴와 그후 국제사회에서 북한의 고립이 심화된 것보다도 더 깊은 역사적 배경이 자리잡고 있음을 알 수 있다. 따찌아나 가브루쎈꼬(Tatiana Gabroussenko)는 초기 북한문학에 나타난 변화를 세심하게 읽고 다음과 같이 지적했다. "[1950년대 말부터] 북한 정책입안자들은 조선민주주의인민공화국을 세계를 지배할 잠재력 있는 이데올로기를 갖춘 자족적인 국가로 자리매김하기 시작했다. 거기에서 북한이 세계의 모든 진정한 진보세력의 유일하고 독립적인 중심축이라는 이미지가 등장한다. 이 이미지는 과거 쏘비에뜨 선전물에 등장하던 소련의 이미지를 강하게 연상시키는데, 여기서는 모스끄바라는 우주의 중심을 평양이 대체한다."[22] 가브루셴꼬는 이 '글로벌 조선'이라는 이미지를 북한문학에서 나타나는 극적인 변환, 즉 해방 초기 1940년대와 50년대에는 소련문헌에 과도하게 의존하다가 60년대부터 자주성과 독자성에 대한 강한 민족주의적 주장으로 이행한 사실에 바탕을 두고 탐구했다. 가브루셴꼬는 이러한 변화를 북한의 "스딸린주의의 북한화"라고 적절히 지칭하면서, 이 변화가 1950년대 후반 소련에서 일어났던 탈스딸린화 과정에 대한 북한 지도층의 불만에 의해 촉발되었다는 사실을 강조했다. 제5장에서 더 자세히 살펴보겠지만, 소련에서 스딸린 격하운동이 일어나자 북한에서 모범직 중심인물로 받들어지던 김일성의 권위와 존엄 또한 심각한 위협에 처했다. 따라서 근래 북한이 스스로를 진보세계의 유일한 지도자라고 여기는 것은 자신의 강력한 우방인 소련·중국과 뚜렷이 구별짓되 그들과 동등한 대우를 받으려는 오래된 야망에 뿌리가 있다고 말할 수 있다.[23] 과거 주체사상은 국제사회주의 탈식민정치에서 북한을 국가형성기부터 독창적이고 독립적이었던 국가 행위자로 보이려 한 것이었다. 반면 오늘날 선군정치론은 현재의 북한을 그들이 보기에 세계적 혁명 이상의 수호에 실패한 소련과 대조하기 위한 것이다. 선군정치론은 또한 북한과 중국을 구별하는 데에도 쓰인다. 즉 구소련과의 비교보다는 훨씬 암시적으로 표현하지만, 탈식민적 사회주의혁명의 이상을 지키기보다는 자국의 경제성장에만 집중하는 중국과 자신을 구별하는 데 쓰고 있다.[24]

북한의 군사 위주의 혁명사회주의 정치와 중국의 경제 위주의 시장사회주의 정치의 차이는 다른 중요한 쟁점들을 드러내준다. 북한의 초기 정치사회적 혁명에 관한 중요한 저작에서, 찰스 암스트롱은 북한의 사회주의혁명이 다른 사회주의사회들에 비해 혁명의 원동력으로 (정통 맑스주의가 대체로 합당한 물적 조건과 적절한 경제적 기반을 강조하는 데 비해) 올바른 사상과 이념적 성향을 매우 강조한다는 점에서 특이하다는 중요한 견해를 제시한다. 암스트롱은 북한 사회주의혁명의 관념주의적인 "신전통주의적" 지향을 부분적으로 한국의 강하고 오랜 주자학적 유교전통과 결부시키는데, 이 유교전통은 특히 강령적·의례적 예의범절과 명목적·도덕적 명분과 윤리원칙에 지고의 가치를 둔다(제1장 참조).[25] 선군정치의 기원에 관한 북한 문헌은 실제로 사회주의혁명을 유지하고 혁명유산을 지켜야 한다는 도덕률을 강조하면서, 이를 경제적 복지와 성장 문제보다도 우선시한다. 이러한 관점에서 보면 북한의 최근 정치와 철학 담론에서 '선행이론'이라는 용어가 빈번하게 등장하는 것은 흥미롭다. 이 용어는 전통적인 맑스레닌주의 철학의 유산과 관련하여 북한의 지도원칙이 지닌 독창성과 창의성을 논하기 위한 것이다. 김정일은 1990년 10월 10일 조선로동당 중앙위원회의 연설에서 다음과 같이 말했다.

맑스주의 유물사관은 사회를 토대와 상부구조로 구분하고 토대에 규정적 의의를 부여하였습니다. 이러한 유물사관의 원리로부터는 혁명의 주체에 관한 사상과 혁명의 주체에서 핵심적 력량을 이루는 로동계급의 당에 관한 리론이 옳게 해명될 수 없습니다. (…) 로동계급의 당은 사람들이 모인 정치적 조직이며 그 사업대상도 사람입니다. 그러므로 당건설 원리는 마땅히 사람의 본질적 특성에 대한 과학적인 해명에 기초하여 전개되여야 합니다. 특히 사람의 모든 활동은 사상의식에 의하여 규정되는 것인 만큼 로동계급

의 당건설에서는 사상론의 원리를 철저히 구현하여야 합니다.[26]

오버도퍼에 따르면, 북한이 국가 이데올로기를 기존 사회주의의 지적·혁명적 이데올로기와 의식적으로 분리하려는 움직임은 이미 1960년대 주체사상 전개 초기부터 있었다고 한다.[27] 위 인용문에서 보듯이, 주체사상은 혁명에서 인간 주체성의 중요성(인간의 집단적 의지가 역사발전의 주요 동력이라는 관념)을 주장하며 따라서 기존 사회주의이론과 사회주의혁명론이 관념적인 인간의 도덕적·정신적 특성보다 물질적 힘과 경제관계를 우선시하는 데 대해 이의를 제기한다. 주체라는 개념은 인간의 집단적 주체성이 역사를 만드는 힘을 지닌다고 주장하며 이 힘의 중심에 비범하고 예외직이며 모범직인 인격체의 주체성을 둔다.[28] 맑스의 저작에 있는 개인숭배에 대한 비판을 암묵적으로 언급하면서 김정일은 다음과 같이 말했다. "선행리론에서 수령의 역할문제를 탁월한 개인의 역할문제로 보게 된 것은 사회적 운동 일반에서와 같이 수령의 역할문제를 주로 지휘에 관한 문제로 보는 것과도 관련됩니다. 수령의 지위와 역할에 관한 문제는 단순히 지휘에 관한 문제가 아니라 사회정치적 생명체의 중심, 최고 뇌수에 관한 문제입니다."[29]

뒤에서 우리는 '사회정치적 생명체론'을 다시 논하면서, 어떻게 이 이론의 발전이 김일성-김정일의 권력 전이의 일부로서 '선행이론'에 대한 북한의 초기 비판을 형성해나갔는지 논의할 것이다. 지금으로서는 선군정치의 전제들을 세계적으로 의미있는 선도이론으로 승격시키려는 현재의 추진과정에서, '선행이론'의 한계와 오류에 대한 주장이 특히 사회주의혁명과 국가정치에서 군사력과 경제력의 관계를 어떻게 개념화하는지를 주목해보고자 한다. 『리해』는 다음과 같이 설명한다. "선행리론은 혁명에서 물질적 생산, 경제발전을 우선시하고 그에 토대하여 사회주의를 건설하고 군대를 유지 강화할 수 있다는 원리를 내놓고 구현해온 것이다. 선군정치는 이와는 달리 주체사상의 원리에 기초하여 군대강화에 선차적인 힘을 넣어야 한다는 새로운 혁명공식, 선군의 원리를 내놓았다."[30] 『리해』는 선군의 정치와 이념이 기존의 사회혁명이론들과 결정적으로 구분되는 것이라는 강한 주장을 기반에 두고, '역사적 유물론'의 전제와 물질적 조건이 이념적 표상보다 우선한다는 이론에 대한 공격을 과감히 전개하면서 그 순서를 사실상 뒤집어놓는다. "선행한 로동계급의 리론은 사회경제관계, 사람들의 사회경제적 처지를 기본으로 하여 로동계급을 주력군의 위치에 내세운 것이다. 사회경제관계나 사람들의 생활처지가 혁명력량 편성에서의 객관적 조건으로 작용할 수는 있으나 기본요인으로 될 수는 없다. (…) 혁명운동에서 어느 계급, 어느 계층, 어느 사회적 집단이 핵심, 주력이 되는가 하는 것은 사회경제관계나 사람들의 사회경제적 처지가 아니라 사람들의 사상정신적 품격과 집단의 위력에 의해서 결정된다. 선군정치는 혁명군대를 인민대중의 자주위업, 사회주의 위업의 핵심, 주력으로 내세우는 정치방식이다."[31]

선군정치이론은 이념의 힘과 군대의 힘을 생산의 힘보다 우선시하고, 따라서 역사적 유물론과 맑스주의의 원칙을 근본적으로 바꾸어놓는다. 하지만 마지막 인용문에서 볼 수 있듯이 이러한 이른바 새로운 혁명이론은 이념의 통일성과 혁명무력과의 이론적 관계에 관해서는 설명하지 않는다. 우리는 현재 북한의 주권 담론에서 '사상'이라는 근본적 힘과 '폭력수단'이라는 조직적 힘의 관계를 이해해볼 필요가 있다. 그러기 위해서는 '총대'라는 말을 다시 살펴보아야 한다.

총이라는 선물

1926년 6월, 당시 열네살이던 김일성에게 그의 어머니는 아버지가 남겨준 귀중한 선물을 건네주었다. 이 선물은 현재 북한의 공식적 서사에서 가장 의미있는 상징적 물건이 되었다. 즉 만주 항일투쟁의 전선에 섰던 김일성의 파란만장한 망명의 삶에서, 그리고 그후 미제국주의에 맞선 투쟁의 선봉에 선 국가지도자로서의 삶의 이력에서 가장 의미있는 물건이 된 것이다. 아버지의 선물은 붉은 천에 싸인 한 쌍의 권총이었는데, 그것이 건네어질 때 그 물건의 의미에 대한 아버지 김형직(金亨稷)의 "칼 든 놈하고는 칼을 들고 싸워야 이길 수 있다"라는 설명도 함께 전해졌다고 한다. 이 이야기에서 두 자루의 권총은 "조직적인 무장투쟁이야말로 나라의 독립을 이룩할 수 있는 최고의 투쟁형태"라고 믿었던 김형직의 심오하고 예지적인 사유를 함축한다고 말해진다. 그 총은 또한 "민중이 총칼을 들고 일어나 제국주의와 싸워 나라를 찾고 착취와 압박이 없는 새 세상을 세워야 한다"라는 그의 희망을 나타낸다.[32] 이 이야기에 따르면, 이 총을 받고서 김일성은 선물의 의미에 대한 아버지의 가르침을 마음깊이 간직하고 무장투쟁을 통해 민족독립을 회복하겠다는 확고부동한 혁명적 각오를 키우기 시작했다.

위의 이야기는 오늘날 북한에서 수많은 교육자료에 실려 널리 유포되면서 선군정치의 역사적 시원(始原)으로 소개된다. 이 이야기에는 김일성이 아버지에게서 물려받은 총을 자신의 급우들에게 보여주었다는 또다른 역사적 에피소드가 포함되어 있다. 이것은 1926년 만주에서 일제경찰에게 아버지가 체포되었다는 소식을 듣고, 김일성

3-2 두 자루의 권총을 받아든 소년 김일성(그림, 일부분).

이 만경대 고향집을 떠나 만주로 와 살면서 공부하던 학생시절의 일
화다. 이 중요한 에피소드들은 그림·벽화·포스터를 포함한 다른 형
태로도 널리 접할 수 있다. 이러한 기원적 이야기들이 전해지는 방식
은 최근 북한의 문화정치에서 일어난 미묘하지만 중요한 변화를 보
여준다. 앞서 언급한 대로 1990년대 중반에는 북한 문헌과 매체가 선
군정치의 창조성이 김정일의 천재성과 그의 뛰어난 통치방식과 연
관된다고 강조하는 경향이 있었다. 하지만 2000년대 중반 이후로는
강조점이 독창성에서 유산으로 옮겨가, 선군정치가 북한혁명의 기
원과 김일성의 초기 개인사와 깊은 역사적·계보적 연계가 있다는 데
초점을 맞춘다. 선군정치사상을 역사적으로 뿌리깊은 정치이론으로
제시하려는 이 과정과 병행하여, 김일성의 혁명경력은 점점 더 가족

122

계보사의 성격으로 바뀌어갔다. 즉 몇십년간 유지되어왔던 김일성의 유일하고 개인화된 카리스마적 역사에서 벗어나면서, 이를 현재 진화 중인 세습적 혁명정치의 폭넓은 역사적·계보적 배경의 일부로 만드는 것이다. 김일성과 아버지 김형직의 혁명적 부자관계는 이러한 전개에서 주목할 만한 요소이고, 나중에 살펴보겠지만 김정일과 어머니 김정숙의 관계 역시 마찬가지다. 말하자면 현재의 서사는 가장 모범적인 혁명적 덕성이라는 숭고한 가족유산이 계속 이어져 김정일이라는 인물로 구체화된 것으로 선군정치사상을 자리매김하는 것이다.[33] 오늘날 북한의 정치교양에서는 이러한 김일성가의 정치유산을 "총대가문"이라는 말로 표현한다.

김씨 가문의 유신에는 총 선물에 관한 이야기가 하나 더 있다. 아리랑공연에서는 권총 한 자루의 이미지가 종종 권총 두 자루의 이미지에 뒤이어 나온다. 후자는 김일성이 아버지로부터 1926년에 받은 선물을 그리며 일제강점기 북한혁명의 기원을 나타낸다. 또다른 한 자루의 권총 이야기는 북한혁명의 시련기였던 한국전쟁과 연관되는데, 이는 삼년간의 이른바 "위대한 조국해방전쟁"의 어느 중요한 전장에서 있었던 김일성과 김정일의 부자대면에 관한 것이다.

1952년 여름, 김정일은 1211고지라 알려진 최전방의 야전사령부에서 아버지를 만났다. 『선군의 어버이 김일성장군』에 실린 이야기에 따르면, 당시 열살이던 김정일이 그곳에 가기를 자원했다고 하는데(당시 어린 김정일은 전쟁기간 동안 지린吉林시로 추정되는 중국 동북부에 대피해 있었다고 알려져 있다),[34] 인민군 최고사령관으로서 중요한 고지의 방어선들을 친히 지휘하고 있던 아버지 옆에 있고 싶어서였다고 한다. 어린 김정일은 두달 동안 그 전장에 머물면서 조선인민들이 "위대한 수령님에 대한 일편단심으로" 우월한 미군의 화력에 맞서 얼마나 영웅적으로 싸우고 있는지 직접 배우고 목격했다고 전해진다. 그해 7월 10일, 그는 최고사령관의 작전실로 불려갔다. 김일성은 어린 김정일에게 그날이 무슨 날인지 물었고, 소년은 돌아가신 할아버지의 생신이라고 답했다. 김일성은 이 말을 듣고 기뻐하며 아들에게 붉은 천으로 싼 선물을 건네주면서 이렇게 말했다. "이 권총을 오늘 너에게 준다. 혁명의 계주봉(繼走棒)으로 알고 받는 것이 좋겠다. 우리 만경대가문의 뜻이 담긴 총이니 한평생 잘 간수하여라." 만경대는 김일성의 고향이다. 그곳은 오늘날 국가적 기념지이자 순례성지로 보존되고 있다. 리볼버 권총을 열살인 아들에게 주면서, 인민군 최고사령관은 이렇게 말했다. "혁명가는 일생동안 손에서 총을 놓지 말아야 한다. 총은 혁명의 승리를 담보해주는 방조자라는 것을 꼭 명심해라." 『선군의 어버이 김일성장군』에서는 이 에피소드를 소개하면서 총의 의미에 대해 다음과 같은 해석을 제시한다. "위대한 수령님께서는 일찍이 김형직 선생님께서 그러하셨듯이 아드님께 권총을 혁명의 유산으로 물려주신 것이다. 이 총대유산에는 만경대 혁명일가의 가풍대로 총대로 개척한 조선혁명을 대를 이어 총대로 계승해나가라는 위대한 수령님의 간곡한 부탁이 담겨져 있었다."[35]

리볼버 권총 이야기는 사실이기에는 너무 완벽해서 잘 믿기지 않는다. 실제로 여기에는 몇가지 믿기 힘든 요소들이 있다. "만경대 혁명일가 혈통"이라는 표현은 북한의 정치적 어휘에서 상당히 새로운 것이라, 김일성이 실제로 이런 표현을 일찍이 1952년에 사용했다는 것은 상상하기 어렵다. 더욱이 열살짜리 아이가 아무리 비범한 총기와 덕성이 있다고 해도 죽은 할아버지의 생일을 기억한다는 것도 상상하기 어렵다. 조상에 대한 제사의식이 한국 전통문화의 중요한 요소란 점을 고려하여, 아이가 기억한 날짜가 제삿날이었다면 한결 받아들일 만할 것이다. 조상의 생일을 기념하는 것은 이러한 제사전통에서는 이질적인 것이다. 북한이 국가지도자들의 생일을 축하하는 관습을 발명하고, 또 사망한 국가지도자를 그의 생일에 추모하는 것도 사실이지만, 이는 김일성에 대한 개인숭배가 최고조에 달한 한참 후의 일이다. 그러므로 앞의 시나리오는 오래전의 역사적 사건에(그 사건이 실제로 일어났다고 가정한다고 해도) 뒷날 만들어낸 이야기를 덧씌운 결과일 가능성이 크다.

우리가 이 점에 주목하는 것은 북한의 역사 기술에서 흔히 볼 수 있는, 역사적 세부 실제사항들을 자유로이 수정하고 조작하는 관행을 폄하하기 위한 것은 아니다. 북한의 지배적 예술이론이 가장 강조하는 깃은 역사를 이념적으로 올바르고 도덕직으로 활기차세 새현해내는 예술작품의 역량이다. 그리고 국가지도자들의 전기적 이력과 연관될 때는 그 주체의 천재성과 도덕적 권위가 생동감 있게 드러나도록 해야 한다. 이러한 역사예술에서, 정치적 정신은 실증적 역사지식에 천착하는 것보다 더 우위에 있고 창조적 작업의 가치는 당대의 현실에서 의미있는 사회적 기능을 수행할 수 있는 역량, 즉 대중들의 도덕적·정치적 의식을 높이고 국가의 모범적 중심에 크나큰 영예를 바치는 역량을 토대로 평가된다. 이런 맥락에서는 세부사실들을 조금 고치는 것을 역사적 수정이나 사실의 날조로 이해할 필요는 없다. 그보다는 역사에 대한 대단히 실용적이고 도구적인 접근방식으로, 정치적·사회적 현실의 필요와 요구에 따라 역사에서 필요한 요소들을 선택적으로 가져오는(또는 역사에 그런 요소들을 덧붙이는) 자유를 추구하는 것이라고 볼 수 있다. 북한의 경우가 아마도 이러한 접근방식의 극단적 사례이겠지만, 프랑스의 사회학자인 모리스 알바끄(Maurice Halbwachs)가 명백히 밝혔듯이, 역사와 역사적 기억에

대한 이러한 구성주의적 접근방식은 현대 역사에서 드문 일은 아니다.[36]

권총 이야기에 들어 있는 믿기지 않는 요소들에 관한 진정 흥미로운 질문은, 그 이야기가 과연 진실인지 또는 얼마만큼 진실이 담겨 있는지가 아니라, 왜 그러한 요소들이 이야기에 도입되었는지 또 이 이야기는 이런 가공의 서사적 요소들을 통해 무엇을 말하려고 하는지다. 이러한 관점에서 보았을 때, 이 권총 이야기는 북한의 세습정치에 대해 앞의 장들에서 논의한 세가지 분석적 개념들, 즉 유격대국가 개념, 가족국가의 구성, 세습적 카리스마 권력의 문제와 관련된 중요한 쟁점들을 제기한다. 어떻게, 별로 보잘것없는 무기인 이 세 자루의 권총이 국가주권이라는 거대한 문제의 가장 강력한 상징적 물건이 되었는가를 이해하기 위해서는, 우선 선군정치와 그리고 그와 짝을 이루는 대중동원의 이념인 "총대철학"의 개념적 관계를 살펴볼 필요가 있다.

총대철학

김정일시대 북한의 특징적 국가이념인 선군정치는 북한에서는 '총대사상' 혹은 '총대철학'으로 더 널리 알려져 있다.[37] 이 철학사상에 관한 북한문헌들은 예외없이 김정일이 이 사상에 대해 내린 가장 권위있는 정의를 제시한다. "우리 당의 총대철학은 (…) 선군정치를 낳은 사상리론적 기초다. (…) (총대철학은) 총대에 의하여 개척되고 전진하며 완성되여나가는 혁명의 원리를 (…) 새롭게 밝히였다."[38] 우리는 앞서 최근에 선군정치사상의 기원을 더 먼 역사의 계보로까지 확장하는 경향이 있음에 주목하고, 이는 김정일 지배기 초반인 1990년대에 그 사상을 새로운 지도자의 고유한 발명품이라고 강하게 주장하던 양상에서 벗어난 것이라고 지적했다. 총대철학은 김일성가문 내에서 전수된 총 이야기들과의 긴밀한 연관을 통해 이러한 역사적 재구성 과정을 촉진한다. 두 자루의 권총과 관련된 첫번째 에피소드(김일성이 아버지에게서 열네살에 물려받음)는 총대철학의 기원을 김일성시대까지, 심지어는 민족해방과 무장혁명을 위한 김일성의 초기 입문시기까지 확장한다. 이 이른바 철학사상이 선군정치와 당대의 담론에서 짝을 이룸에 따라, 확장된 역사적 기원은 선군정치의 형태에도 적용된다. 이 점에서 총대철학은 북한의 정치적 승계과정을 위한 도구라 할 수 있다. 즉 선군사상은 김정일의 통치와 이전의 통치의 구별을 용이하게 했고, 그의 지배가 공고해진 후에는 총대철학이 현재의 통치와 과거의 통치 간의 연속성을 되살리기 위해 도입되었다.

이 두 사상들이 서로 밀접하게 연관되었다고 해서 '총대'가 단지 '선군'의 대안적 표현이라는 것을 의미하지는 않는다. 오히려 총대는 선군정치의 전제와 의미를 좀더 역사적으로 근거있게, 또 북한혁명의 기원신화와 맞물린 한 부분으로서 전달하기 위한 것이다. 이 점에서 총대철학은 앞서 논의했던 과거와 현재의 유격대정치를 연결하는 기능을 하여 만주에서의 항일 빨치산 활동과 1994년 이후 현대 북한의 유격대국가 정치 사이에 다리를 놓는다고 할 수 있다. 앞서 언급한 대로 1926년과 52년의 두편의 권총 선물 이야기는 유격대국가 형성과정에 역사성을 만들어주는 중요한 요소다. 덧붙여둘 것은, 총대철학이 선군사상과 달리 좁은 의미의 군사영역 또는 군과 당 사이의 제도적 구조를 넘어 더 넓은 영역과 연관을 짓는다는 점이다.

인류학자 쏘니아 량(Sonia Ryang)은 북한의 정치미학에 관한 신중한 연구에서, 바깥세상에서 생각하는 것과는 반대로 북한 정치사회가 상당히 개인화되었다고 주장한다. 즉 "전체주의사회에 대한 일반적인 기대와는 달리 자아와 개인이라는 개념은 북한에서 매우 중요하다. 개인은 집단 혹은 단체의 일원으로서가 아니라, 각각 개인으로서 자신의 도덕적-이데올로기적 순수성, 훈련, 완벽함에 대해 책임을 진다. 여기에는 신체적 완벽함도 포함된다. 그러다보니 종종 각 개인의 가족구성원들조차도 별 관계가 없다. 북한사회에서 가장 가치있고 특별한 인간관계는 개인(각자 고립되고 서로 분리되어 있는)과 최고지도자의 관계다".[39] 이 대담한 주장이 사실이기도 하지만, 하나 부연해야 하는 점은 이러한 "개인들"이 형성하는 연합적 통일체가 게젤샤프트(현대 이익사회)와는 거리가 멀고, 앞서 가족국가 혹은 신유교주의 국가와 관련하여 논의한 것처럼(제1장과 2장 참조) 오히려 가족가치와 가족의 도덕적 일체성이라는 강력한 관용적 표현을 채택한다는 점이다.

총대강령이 정치적 게마인샤프트(공동체)에 속한 이러한 개인들에게 말하려 하는 것은, 사회주의혁명에서 차지하는 군의 중심성뿐 아니라 선군정치에서 그들의 역할이 무엇인지다. 다시 말해 군대 이미지로 형성된 사회적 통일체 안에서 개인의 위치다. 이 점에서 총대의 '철학적' 강령은 선군의 '정치적' 강령보다 시사하는 바가 실제로 더 근본적이다. '선군'은 주로 사회주의혁명의 총체적인 국제적 위기에 군사력과 군사제도의 혁명적 역할을 우선시하자는 것이다. 이와는 대조적으로 '총대'는 주로 군대와 사회 간의 도덕적·실제적 일체성 창출에 관한 것으로, 군의 요구를 사회의 요구보다 우선시할 뿐 아니라 군사조직 모델로 사회를 개조하는 일도 포함한다. 나아가 '총

대'는 각 개인이 넓은 정치사회 안에서 또한 통치체제와의 관계에서
어떻게 자신의 존재를 설정해야 하는지에 대하여, 스스로를 '총대'
로 생각해야 한다는 과격한 요구를 제시하는 것이다. 선군정치가 하
나의 정치이론으로서 군대가 혁명의 선봉이라는 생각에 근거한 것
이라면, 총대 강령은 하나의 사회이론으로서 개인과 총의 실제적·정
신적 일체성뿐 아니라 군대와 인민 간의 절대적인 도덕적 일체성을
강조하는 것이다. 이러한 의미에서 총대철학이 현대 북한의 정치교
양에서 '철학'이라 불리고, 그 쌍둥이 개념인 선군정치가 대신에 '사
상'이란 지위를 갖는 것은 이유가 있다.

　북한노래「우리의 총창 우에 평화가 있다」에는 다음과 같은 내용
이 있다. "평화가 아무리 귀중해노 설대도 구걸은 하지 않으리. 우리
의 총창 우에 평화가 있다." 이러한 수사적 맥락에서 총창(총대)은
여러가지를 의미할 수 있다. 그것은 작업장에 비치된 군사훈련용 목
재 모형총일 수도 있고, 혹은 만주 빨치산들의 영웅적 행위와 연관된
낡은 식민지시대 무기로 중국과의 국경선 근방에 있는 주요 순례지
에 전시된 총들을 가리킬 수도 있다. 또한 그것은 협동농장 일꾼들이
추수한 곡식을 지역 군부대에, 혹은 자랑스러운 핵무기 개발을 위해
바쳐야 하는 의무를 의미할 수도 있다. 이 마지막 사항은 국제사회에
서 북한을 더욱 고립시키고 인도적 원조를 줄어들게 하여 식량부족
으로 인한 주민의 고통을 가중시켰다. 이러한 맥락에서 총대가 의미
하는 것은 국내외 차원에서 총대의 실천이 어떤 육체적 고통과 사회
적 고난을 인민에게 가져오더라도 총대정신을 단단히 지키려는 대
중적(공공) 의지다.

　그것은 또한 총대의 두가지 형태, 즉 '일반적 총대'와 '모범적 총
대' 간의 도덕적·구조적 관계에 관해 말해준다. 가장 '모범적 총대'

는 물론 제국주의에 맞선(식민적·탈식민적 형태 모두, 즉 일제와 미제와 투쟁한) 무장혁명투쟁의 영광스런 유산이다. 이는 김일성의 전기적 역사와 김정일의 세습정치에 의해 구체화되고, 김일성가문에 내려오는 총들로 상징화된다. 한편 '일반적 총대'는 북한의 사회적 힘 전체를 가리키며 북한의 관용적 표현으로는 "목숨으로 혁명의 수뇌부〔즉 모범적 총대〕를 결사옹호 보위하는"[40] 신성한 과업으로 하나가 됨을 의미한다. 이러한 힘은 집단적인 인간적 헌신에서 핵보유력까지 모두를 아우른다. 이러한 도식에서 모든 북한 군인과 인민은 각각 한 자루의 총이 되어 모범적 총의 유산을 지키는 "천만정의 총"으로 거대한 동심원을 만들게 된다. 천만정의 인민의 총대와 세정의 모범적 총대의 관계는 사회주의혁명의 고전적 슬로건인 "하나는 전체를 위하여, 전체는 하나를 위하여"에 부합하고, 위계적 형태가 아닌 동심원적 형태를 이룬다. 그 논리는 모범적 총대가 인민 전체를 지키는 데서 존재의 이유를 발견하는 반면, 일반적 인민의 총대는 모범적 중심의 완전성을 지키기 위해 존재한다는 것이다. 이 두 유형의 '총대'의 결합은 유기적이고 공생적이다. 또 서로에게 생명력을 불어넣는다. 결론적으로 여기서 주장하는 총대철학의 철학적 성격은 선군정치의 형이상학적 측면으로, 삶의 기원과 의미에 관한 것이다. 즉 진정 의미있는 정치적 생명은 모범적인 혁명투쟁이라는, 생명의 원천이라 할 만큼 지극히 소중한 유산으로부터 발원한다는 것이며 진정한 정치적 생명의 의미는 이 유산을 유지하고 지켜나가는 데 있다는 것이다. 따라서 총대의 의미론은 혁명주권이나 국가안보 같은 선군강령에 나타나는 문제를 넘어선다. 대신에 더욱 근본적인 문제, 즉 무엇이 진정한 인간을 만들고 무엇이 윤리적 삶을 구성하며 어떻게 의미있는 정치적 삶을 사느냐라는 문제에 접근하고 있다.

3-3 "선군정치의 위대한 승리 만세!"(포스터)

앞서 우리는 북한의 공식적 총대강령에서 제기된 것과 유사한 문제들이 어떻게 1970년대 초에 이미 북한의 공공문화의 필수적 요소가 되었는지 살펴보았다. 만주시대의 영웅적 행위를 강하게 부활시켜 재구성했던 당시 몇몇 중요한 서사적 기술(記述)이 이를 잘 드러내준다. 다음 장에서 우리는 총대강령의 형성에 중요한 도덕적·윤리적 원칙 가운데 일부가 한국전쟁을 배경으로 펼쳐지는 서사적 역사드라마에서 어떻게 드러나는가를 이야기할 것이다. 이 장에서는 논의의 지평을 확장하여 그 강령의 광범위한 비교역사적 배경에 대해 간단히 살펴보고자 한다. 선군정치는 군대와 인민의 일체성을 주장한다. 하지만 이것은 북한의 고유한 발명품이 전혀 아니며 폭력혁명론과 진보사상의 역사에서 익숙한 것이다. 그러나 선군이라는 정치 형태는 한걸음 더 나아간다. "군대는 곧 인민이고 국가이며 당"이라고 주장할 뿐만 아니라, 실제로 사회보다 군대를 우선한다.[41] 와다 하루끼는 군과 인민의 이런 전면적 융합이 사회의 급진적 군사화를 수반하고, 군과 당의 융합은 국가사회의 군사화를 시사한다고 말했다.[42] 흥미롭게도 와다는, 이 융합과정이 또한 군대가 점점 '비군사화(군대같지 않은 조직으로)'되면서 그 군사적 특질을 잃어버리게 되는 역설적인 변화과정을 포함한다고 지적했다. 와다가 더 자세히 설명하지는 않았지만 이것은 매우 신랄한 지적이다. 군대와 인민의 일체성은 사회만큼이나 군대에도 영향을 미친다는 사실을 시사하는 것이다.

선군정치에 관한 최근 북한문헌 중 어떤 것도 군과 인민의 일체성이라는 패러다임에 폭넓은 역사적 배경이 있다고 인정하지 않는다. 북한의 정치문헌에서는 이 사상의 계보가 민족사의 영역에 엄격히 국한되어 오로지 김정일의 천재성과 김일성의 투쟁경력이란 계보적 기원만을 언급한다. 하지만 이 사상은 명백하게 더 깊은 기원과 더 넓은 역사적 배경이 있다. 먼저 마오 쩌둥의 "권력은 총대에서 나온다"라는 인민전쟁의 패러다임에 관한 격언이 있다. 이 사상의 계보적 기원은 시간적으로도 물론 더 깊게 들어가 레닌의 폭력혁명론, 더 나아가 칼 슈미트(Carl Schmitt)가 주장하듯이 나뽈레옹전쟁과 미국 독립전쟁 시기에 등장한 빨치산(partisan)이론에까지 거슬러 올라간다.[43] 이 사상은 개념적으로 19세기 초 프러시아의 군사이론가인 칼 폰 클라우제비치(Carl von Clausewitz)의 연구에까지 연결되는데, 슈미트에 따르면 이론적 개념으로서의 빨치산을 발견한 사람은 클라우제비치다.[44] 슈미트는 상대적으로 추상적인 레닌의 이론과 비교하여 마오 쩌둥의 빨치산 개념은 야전에서 다져온 훨씬 더 단단한 것이

132

라며 다음과 같이 주장했다. "1962년 이후로 점점 심화된 모스끄바와 베이징의 이념적 갈등은 이와 같은 '진정한 빨치산'이라는 구체적이고 상이한 현실에 가장 깊은 뿌리가 있다. 또한 여기서, 빨치산 이론이 정치현실을 알 수 있는 열쇠라는 것이 입증된다."[45]

슈미트의 이 마지막 논평은 북한의 정치적 기원, 그리고 북한이 중국이나 러시아가 택한 길에서 갈라져나온 것을 이해하는 데 시사하는 바가 있다. 마오 쩌둥의 인민전쟁 이론처럼, 북한의 선군과 총대강령은 전쟁과 폭력에 대해 매우 상대주의적인 관점을 내세운다. 이 강령들은 전쟁을 두가지로 구분하는데, 하나는 인민적이며 혁명적인 정당한 전쟁이고 다른 하나는 반인민적이며 반혁명적인 부당한 전쟁이다. 따라서 그들은 폭력도 도덕적 관점에서 두 종류로 나누어 진보적이며 혁명적인 폭력 대 반동적이며 반혁명적인 폭력을 서로 대조한다. 전쟁과 폭력의 이러한 이원적 개념에서 나온, 혁명적 폭력이 도덕적으로 순수하다는 주장은 혁명적 폭력의 인민적 성격에서 비롯된다. 북한의 총대철학에서는, 총대는 오로지 혁명적 폭력수단만을 말하는 것이고 일반적인 폭력수단은 아니라고 상정한다. 폭력이 정당한 것은 그것이 인민의 손에 의해, 인민을 위하여, 인민의 의지에 의한 것이기 때문이다. 이러한 가정은 마오 쩌둥이 규정한 도덕적 폭력론과 일치하는데 "인민은 물이고 군은 물고기다"라는 유명한 그의 격언에서 보듯이, 이 이론은 인민과 군대의 도덕적이고 실질적인 통합을 바탕으로 한다. 하지만 마오 쩌둥의 군사철학과 북한의 선군 및 총대 사상의 유사성은 여기까지인 듯하다. 후자는 기존의 인민전쟁이론에서 일부 핵심적 요소들을 빌려왔지만, 자신들이 전적으로 새로운 폭력혁명론을 내놓았다고 주장한다.

북한의 총대철학이 스스로의 발명이라고 천명하는 것 중 하나는 혁명정치에서 정당화된 폭력수단과 힘이 항구적으로 중요하다는 주장이다. 이는 정통 맑스주의 이론과는 대조되는데, 아렌트가 마오 쩌둥의 폭력론에 대한 비판에서 언급한 대로 맑스는 혁명적 폭력의 역할을 혁명적 정권장악 같이 역사에서 예외적이고 특별한 사건에서만 정당화되는 것으로 제한한다.[46] 북한 스스로 주장하는 또 하나의 이론적 발명은 무엇이 그 폭력수단을 구성하는지를 정의한 것이다. 총대이론에서 혁명적 폭력수단과 힘은 단순히 물리적·기계적인 것만이 아니라 윤리적·이데올로기적인 것이기도 하다. 그것은 핵무기 같이 막대한 파괴력을 가진 기계적 장치일 수도 있지만, 절대적인 정신적 충성심의 상태일 수도 있다. 따라서 앞서 논의한 주체사상의 경우와 마찬가지로 여기서도 다시, 북한 정치이론은 사회주의권의 선행이론들에서 밝힌 물질적 힘과 이념적 현상 간의 개념적 위계관계를 뒤집고 이념적이고 도덕적인 힘을 역사변동의 원동력으로 규정한다.

총의 힘, 사랑의 힘

선군정치의 패러다임과 총대철학의 패러다임이 서로 빈번하게 인용되고 호환 가능한 것처럼 보여도, 몇몇 결정적인 측면에서는 구별되어야 한다는 점은 앞서 언급한 바 있다. 북한문헌에서 두 패러다임은 소통적이며 상호적인 관계다. 이 둘은 서로 이야기하고 서로의 거울이 되도록 만들어졌다. 오늘날 북한의 정치교양에서는 두 패러다임의 이러한 관계를 사랑의 관계로 인식해야 한다고 주장한다.

쏘니아 랑은 북한문헌에 나타난 사랑의 수사적 힘에 관한 논문을 통해 북한에서 이상적인 사랑의 관계는 삼각관계라고 주장했다. 쏘니아 량은 제철소 노동자와 그의 연인인 친구 여동생과의 관계가 1980년대의 어느 소설에서 어떻게 묘사되었는지에 초점을 맞추어, 남녀 간의 연애는 그 자체만으로는 의미있는 관계를 만들기에 미흡하며 남녀가 각각 지도자와 공통된 정서적 관계를 맺는 것으로 관계가 완성된다는 점에 주목했다. 철강 노동자는 자신과 지도자 간의 절대적인 사랑과 믿음을 바탕으로 관계를 파악한 뒤에야 비로소 친구 여동생에 대한 진정한 사랑을 발견한다. 쏘니아 량은 이를 통해 북한이라는 전체주의사회에서 개인 간의 사랑의 실현은 그 개인과 최고 지도자 간에 정서적 일체감이 실현되었는가에 달려 있다고 결론지었다. 이러한 "삼각관계"는 충격적으로 보일 수도 있지만 과히 낯선 것만도 아니다. 스딸린시대 러시아의 공공문화에서도 비슷한 주제가 두드러지게 나타났다. 1930년대 소련의 모범노동자(러시아말로 우다르니끼udarniki)의 영웅적 생산업적은 자연의 힘을 초월하는 초인적인 능력의 증거일 뿐만 아니라 그에 못지않게 중요한 점, 즉 모든 쏘비에뜨 인민을 위한 스딸린 동지의 무한한 부성애에 대한 보답으로 이들이 그에게 바치는 사랑의 노동의 성과라는 의미가 있었다. 제프리 브룩스에 따르면 스딸린과의 개인적인 도덕적 관계는 "가족, 친구, 동료, 공동체, 그리고 궁극적으로 사회 그 자체와의 관계를 대체한다. 노동자들의 스딸린과 국가에 대한 의존성은 특히 '스따하노프' 노동자(Stakhanovites, 특별히 높은 생산성과를 올려 스타하노프운동상을 받은 노동자)의 경우에 잘 드러난다. (…) 프롤레타리아와 농민 노력영웅들은 선물증정 의례를 수행하면서, 그들의 보호자인 스딸린과의 특별한 관계를 통해 새로운 인민으로 기적적으로 재탄생한 것을 축하한다".[47] 브룩스는 이를 의례화된 선물경제에 의해 공연되는

'도덕적 연극'(moral play)이라고 불렀다.[48] 북한의 맥락에서 본 사회주의정치의 도덕경제 영역에 대해서는 나중에 자세히 소개하겠지만 (제5장과 6장 참조), 여기서는 오늘날 북한의 사랑 논증법이 적어도 어떤 중요한 측면에서 스딸린식 "도덕적 연극"과 구별된다는 점은 짚어두고자 한다. 선군정치시대에 전개된 정치적 사랑의 수사는 이러한 정치형태를 낳은 특별한 역사적 조건과 연관되는데, 특히 소련제국의 몰락에 따른 전면적인 국제정치 위기와 심각한 국내경제 위기 속에서 세습적 카리스마가 처한 운명의 문제다. 이러한 맥락에서 오늘날 북한의 정치적 "사랑"은 지도자와 인민의 호혜적 관계에서 어떠한 경제적 함의(예를 들어 스딸린이 상징적·물질적 지원의 형태로 준 사랑에 대한 보답으로 영웅적 노동을 바치는 행위)도 조심스럽게 피해간다. 대신 주권문제와 사랑의 힘의 군사적 의미에만 초점을 맞추고 있다.

『선군령장과 사랑의 세계』는 이 세상에서 가장 강력한 무기가 "수령과 군대, 수령과 인민이 숭고한 믿음과 사랑, 끊을 수 없는 혈연의 정으로 혼연을 이루고 일체를 이루는 것"이라고 역설한다. 이 사랑의 힘은 무한하고 헤아릴 수 없어 "세계의 혁명적 인민들이 그처럼 부러워하고 적들에게 무서운 공포를 주는 우리 조국의 일심단결의 무한대한 위력"이다.[49] 『선군령장과 사랑의 세계』는 선군정치가 인민에 대한 지도자의 사랑의 최고의 표현이라는 전제에서 출발하여 군대를 우선하는 정치가 어떻게 "사랑의 정치"와 동일한지를 설명하는 일련의 주장을 펼친다. 또한 사랑의 선군정치를 구체적이고 경험적인 방식으로 보여주었다는 여러가지 에피소드를 소개한다. 이 에피소드는 대부분 여러 군부대와 군대가 맡은 주요 건설현장을 찾는 김정일의 현지지도 방문에 관한 것이다.[50] 이러한 방문에서 지도자는 군대 내

생활여건의 세부사항에까지 세심한 관심을 기울이고, 군인들은 지도자의 무조건적인 아버지 같은 배려와 사랑의 은총, 이른바 "천만 부모가 자식들에게 보여준 애정을 다 합한 것만큼이나 강한 애정"을 경험한다.[51] 다른 에피소드들은 지도자와 선군정치시대의 모범가족, 특히 군대에 자식이나 손자를 여럿 보낸 가족들과의 만남을 부각시킨다. '총대가족'이라고 불리는 이 가족은 선군시대의 '스따하노프가족'이라 할 수 있다. 개인도 총대영웅이 될 수 있다.『선군령장과 사랑의 세계』는 여러 총대영웅들을 거명하면서, 선군정치에 관한 다른 북한문헌들에서처럼 리수복이라는 사람을 가장 유명한 총대영웅으로 등장시킨다. 리수복은 미군에 맞서 자살특공임무를 수행한 것으로 널리 알려진 한국전쟁의 영웅이다(제4장 참조). 다른 내부분의 총대영웅들도 한국전쟁에서 전사한 군인들이며 그중에는 안영애라는 종군간호사도 있는데, 미군 폭격 중 야전병원에서 부상군인들을 안전히 피신시키기 위해 자신의 모든 것을 바쳤다고 한다.

선군정치의 지도자 치하에서 만들어진 "사랑의 세계"에 관한 이러한 문학과 여러 시각적·음악적·연극적 작품에서 보면 총대는 김정일 통치의 가장 중요한 상징이며, 프롤레타리아혁명과 노동자국가의 고전적 상징물인 낫과 망치(북한에서는 여기에 지식인을 나타내는 붓이 추가된다)를 대체하는 것이 분명하다. 총대상징은 또한 계급을 바탕으로 한 전통적 상징물들을 하나로 통합하여 농업·산업·지식 노동자 모두에게 힘과 의미의 유일한 원천이 된다. 이는 북한매체에서 당시 보도된 수많은 기사에서도 볼 수 있는데, 인민군은 국가적 건설사업에(사망한 지도자를 위한 기념관 건립을 포함한다) 앞장서며 특히 모내기와 추수 기간에는 농사일에도 적극적으로 참여한다. 이렇게 낫과 망치를 총대로 대체하는 것은 또한, 경제와 사회가 군대

를 거울삼아야 하며 실제적 영역에서는 국가의 모든 자원을 우선 군
대를 강화하는 데 집중해야 하고 사회의 유지는 그 다음이라는 것을
의미한다. 이러한 선군정치의 일반적 이론전개를 한마디로 요약하자
면, 맑스의 노동가치설을 빨치산 정치 패러다임에 의한 인간과 물질
적 가치론으로 전환한 것이라 할 수 있다.

결국 총대는 유격대국가를 존속시키기 위해 필요한 모든 생물 혹
은 무생물 자원을 가리킨다. 모든 것을 광범위하게 아울러 북한의 모
든 군사력, 군사장비와 인력, 애국적 개인과 공동체, 그리고 그들의
도덕적 성향과 실질적 헌신까지 포함한다. 김정일은 여러차례에 걸
쳐 총은 선군혁명가의 가장 충성스런 동지이며 그래서 절대로 혁명
을 배반하지 않는다고 말했다고 한다.[52] 실제로 총대는 하나의 사물
일 뿐 아니라 오히려 가장 순수한 충성심의 구현체로서 선군시대 유
격대국가 시민들의 의무적인 정신적 자질이다. 선군정치의 핵심 슬
로건에 따르면, 오늘날 북한에서는 천만개의 총대들이 혁명의 중심
을 죽음으로 지켜낸다는 태세를 갖추고 있다. 이러한 맥락에서 총대
는 하나의 존재이자 하나의 사물이다. 즉 북한혁명의 모범적 중심에
대해 충성을 다하는 사람이자, 혁명의 세습적-카리스마적 중심을 위
한 지속 가능한 정치적 통치의 수단인 것이다.

총대철학에 관한 문헌은 인간총대가 되는 것의 어려움을 인정한
다. 그렇게 되려면 김일성에 대한 강렬한 그리움(제1장 참조)과 함께
지도자의 유훈과 그 유훈의 담지자인 후계자들에 대한 절대적 충성
심이 필요하다. 또한 만주의 영웅들이 김일성에게 그랬던 것처럼, 그
유훈의 담지자에게 강력한 동지애와 의리를 품어야 한다. 하지만 아
주 최근 들어서는 북한문헌들이, 총대가 되는 일은 만주의 영웅들이
그랬던 것처럼 굶주림을 극복해야 하는 것일 수도 있고, 사랑하는 사

람들을 굶주림 때문에 잃은 슬픔을 이겨내야 하는 것일 수도 있다는 사실을 조금씩 인정하기 시작했다.[53] 동시에 총대철학은 이러한 실존적 어려움을 극복하려면 사랑의 올바른 힘과 적절한 능력을 지녀야 한다고 주장한다. 총대철학에 관한 문헌은 이러한 장애를 극복할 수 있다는 증거로 많은 총대영웅들의 생애사를 소개한다. 다음 장에서는 선군시대의 공식적 역사와 예술에서 가장 탁월한 영웅적 총대인물로 그리고 있는 김정숙에 대해 살펴볼 것이다. 그녀의 생애 속에서, 북한이라는 정치제의 모호한 사랑의 수사와 "삼각관계" 현상이 실제로 어떻게 분명해지고, 어버이의 가족적 사랑이 군의 극히 규율적이고 통제적인 질서와 어떻게 공존할 수 있는지 살펴볼 것이다. 김정숙은 북한역사에서 가장 빛나는 총대인물이고 동시에 가장 모범적인 자애로운 모성상이다. 선군정치의 사랑과 폭력성은 그녀의 상징적인 인물상으로 통합된다.

마지막으로 잠시, 김일성-김정일 가문에 전해내려온다는 세 자루의 권총 이야기로 다시 돌아가보자. 물론 이것들은 그냥 총이 아니다. 아리랑축전에서는 1926년 김일성이 아버지에게 받았다는 두 자루의 권총 이미지가 소개되는데, 그 장면은 만주의 영웅적인 유산 이야기에서 선군시대의 이상적 미래 이야기로 옮겨가는 중요한 국면에 등장한다. 『선군령장과 사랑의 세계』에 따르면 두 자루의 권총은 "대를 이어 무장으로 민족해방을 달성하기를 바라시는 절절한 념원과 기대"를 간직하고 있고 "총대혈통"의 기원을 형성한다.[54] 이 무기들은 1952년 김일성이 그의 아들에게 물려준 한 자루의 권총과 함께 선군정치의 역사적 뿌리와 계보적 깊이뿐 아니라 그 목적과 성격을 설명하는 데 쓰인다. 그 논리를 분석해보면 김정일의 선군정치는 무장투쟁을 이끌어온 오랜 가족전통을 계승해내고 동시에 이 전통을

3-4 "김일성 주석을 목숨으로 옹위하는 항일의 녀성영웅 김정숙 동지"(그림, 일부분).

새로운 역사적 조건에 맞게 창조적으로 재발명해내려는 것이다. 이러한 맥락에서 보면 총대철학이 말하고자 하는 것은 선군정치가 김씨가문의 뿌리깊은 가족전통에 그 기원을 두고 있다는 것이다.

따라서 총대는 선군의 전통이며 선군은 총대전통의 쇄신이며 이 전통의 현대적 실천이다. 하지만 선군정치와 총대철학 간의 이 지극히 단순한 개념적 관계는 정치 패러다임을 정당화하는 역사적 배경을 제공하는 것 이상의 역할을 한다. 이 전통과 쇄신의 구도 안에서 무장혁명투쟁의 전기적 역사는 단순히 개인의 업적이 아니라 집안의 계통문제로 제시되며, 따라서 그의 카리스마도 그 사람 개인의 속성이 아니라 내림을 받은 집안의 유산이며 정해진 운명으로 그려진다. 나아가 그를 이은 후계자의 경력도 동일한 시나리오를 반복하며 전통의 계승자이자 수호자로 그려진다. 따라서 이른바 총대철학은

140

대체 불가능한 개인적 카리스마를 세습적 카리스마로 대체해야 하는 어려운 과업을 수행하기 위해, 인격화된 카리스마를 상속되는 권위의 형태로 변모시키는 중요한 역할을 한다.

제4장

혁명렬사릉

선군정치에 관한 근래 북한의 서사는 누가 김일성의 후계자가 될지에 대한 결정이 이루어진 시점이 멀게는 한국전쟁 때까지 거슬러 올라간다고 주장한다. 1952년 아버지와 아들 간의 사적인 만남에서 그 결정이 이루어졌던 것으로, 후계자 결정사실이 일반에 알려진 1972년 김일성의 60회 생일 무렵보다 훨씬 이전이며 1997년 김일성의 삼년상이 끝나고 권력승계가 공식적으로 마무리된 때보다도 물론 오래전이다. 1952년의 이 계승결정은 전적으로 상징적인데, 당시 열살 소년이던 김정일에게 권총을 선물함으로써 확정되었다고 한다. 선물을 준 사람은 소년의 아버지였는데 당시 그는 인민군 최고사령관이었고, 후에 나라의 유일한 정치적 아버지가 되었다. 이 중요한 만남은 한국전쟁의 포연 속에서, 가장 치열한 전쟁터 중 하나인 강원도의 험악한 산악지역에서 이루어졌다.

이 고지전은 삼년간의 한국전쟁 기간 중 김일성 자신이 야전사령관으로 직접 참가한 드문 경우였다. 이 고지전 지역은 한국전쟁 막바지에 치열한 전투가 일어난 곳으로, 이 주변의 작은 영토를 차지하기 위해 조중연합군과 한미(유엔)연합군은 1953년 휴전이 이루어질 때까지 맹렬히 그리고 처절하게 싸웠다. 이 강원도 산악지역의 참혹한 전투는 1차대전 중 유럽 서부전선의 처절하고 무의미했던 참호전투와 비슷하게, 양측 모두에 엄청난 수의 사상자를 냈다. 하지만 전후 북한의 전쟁사에서는 이 고지전투를 전략적 승리로 기록하면서, 우월한 화력을 소유한 미군을 이겨 그들의 전투의지를 꺾어놓았다고 주장한다. 북한은 고지전투의 영광을 주로 김일성이 직접 전장에 있었던 사실과 연관지어 그의 군사적 천재성이 전투를 승리로 이끌었다고 말한다. 한편 이 고지전 찬양에는 북한에서 중요하게 여기는 '위대한 조국해방전쟁'의 영웅전사들도 몇몇 포함된다. 그중에 리수복이 있는데, 앞장에서 잠깐 언급한 대로 그는 오늘날 선군시대 북한혁명에서 상징적인 총대영웅으로 추앙받는다. 고지전에서는 중국지원군도 엄청나게 희생되었는데, 중국인 중에는 유명한 후앙 지구앙(黃繼光)의 영웅적인 희생을 기념하고 있다. 중국군 영웅전사 후앙은 1952년 10월의 격렬한 고지전에서 미군의 기관총을 몸으로 막았다고 알려졌다. 후앙은 북한 신의주와 마주한 중국의 주요 국경도시인 단둥에 위치한 '항미원조기념관(抗美援朝紀念館)'에서 영예로운 특급 영웅의 자리를 차지하고 있다.[1] 북한은 「붉은 산마루」와 「형제의 정」이라는 후앙의 영웅적 활약에 관한 영화를 제작했고, 그의 이름을 딴 학교도 세웠다. 북한의 영웅인 리수복에 대해서도 역시 맨몸으로 적의 막강한 화력에 맞선 영웅적 행위를 기념하고 있다. 리수복은 1952년에 '공화국영웅' 칭호를 받았다. 리수복과 그의 1211고지 말고도 중동부전선의 광범위한 고지전에서 여러 유명한 영웅들이 등장했는데, 그중에는 351고지전투의 영웅인 소총수 강호영, 기관총사수 조건실, 그리고 앞서 언급한 영웅적인 종군간호사 안영애가 있다. 그들의 공적은 모두 놀랄 만한 정신적 헌신으로 우월한 무기를 가진 막강한 적에 맞선 것이다.[2] 간호사인 안영애 이외의 모든 영웅담은 필요하다면 적의 우월한 화력에 기꺼이 맨몸으로라도 맞선다는 자기희생의 정신에 관하여 이야기해주는데, 다시 말해 영웅적인 '인간총대'가 된다는 것이다.

김일성이 자기 아들에게 그렇게 막중한 가치를 지닌(요즘 북한 기록에 따르면 그 안에 "민족과 혁명의 운명"이 들어 있다고 하는) 선물을 주었다는 장소가 미제국주의에 맞서 싸운 성스러운 전쟁의 중요힌 승리의 전장이었다는 것은 우연이 아니다. 그 권총은 궁극적으로 권위계승의 징표일 뿐 아니라, 오늘날 선군정치시대에 북한에 현존하는 모든 무기 중에서 가장 걸출한 총이기도 하다. 또한 기억해야 할 점은 이것이 김정일의 가계를 따라 전해내려온 유일한 총은 아니라는 것이다. 우리는 앞의 제3장에서 1952년의 부자 간 만남 이전에도 한 사례가 있었다는 것을 살펴보았다.

1926년 당시 열네살이던 김일성은 아버지의 권총 두 자루를 물려받았다. 그것은 식민지 패권과 불의에 맞서는 무장혁명의 명예로운 장정을 이끌어갈 김일성의 운명의 증표 같은 것이었다. 김일성은 후에 그의 회고록에서 이 어린 시절의 일을 떠올리면서, 당시에 받은 아버지의 선물은 그저 하나의 물건이 아니라 살아 움직이는 생명이 있는 것이었다고 썼다.[3] 그는 두 자루의 권총이라는 보잘 것 없는 무력이 수백정의 총으로(만주 항일투쟁 시기), 또 그후 수천·수만정으로(한국전쟁 시기) 힘과 수적인 측면에서 불어났다고 말했다. 오늘날 북한이 주장하는 대로 선군정치가 이런 오랜 역사적 사건에 뿌리를 두고 있고 총대철학이 김씨 가문의 계보적 역사에 근거한 상속된 이념이라면, 현재의 관점에서 볼 때 1952년의 에피소드는 1926년의 에피소드 못지않게 선군정치의 도덕적·역사적 권위를 확립하는 데 중추적인 역할을 한다. 이와 연장선상에서 김씨 가문의 두번째 총선물 에피소드의 배경인 한국전쟁의 역사는 만주 항일투쟁의 역사만큼이나 현재의 선군정치이념 형성에 중요하다고 말할 수 있다. 우리는 김일성의 만주 항일여정의 유산이 오랜 정치활동 기간 내내 그의 카리스마 권력에 핵심적이었음을 알고 있다. 또한 이 유산이 어떻게 1970년대에 강력하게 형상화되어 역사적으로 유일하게 중요한 영웅전설이 되었는지, 그리고 이 과정이 김일성-김정일의 정치적 승계 드라마의 전개와 어떻게 얽혀 있는지를 살펴보았다. 그렇다면 이어지는 질문은, 북한의 한국전쟁에 대한 기억이 어떻게 승계 드라마에서 그려졌는지, 그리고 한국전쟁의 기억을 차용하는 것이 만주 항일투쟁의 유산만큼 그 드라마에 중요했는지에 관한 것이다.

북한의 국립묘지

북한의 공공예술은 만주 항일투쟁의 영웅적 행위와 한국전쟁 경험에 대한 역사적 기억 간에 뚜렷한 위계가 존재한다는 점을 매우 분명히 드러내고 있다. 가장 눈에 띄는 예가 북한의 국립묘지인 평양 외곽 대성산 기슭의 '혁명렬사릉'이다. 이 묘지는 1953년 7월 한국전쟁 종전 직후 처음 조성되었는데, 70년대 중반에 전면적으로 재이장·개축되고 80년대 중반에 또다시 개건되었다. 묘지의 최초 조성시점은 그곳이 한국전쟁에서 죽은 북한 측 전사자들의 묘지라는 인상을 줄

4-1 만수대 '항일혁명투쟁탑'과 청소하러 나온 가족.

것이다. 하지만 전혀 그렇지 않다. 북한에는 한국전쟁 전사자들을 위해 국가가 조성하고 인정한 공식묘지가 없다. 대신 그들을 기념하여 세운 기념탑과 기념관, 박물관은 몇곳에 있다. 사실 대성산 혁명렬사릉에는 한국전쟁의 집단적 경험의 흔적이나 이 전쟁에서 온 국민이 치른 엄청난 희생의 흔적은 전혀 찾아볼 수 없다. 대신 그 묘지는 특정집단의 국가영웅들만을 위한 곳으로, 한국전쟁 이전 즉 북한이라는 국가가 존재하기 훨씬 전인 1930년대 김일성의 만주 빨치산 대원, 이른바 북한혁명 1세대만을 모시고 있다.

이러한 상황은 대성산묘역을 찾는 많은 외국방문객들을 혼란스럽게 하는데, 특히 이 묘지가 남한의 전몰자 국립묘지인 현충원에 상응하는 것이라고 알고 있는 남한사람들에게 그러하다. 서울의 국립묘지는 일제강점기의 저명한 애국자와 전직 국가수반들의 묘지까지 포함하지만, 처음에는 동작동 국군묘지로 조성되었기 때문에 많은 사람들이 이곳을 기본적으로 한국전쟁에서 전사한 국군용사들의 유해가 묻혀 있는 곳으로 알고 있다. 이곳에는 또한 무명용사비와 함께 실종된 학도의용군을 포함한 전사자의 위패를 모신 묘실이 있다. 기념비에는 이곳에 "민족의 얼"이 서려 있다고 쓰여 있다. 이러한 국립묘지가 남한에만 있는 것은 아니어서, 이와 같은 형태의 기념문화에 익숙한 남한사람들이 북한의 국립묘지를 방문하게 되면(북은 특정 외부 방문객들에게는 혁명렬사릉 참배를 요구하기도 한다) 자연히 한국전쟁 전사자묘지를 보게 될 것이라고 여기기 십상이다. 한국전쟁 중에 남한과 마찬가지로 국민총동원을 경험한 북한, 그 나라의 국립묘지에 이 전쟁에 의한 희생자의 흔적이 없다는 사실에 그들이 어리둥절하고 놀라워하는 것은 어찌 보면 당연하다.

혁명렬사릉 방문 당시, 우리 역시 혼란스러웠다. 독립운동 시기의 옛 영웅들이 그 묘역을 차지하고 있어 놀란 것은 아니다. 앞서 언급한 대로 남한의 국립묘지에도 역시 식민지시대 민족독립운동의 여러 애국지사들의 묘지와 기념비가 있기 때문이다. 남한의 국립묘지에 안장된 애국선열들은 물론 주로 비사회주의·비공산주의 계열의 독립운동을 벌인 역사적 인물들이다. 반대로, 북한의 국립묘지에 안장된 국가영웅들은 공산주의 계열의 운동가 일색이다. 이렇게 항일투쟁에 대한 민족적 기억이 정치적 좌우로 나뉜 것은 유감스럽지만, 격동의 한국현대사를 고려하면 그리 놀랄 일도 아니다. 남한시민들에게 북한 방문이 무척 제한적이나마 허용되기 시작한 1990년대 말부터, 특히 2000년 봄의 역사적인 남북정상회담 이후에 남한의 대중매체에서는 사회주의나 공산주의 성향의 애국선열들에게 국가유공자 칭호를 확대하는 것을 두고 격렬한 논쟁이 벌어졌다.

이러한 국면의 가장 주목할 만한 결과는 2005년 그동안 좌익계열로 분류되어 서훈대상에서 제외되었던 몽양(夢陽) 여운형(呂運亨)을 애국지사로 포상한 것이다. 여운형은 독립운동 초기부터 중요한 인물이었고, 1945년 해방 이후 미국과 소련에 군사적으로 나뉘어 점령되기 전까지 잠시 동안이나마, 결국은 실패한 탈식민적 인민자치운동을 이끈 지도자다. 또 주목할 만한 것은 김산(金山)의 복권인데, 중국 공산주의운동에서 활약한 조선인 무정부주의 혁명가였던 그의 국제주의와 민족해방의 이상에 대한 헌신은 미국의 저널리스트이자 에드거 스노우의 아내인 헬렌 스노우(필명은 님 웨일즈)가 편찬한 그의 전기『아리랑』을 통해 널리 알려졌다.[4]

탈식민기의 정치직 양극화와 분열은 역사적 인식의 이분화를 불러와, 특히 1920년대와 30년대 독립운동에 관하여 북이 주장하는 특정한 혁명유산과 남한이 소중히 여기는 독립운동의 유산이 판이하게 달라졌다. 이러한 배경에서 항일의 역사가 북한의 "혁명적" 역사와 남한의 "애국적인" 민족적 기억으로 나뉘게 된 것은 익숙한 현상이었다. 따라서 우리는 대성산 묘역에서 혁명적인 국가적 기억이 형상화된 것을 보고 놀라지는 않았다. 하지만 우리를 당혹스럽게 만든 것은 국가적 기억을 보존한다고 주장하는 곳에서 한국전쟁 희생자의 흔적을 찾을 수 없다는 점이었다. 대성산 묘역에만 없는 것이 아니다. 북한이 자랑하는 국가기념물의 긴 목록에는 전사자묘지에 관한 언급이 없다. 우리가 조사한 상당한 분량의 북한문헌에도 전사자묘지의 존재에 관한 단 한줄의 암시도 없었다. 당연히도 이런 의문이 생겼다. 여기 혁명렬사릉이 아니라면, 그들은 어디에 있는가? 한국전쟁에서 희생된 북한병사들의 시신은 어떻게 되었는가?

우리는 다양한 배경의 제보자와 많은 사람에게 대성산묘지의 구성에 대해 물어보았다. 이들 중에는 장기간 북한체류 경험이 있는 외교관과 국제구호기구 직원, 그리고 북한역사를 전공한 학자도 있었다. 또한 북한 관련 업무를 담당하는 남한의 여러 정책전문가들에게도 물어보았다. 근래에 남한 또는 다른 지역에 정착한 탈북자들과도 이야기를 나누어보았다. 이런 여러 배경의 사람들의 반응은 다양했고 또 많은 것을 생각하게 했다.

남한과 서구의 북한 전문가 대부분은 우리와 마찬가지로 북한에 전사자묘지가 없다는 사실에 당혹해했고 다양한 흥미로운 견해를 제시해주었다. 북미의 한 북한 전문가는 그러한 묘지의 부재를 북한 혁명문화의 넓은 맥락에서 이해해야 한다고 제안했다. 그에 따르면 북한은 인간의 죽음에 대한 물질적 흔적을 그렇게 자주 볼 수 있는 곳이 아니다. 살아 있는 사람들의 행복에 초점을 맞춰, 돌아가신 조상들을 잘 모시는 것을 중요한 덕목으로 여겼던 혁명 이전의 봉건적 전통과 의식적으로 결별하고자 하는 사회라는 것이다.

대체로 이와 비슷한 지적을 한국사와 중국사를 전공한 또다른 학자로부터도 들었다. 이 역사학자는 북한과 중국 간에 전쟁기념문화 면에서 유사성이 있다고 보았다. 그에 따르면 혁명국가 중국에서 공식적 전쟁기념은 개별 전사자의 시신보다는 전사자들의 집단적 정신에 초점을 맞춘다고 말했다.[5] 이는 서구 부르주아사회에서 발전시킨 전쟁기념 예술양식과는 대조적인데, 서구에서는 집단적인 목적과 정신에 대한 인식을 북돋으려 하면서도 희생된 병사들의 개별성은 인정하고 있다. 그 역사학자는 이러한 차이가 서구사람들에게 익숙한 형태의 현대적 전사자묘지를 중국에서 찾아볼 수 없는 이유를 설명해준다고 말했다. 또 그는 중국과 북한의 기념문화가 유사한데 그 이유는 한국전쟁 당시 북한인민군의 주력부대가 중국혁명과 국공내전의 선봉에서 오랜 기간 싸운 경험을 갖고 고국으로 돌아온 조선인 혁명가들로 구성되었기 때문이지 않겠느냐고 부연했다.[6]

전임 평양 주재 서방 외교관이었던 다른 한 북한 전문가는 상이한 견해를 표명했다. 그는 북한에 공식 전사자묘지가 없는 것은 북한의 공식적 역사 서사에서 한국전쟁의 경험이 차지하는 위상이 복잡하기 때문이라고 말했다. 북한은 내내 그 전쟁이 북한의 승리로 끝났다고 주장했지만, 실제로는 실패한 전쟁이었다. 북한의 공식 역사는 또한 이 전쟁이 외세의 침략에 맞선 자기방어 행위였다고 주장한다. 이러한 점에서 이 외교관은 북한정권이 실패한 해방전쟁의 유물, 특히 전쟁으로 파괴된 생명의 흔적을 공적인 공간에서 너무 드러나게 진시하는 것이 쉽지 않은 일일 것이라고 보았다.

동아시아 역사전문가인 한 해설자는 한국전쟁의 특별한 시간성을 강조했다. 한국전쟁은 남북한 모두에게 끝나지 않은 전쟁인데, 특히 북한의 경우에는 이 전쟁이 평화협정이 아니라 휴전협정을 통해 종결되었기 때문에 더욱 그러하다. 따라서 그에 따르면, 1950년에서 53년까지의 그 전쟁은 북한에게는 아직 끝나지 않았고, 북한이 한반도 전체를 미국의 패권으로부터 해방시킬 때까지는 끝날 수 없는 전쟁이라는 것이다. 북한이 아직도 전쟁 중이라고 여기고 있다는 사실은 그 나라가 왜 전사자들을 전몰자묘지에 안치하지 않는지를 설명해준다고 이 학자는 말했다. 전몰자묘지를 조성하는 것은 시신들을 한 장소에 모아 매장하고자 하는 실용적인 목적 때문만이 아니라 종결의 느낌을 주기 위한 것이다. 즉 대규모 파괴의 역사는 이제 과거의 일이 되었고 사회는 앞을 바라보아야 한다는 것이다. 이런 점에서 또다른 해설가가 잘 설명해주듯이 "북한자료들은 한국전쟁 묘지에 대해 무거운 침묵을 지키고 있다. 조선민주주의인민공화국은 군인이거나 민간인이거나 전쟁희생을 기념하려 하지 않는다. 그렇게 하면 주민들에게 그 전쟁이 얼마나 큰 댓가를 치른 것이었는지 상기시키고 그들이 또다른 전쟁에서 싸우는 것을 주저하게 만들 수도 있기 때문이다. 그 정권은 적을 증오하라고 주창하지만, 죽은 자들을 위해 눈물을 흘리라고 하지는 않는다".[7]

이런 다양한 견해에도 불구하고, 북한의 한국전쟁 전사자 기념에 관하여 이야기를 나눈 대부분의 사람들이 동의한 것은 현대적 전사자 위령의 관행에서 북한의 전쟁기념문화는 하나의 예외라는 점이다. 1·2차 세계대전 사이에 유럽에서 전개된 이 현대 위령문화는 나중에 세계적으로 거의 보편적인 현상이 되었고, 국민국가의 도덕체제에 핵심적 요소가 되었다. 서유럽 국가들은 1차대전의 참호전투에서 2천만명에 이르는 기계적인 대량살상을 경험한 뒤, 전사한 병사들을 위한 기념사업에 막대한 노력을 기울이면서 이를 통해서 대량 죽음의 현실에 충격 받고 고통스러워 하는 사회가 이 슬픔을 극복하고 새로운 국민적 일체성을 강화하게끔 했다.[8] 조지 모시(George Mosse)는 세계 1차대전과 2차대전 사이의 독일 공공문화를 연구하면서, 당시 독일 정치체제와 전사자 위령사업이 얼마만큼 밀접하게 연결되었는지에 관하여 연구했다.[9] 이 학자에 따르면 전사자 위령은 현대 국민국가와 민족주의의 발명품이다. 전사자 위령이 강화시킨 기념방식은 비록 전통적인 종교적 가치와 의례를 차용하고는 있지만, 독특하게 현대적인 것이며 또한 현대 국민국가 정치생활에 근간이 되는 평등과 형제애(fraternity)의 원칙과 떼어놓을 수 없다. 이 위령문화는 다양한 측면이 있는데, 그중에서 모시는 영광스럽고 자발적인 희생이라는 아이디어를 강조한다. 즉 죽은 병사들은 가족과 국가를 위해 자발적으로 어떤 강제성도 없이 "기쁘게" 목숨을 바친다는 것이다. 이러한 관념은 문학·예술·의례 등의 다양한 방식으로 표현되었다. 모시는 문학에서 프리드리히 쉴러(Friedrich Schiller)의 작품에 주목했는데, 쉴러는 전장에서의 죽음을 인간의 죽음에 대한 두려움을 초월한 숭고한 형태의 죽음이라고 찬미했다. 쉴러에게 애국적 희생의 미덕은 공동체의 안전과 통합에 기여한다는 점에만 있는 것이 아니라, "오직 (죽은) 군인만이 자유롭다"는 그의 유명한 말처럼 이 희생적 죽음이 죽음에 대한 두려움, 즉 모두 언젠가는 죽을 수밖에 없는 운명이라는 존재론적 조건으로부터 자유로운 죽음이라는 사실에 있다(왜냐하면 이들은 신체적으로는 죽었으나 정신적으로는 국민국가가 존재하는 한 이 공동체의 정치적 영역에서 영생하기 때문이다). 한편 물질문화의 영역에서 대규모 죽음에 대한 찬미는, 신고딕 양식의 기념탑 같이 비명을 새긴 다양한 형태의 기념비로 형상화된다. 현대적 전사자 묘지의 구조는 평등과 우애의 원칙을 생생히 보여준다. 이러한 곳은 전사자의 시신을 계급·종교·인종의 차이에 관계없이 단순하고 동일한 묘소에 안치한다. 그들 죽음의 통합성과 평등성은 현대 국민국가의 동등한 권리와 의무를 가진 개별 시민들 사이의 평등주의와 정치적 형제애라는 이상을 구현한다는 것이다.

『전사자들』이라는 모시의 중요한 저작 이후로, 다른 현대 유럽의 문화역사가들도 근대 국민국가주의와 국민국가 형성에서 전쟁기념이 차지하는 중심적 역할에 대해 천착해왔다.[10] 뒤이어 여러 역사가들과 인류학자들은 모시가 말한 "전사자 숭배"가 20세기 중엽 격동의 탈식민화 과정에서 많은 비유럽 신생독립국가들에 확산되는 현상을 서술했다. 예컨대 짐바브웨의 경험에 관하여 어느 인류학자는 전사자묘지가 "개인이 국가에 종속되었다는 것을 입증하며, 시민들의 개인적 정체성을 국가가 아우르고 있다는 것을 주장하고, 그들의

국가에 대한 동일시를 판단하는 데" 중요한 장소를 제공했다고 주장했다.[11]

베트남의 혁명내전 경험(1961~75)에 관해서도 비슷한 견해가 있다. 전후 베트남 국가권력은 기념행사 관리를 대단히 중시하여, 그들의 항미전쟁(베트남전쟁) 계보를 확장하여 베트남전쟁의 전사자를 프랑스와의 항불독립전쟁 영웅들부터 예전의 대중국·대몽골 전쟁의 전설적인 영웅들에까지 연결하고 있다. 베트남의 모든 지방행정 단위별로 공공장소의 중심에는 '혁명전쟁영웅열사묘지'가 조성되어 있고 중앙에 위치한 고딕풍의 기념비에는 "조국은 당신의 공훈을 기억합니다"라는 문구가 새겨져 있다. 패트리샤 펠리(Patricia M. Pelley)에 따르면, 이러한 국가적 기념물의 건립은 위령의 초점을 전통적인 사회적 단위인 가족과 마을에서 국가로 옮겨놓은 것이다.[12] 하지만 숀 말라니(Shaun K. Malarney)의 지적대로, 이 과정은 그 못지않게 국가를 가족과 공동체의 생활공간으로 가져가 사람들이 그들의 가장 사적인 삶의 영역에서 국가적 기억과 혁명적 정서를 느끼고 경험하도록 했다.[13] 이에 따라 전쟁영웅과 혁명지도자의 기념물이 가정에서 조상의 위패를 대체하고, 마을의 조상당은 인민위원회 회관에 그 권위를 내주게 되었다. 이 회관에서 주민들과 공산당 행정 관리들이 항미전쟁과 관련한 기념물들에 둘러싸인 채 마을의 중요한 일과 생산할당량에 대해 논의하게 되었는데, 이것은 혁명 이전 시기에 지역주민들과 유지들이 마을의 조상들의 유품을 모셔놓은 조상당을 비롯한 공동공간에서 소작료와 제사일정에 대해 이야기했던 것과 구조적으로 유사하다.

베트남전쟁과 한국전쟁은 공통점이 많다. 두 나라 모두 2차대전이 종식되면서 오랜 식민지배에서 해방되었고, 그와 동시에 전개된 세계적 냉전의 갈등으로 인해 극단적인 정치적 양극화와 민족분단을 경험했다. 두 전쟁 모두 내전 형태였지만, 동시에 국제적이고 세계적인 갈등의 양상을 띠었다. 이러한 역사적 사실을 앞서 지적한 현대 국가정치의 형성에서 전쟁기념이 차지하는 중심적 역할과 함께 고려해보면, 추모의 물질문화가 전후 베트남과 전후 북한 사이에 뚜렷한 차이를 보인다는 것은 흥미로운 일이다.

베트남의 영웅적 전사자에 대한 추모는 베트남 시민의 의무와 도덕성의 중심적 요소다. 전후 내내 그러했고, 시장경제개혁을 추진하는 '도이모이' 시대인 오늘날에도 여전히 그러하다. 국가나 지역 단위의 "영광스런 해방전쟁 승리기념일"에는 지역주민들과 학생들이 '혁명전쟁영웅열사묘지'에 몰려가 부지를 청소하고 무덤에 헌화한다. 공산당위원회가 면 단위, 마을 단위까지 대규모 대중집회를 개최하고, 주요 공공조직들은 청년, 노동자, 여성 동맹 같은 조직단위로 형형색색의 화환을 준비해 열사묘지를 찾는다. 베트남의 예술과 음악에는 항미전쟁 당시 인민군대와 빨치산 전사들의 공훈과 희생을 기리는 노래, 시, 그림, 조각이 넘쳐난다. 이 노래와 시를 배우는 것은 학교교육의 중요한 부분이다. 국가와 지방 단위의 이와 같이 활발한 국가적 문화활동들은 베트남의 모든 도시지역과 농촌마을에 있는 전쟁영웅열사묘지에 초점을 두는데, 이러한 활동이 가능한 것은 사실 전사자의 유해가 공동체의 생활영역에 물리적으로 존재하기 때문이다. 북한에도 역시 한국전쟁기의 영웅적 전사들을 기리는 노래와 문화 예술작품이 많다. 하지만 베트남을 비롯하여 혁명내전을 치렀던 다른 사회들과는 대조적으로, 이러한 기념예술들이 공적 기억의 가장 중요한 물질적 기반인 전쟁영웅열사묘지 없이 존재한다.

우리는 전후 북한에 국가적 차원의 전사자 묘지가 없다는 사실에 대해 많은 사람들에게 물어보았다. 특히 흥미로운 대화를 나눈 사람은 남한의 어느 저명한 북한연구자였다. 이 전문가는 현재 학계에서 활동하고 있지만, 또한 과거 남한정부의 통일정책에 긴밀하게 관여한 바 있다. 그는 전사자묘지가 없다는 질문에 이의를 제기했고, 북한에는 남한과 똑같이 국립묘지가 있다고 주장하면서, 대성산 혁명렬사릉과 형제산 애국렬사릉을 지적했다. 그는 또한 최근에 있었던 일련의 사건들을 언급하면서, 특히 2006년 남한의 노동조합 지도자들의 대성산 방문과 그로 인해 촉발된 남한 언론매체 사이의 논란에 관해 이야기했다. 남한의 일부 보수신문들은 이 노조대표들이 국가보안법을 위반했다고 비난하면서, 이 방문은 이적행위에 가까운 것이라고 그 당시 주장했다. 이러한 비난은 대성산에 매장된 사람들을 항일운동을 한 애국자라기보다 공산주의 혁명분자로 보아야 한다는 주장을 바탕으로 한 것이다. 노조대표들은 이 비난을 반박하면서, 북한의 국립묘지를 방문하기로 한 결정은 남북화해와 관계회복이라는 전반적인 국가정책에 따른 것이라고 주장했다. 그들은 또한 이전에 북한 대표단이 항일독립운동가들인 애국선열에 대한 경의를 표하기 위해 서울의 동작동 국립묘지를 찾았던 일을 언급했다. 이 사건들을 상세히 설명하면서, 이 전문가는 국립묘지가 남북한 정치공동체 모두에 존재하며 장차 남과 북이 각자의 성스러운 국민적 기억의 상징에 대해 상호 인정하기를 바란다는 뜻을 전달하고자 했다.

우리는 이 전문가가 강조하는 남북 간의 상호인정의 필요성에 동의하고, 두 사회 간의 차이점보다 유사점을 부각시키려는 그의 노력에도 공감했다. 또한 두 정치공동체 간에 좀더 나은 관계를 구축하는 데 전쟁 이전 항일투쟁의 공동유산에 대한 인식이 중요하다는 점을 인정했다. 그러나 남한의 국립묘지와 그가 이와 동등하다고 생각하는 북한의 묘지들 사이에 중요한 차이가 있다는 사실을 그는 간과했다. 대성산 혁명렬사릉은 앞서 지적한 대로 일반적인 의미의 국립묘지가 아니다. 그곳에는 일반 전사자의 시신은 하나도 묻혀 있지 않다. 그가 언급한 다른 장소인 애국렬사릉에는 한국전쟁 기간에 전사한 인민군 병사 중 오직 두명의 영웅을 위한 개별 묘소가 있을 뿐이다.[14] 곧 살펴보겠지만, 이곳을 현대적 전몰자묘지라고 부르기는 매우 어렵다.

최근 북한을 탈출하여 남한이나 중국에 정착한 탈북자 대부분은 대성산 혁명렬사릉의 의미에 관하여 말하기를, 그곳은 만주 시절 김일성의 측근 동지들만을 위한 묘지이며 이 신성한 묘지는 한국전쟁과 아무 관련이 없다는 것이다. 실제로 이곳에 묻힌 대부분의 만주시대 영웅들은 한국전쟁이 발발하던 시점에는 이미 사망했다. 그들과의 대화를 통해 북한의 대중들이 대성산 묘역을 특정한 시공간적 구도에서, 즉 동심원의 공간적 형태와 계보적인 시간대로 이해하고 있다는 사실을 분명히 알 수 있다. 이러한 이해에 따르면, 이 묘지의 신성함은 이 부지에 매장된 사람들이 북한의 혁명 1세대였다는 사실, 이들이 김일성과 개인적으로 가장 가까웠다는 사실, 그리고 이들이 김일성의 초기 권력형성기에 가장 충성스런 추종자였다는 사실에서 비롯된다. 그리하여 김일성은 대성산에 매장된 사람들에게 지극한 개인적 애정이 있었다.

한국전쟁 전사자 묘지에 관해서는 탈북자 대부분이 그런 묘지에 대해 보거나 들은 적이 없다고 했다. 실제로 그중 여러명은 우리의 질문에 놀라움을 표하면서, 자신들이 북한에 살고 있을 때는 그런 생각을 한번도 해본 적이 없다고 말했다. 하지만 몇 사람은 지방의 몇몇 한국전쟁 전사자 집단묘지에 대해 이야기했다. 이 장소들은 전쟁

중에 지역주민들이 근처에서 발견한 인민군 시신들을 집단으로 묻었던 곳이다. 그중 일부는 전후에 기념장소가 되었다고 한다. 전후 몇년간은 이런 묘지에 지역주민들이 꾸준히 찾아왔고, 후에 몇몇 마을에서는 지역인민위원회에서 나무로 된 묘표나 비석을 세우기도 했다. 또한 남한과의 군사분계선 근방에 있는 개성시에는 외국 관광객들이 즐겨 찾는 도시 중심부 사적지 구역의 완만한 언덕에 대규모 공동묘지가 있는데, 이 지역의 관광안내원들은 그 묘지가 전쟁 중에 희생된 상당수의 인민군 장교들을 위해 조성되었다고 알고 있다. 이 묘지는 멀리서 보기에 잘 보존되어 있는 듯했지만, 안내원들은 그곳에 대해서 더이상은 자세히 설명하지 못했다.[15]

이런 산발적인 사례 외에는 한국전쟁 전사자를 위한 북한의 국가적 차원의 매장문화를 더이상 확인할 수 없었다. 우리가 살펴본 많은 양의 북한 출판물에도 이에 관한 정보는 없었다. 사실 북한의 국가 백과사전에도 한국전쟁에 관한 방대한 기록 중에 북한 측 사상자 수에 대한 언급은 전혀 없고, 적군 사상자와 북한이 포획한 적군의 수많은 전쟁장비에 대한 상세한 정보만 열거하고 있다.[16] 우리는 북한을 빈번하게 방문하는 여러 사람들과 최근 탈북한 사람들과 대화해보았지만, 누구도 한국전쟁의 북한 측 전사자묘지의 소재에 대해 흡족할 만한 정보를 제공해주지 못했다. 한국전쟁의 국민적 희생에 대한 물적 흔적이 북한의 공공영역에 존재하지 않는다는 사실은, 그보다 한 시대 전의 몇명 안 되는 빨치산 전사들의 무장투쟁을 기리는 기념물들이 이 영역에 수없이 많다는 사실을 고려해볼 때, 더더욱 놀라운 일이다.

160

혁명열사들을 위한 기념물

혁명렬사릉은 1954년에 처음으로 조성되었는데, 김일성이 53년 7월 한국전쟁 종전 직후 조선로동당 당대표자대회에 제출한 제안에 따라 이루어졌다. 이 묘역은 북한 전역과 중국 동북부와 소련 연해주 지역에 널리 흩어져 있던 100여구의 만주 빨치산들의 묘를 한데 모은 것이다. 옛 동지들의 유해를 평양으로 옮겨온 김일성의 의도는, 오늘날 그곳의 웅장한 기념비에 새겨진 그의 교시에 따르면 "항일혁명렬사들의 숭고한 혁명정신은 우리 당과 인민들의 심장 속에 영원히 살아 있을 것"임을 보여주려는 것이었다.[17] 하지만 그의 제안이 순수하게 옛날 전우들을 추모하는 것 이외에 다른 목적도 있었다는 것은 의심의 여지가 없다. 북한의 유격대국가 형성과 관련하여 앞서 논의한 대로, 북한의 전후 시기는 전쟁의 폐허 속에서 경제복구를 위해 대중을 동원했던 시기였을 뿐 아니라, 조선로동당 내에서 극심한 권력투쟁과 정치적 숙청이 벌어지던 시기이기도 하다. 1950년대 말경에 김일성이 이끄는 만주파가 권력투쟁에서 이긴 것도, 토착 공산주의운동 세력이나 소련 또는 중국 공산주의운동과 정치적 배경이나 성향 면에서 연결되어 있었던 경쟁세력 구성원들을 처형하고, 또는 추방하거나 무력화시키는 대대적인 숙청을 통해서였다. 찰스 암스트롱은 이러한 권력투쟁을 "주변의 중심화"라고 적절히 표현하면서, 상대적으로 주변적인 혁명경력을 가진 김일성으로 대표되는 집단이 한국 공산주의운동의 역사에서 좀더 중심적이었던 다른 모든 세력들을 누르고 승리했다는 사실을 지적했다.[18] 수도 평양에 종전 직후 혁명열사묘역을 조성하고 그 묘역에 김일성의 만주 빨치산 운동(만주에 기반을 둔 독립운동의 작은 일부였던 운동)의 영웅들만을 안장하기로 결정한 것은, 주변을 중심화하고 김일성과 그의 만주파 동지들이 권력을 잡게끔 하고 이를 강화하기 위한 중요한 계획이었다. 김일성은 후에 자신의 회고록에서 이전 만주 시절 동지들과 그들이 자신에게 보여준 끊임없는 신뢰와 충절에 얼마나 자신이 고맙게 생각하는지 회상했다. 앞의 장들에서는 1970년대 이후 어떻게 이 옛 혁명가들의 이야기를 북한의 공공문화에 전격적으로 들여와 김일성의 권위를 신성화했으며 동시에 김정일로 권력승계를 준비하는 데 주요한 도구로 썼는지 살펴보았다. 만주 빨치산들의 묘를 모아놓은 것은 김일성의 제도적 권력기반 강화와 카리스마 권력 구축에 중요한 사건이었다.

이러한 관점에서 전후 북한이라는 국가가 일종의 기념의 문화 위에 세워졌다는 것을 인식하는 것은 중요하다. 이는 유럽이나 다른 지역의 많은 현대적 국민국가에서도 마찬가지인데, 이러한 기념문화는 수많은 인명을 앗아간 20세기의 파괴적인 전쟁 이후에 만들어졌다. 북한의 사례는 그중 특이한데, 그 전후 기념문화가 바로 직전에 일어난 대규모의 희생이 아니라 그 이전 세대의 몇 안 되는 열사들을 선택했다는 사실 때문이다.

그러나 북한의 전후 기념문화에서도 한국전쟁의 대규모 희생을 완전히 무시할 수는 없었다. 만주 빨치산들을 위한 대성산묘지가 완공된 후 5년이 지난 1959년 북한은 평양시 해방산 기슭에 한국전쟁 전사자를 위한 기념탑을 세웠다. 그 발의는 최고인민위원회의 결정에 의한 것이었는데, 이와 달리 만주영웅들의 묘지조성은 김일성의 권고와 그의 "(혁명렬사들에 대한) 뜨거운 혁명적 의리와 숭고한 뜻"에 따라 조선로동당이 결정했다.[19] '조선인민군렬사탑'이라 명명한 이 기념비는 1959년 2월에 처음 완공했고 68년에 보수했다. 이 탑은 24미터 높이의 신고딕 양식에 다른 사회주의국가의 기념예술에서도 흔히 볼 수 있는 새 모양의 디자인을 채택하여 양쪽으로 두개의 낮은 수평날개가 달린 형태다. 날개에는 인민군의 영웅적인 전쟁 장면이 그려져 있는데 '조국해방전쟁사'에서 유명한 월미도전투 장면도 있다. 현대 북한의 기념예술사에서는 이 기념비가 동쪽을 향하고 있다는 점을 강조한다. 아마도 그후에 김일성의 권위와 은혜를 떠오르는 태양의 햇살로 상징화한 사실과 관계가 있을 것이다. 기념비의 두 수평날개에 그려진 이미지의 일부는 이후 1993년에 건립된 '조국해방전쟁승리기념관'의 거대한 청동조각들로 재현되었다. '조국해방전쟁승리기념관'은 공식적으로 한국전쟁에서 전사한 '인민군열사'와 '애국시민'을 기념하는 곳이나. 그러나 이 기념단지에서 가장 영광스러운 기념물은 김일성이 자필로 쓴 다음과 같은 헌사를 새긴 비석이다. "우리 인민군과 인민은 항일투쟁의 전통을 이어받아 위대한 민족해방전쟁 기간 동안 제국주의 도당들에 맞서 조국의 자유와 독립을 훌륭하게 지켜냈다. 그들의 영웅적 공훈은 만세에 빛날 것이다."

평양시에는 '조국해방전쟁승리박물관'이란 비슷한 이름의 박물관도 있다. 이 박물관은 휴전협정 직후인 1953년 8월, 3년간의 전쟁을 끝낸 휴전협정이 발효(7월 27일)되자마자 개관했다. 그러나 오늘날 방문객들이 보는 박물관은 1974년 4월에 다시 건립한 것이다. 현재의 '조국해방전쟁승리박물관'은 북한의 전쟁경험을 영웅적인 만주 항일무장투쟁의 유산이라고 말하고 있다. 조국해방전쟁(한국전쟁) 관련 전시에 이르기 전에, 방문객들은 몇개의 다른 전시관을 통과해야만 한다. 이 전시관 가운데 가장 중요한 곳은 김일성을 위한 전시관과 만주 빨치산의 영웅적 활동을 기리는 전시관이다.

위에서 논의한 내용들은 대중동원 인민전쟁을 경험했던 다른 사회들의 기념문화와 비교할 때, 북한의 공식적 기념문화에서 특별히 예외적인 요소 하나를 보여준다. 이 요소는 평양보다는 지방에 있는 기념시설에서 더 잘 드러난다. 북한의 지방도시에도 지역주민들이 국가의 혁명역사를 관람할 수 있는 박물관들이 있다. 이 박물관들은 하나같이 '김일성혁명력사유물박물관'이라고 이름을 붙였고, 한국전쟁의 역사를 김일성의 오랜 혁명활동의 일부로 또한 만주 빨치산 전통의 현대적 발현으로 그리고 있다. 한국전쟁의 역사를 만주 빨치산의 유산에 포함시키는 작업은 해방산의 '조선인민군렬사탑'의 기원에서도 볼 수 있다. 이 기념탑은 1959년 2월 8일에 일반에 공개되었는데, 이 날은 1948년에 창건된 조선인민군의 창군기념일이다. 그러나 그 기념일은 1978년에 이르러 4월 25일로 변경되었는데, 이는 인민군의 진정한 기원이 1932년 4월 25일 만주 빨치산부대의 창설까지 거슬러 올라간다는 주장 때문이었다. 인민군의 새로운 창군기념일은 1996년에 김일성 생일, 김정일 생일과 나란히 국경일로 지정되면서 북한사회에서 중요성을 더하게 되었다.

북한의 전후 기념예술과 기념일 지정의 이러한 전개과정은, 한국전쟁과 그 전사자에 대한 국가적 기념사업의 핵심에 실제로 만주 빨치산의 유산을 강화해야 할 긴박한 요구가 있었다는 것을 뚜렷이 보여준다. 다른 말로 하면 한국전쟁 기념사업은 일차적으로 만주의 유산을 승화시키기 위한 것이었으며 그 유산을 돋보이기 위한 현대적 배경으로 쓰였다. 70년대부터 만주 빨치산의 유산은 본격적으로 건국 역사의 모든 것을 아우르는 유일하게 의미있는 이야기가 되었고, 그후의 역사적 사건들의 의미는 그 이야기에 비추어 소급하여 부여하게 되었다.

김일성의 개인사를 북한의 국가적 서사의 중심에 두는 이러한 과정에서 결정적이었던 것은 1954년의 대성산 만주 빨치산 묘지 조성이었다. 이 묘지는 전후 김일성의 초기 권력투쟁의 중요한 정치적 도구였고, 그후 내내 그의 권력과 권위를 강화하고 최종적으로 김정일에게 이를 승계하는 데 중추적인 역할을 했다.

만주 빨치산의 정치적 사후세계

혁명렬사릉은 1954년 최초로 조성된 이후 두차례에 걸쳐 대대적인 개축공사를 했다. 첫빈째 개축은 김일성의 60회 생일 기념행사를 치르고 3년 후인 1975년에, 두번째 개축은 그의 70회 생일 3년 후인 1985년에 했다. 이 두번의 대규모 개건사업은 북한의 차기 지도자로 지명된 김정일의 지도로 이루어졌다고 전해진다. 이 개건사업은 실제로 정치적 승계과정의 중요한 부분으로서, 새로 지명된 미래의 지도자가 건국 혁명열사들에게 경의를 표하는 행위이자 그 빨치산 지도자인 김일성을 영광되게 하는 일이었다. 그래서 북한문헌에서는 이 묘지개축을 김정일의 깊은 효심의 증거로 그리면서, 아버지 김일성이 깊은 애정을 품고 있는 사람들을 극히 예우하는 것을 보면 이를 알 수 있다고 말한다. 실제로 김일성은 외국 방문객들에게 자신의 옛 동지들에 대한 김정일의 각별한 관심이 얼마나 고마운지, 그리고 혁명 창건세대에 대한 젊은 지도자의 깊은 존경심에 얼마나 감명받았는지 이야기하는 것을 좋아했다고 한다. 김정일을 미래의 북한 지도자로 지명하는 것을 생존해 있는 만주 빨치산 대원들이 크게 지지했음을 고려하면, 김일성의 이 발언은 시사하는 바가 크다. 또 하나 주목할 만한 사실은 만주 빨치산의 많은 후손들이 유력한 가족배경 덕택에 교육과 경력 면에서 유리한 기회를 누리고 영향력 있는 자리에 있었다는 사실이다. 현재 북한 전문가들이 널리 동의하는 것은, 김일성의 만주시대 동지의 가족들이 김정일의 가장 열렬한 지지집단이었고 김정일 자신도 그들 중 상당수와 친밀한 관계를 맺었으며 오늘날 그들이 북한사회의 최고 특권층을 형성한다는 사실이다. 따라서 혁명렬사릉(혁명열사 가족들에게는 가족묘지의 성격을 갖는다)을 웅장하게 꾸미려는 미래 지도자의 계획이 이 권력층 가족들에게 무엇을 의미했을지는 쉽게 짐작이 간다.

1985년 개건사업에서 혁명렬사릉에 또 하나의 중요한 요소가 더해졌다. 오늘날, 묘지의 최정상에는 김일성의 첫 부인이자 김정일의 생모인 김정숙의 묘와 동상이 있다. 산비탈에 있는 묘역의 구조는 김정숙의 무덤이 혁명 1세대 중에서도 가장 안쪽의 명예로운 맨 윗자리를 차지하고 있다는 인상을 주게끔 되어 있다. 김정숙의 무덤은 휘날리는 붉은 깃발의 조각상을 뒷배경으로 한다. 그녀의 동상에는 김일성의 만주 빨치산 부대를 공식적으로 일컫는 '조선인민혁명군'의 '지휘관'이라고 쓰여 있다. 동상 양 옆에는 김일성의 숙부 김형권(金亨權)과 동생 김철주(金哲柱)의 동상이 서 있다. 김정숙의 무덤과 동상은 열 지어 있는 다른 1세대 북한혁명열사들의 무덤과 동상을 내려다보는데, 그녀의 무덤과의 근접성에 따라 국가적 기념에서 이들의 위계와 비중이 결정된다. 2007년 당시 이 묘지에는 약 150기의 무덤이 있었는데, 대부분이 김일성의 만주 빨치산 대원들의 무덤이다. 묘지의 이러한 공간구성은 김정숙을 빨치산 부대의 가장 존경받는 지도자로 기억해야 한다는 메시지를 분명하게 전달한다. 김정숙에 대한 존중은 그녀가 그 부대의 '지휘관' 역할을 했다는 사실에서 우

4-2 '혁명렬사릉'과 정상 중앙의 김정숙상(확대사진, 오른쪽 위).

러난 것이 아니다. 실제 그녀는 그런 역할을 하지 않았다. 오히려 그 존중은 김일성과의 근접성이라는 원칙에서 비롯된 것으로, 다른 만주 빨치산들의 무덤들이 김정숙의 묘를 둘러싸며 동심원적 공간을 구성하는 것과 같은 원리다.[20]

앞서 언급했듯이, 건국영웅들의 사당 역할을 하는 혁명렬사릉에서도 가장 우뚝한 김정숙의 존재는 지도자 김일성과의 부부관계나 후계자 김정일과의 모자관계보다는, 그녀가 빨치산 지도자 김일성의 가장 충성스런 추종자였다는 북한의 공식적인 역사적 평가와 주로 연관이 있다. 공식적 연설에서 김정숙은 "우리 혁명의 위대한 수령, 김일성 동지에 대한 끝없는 애국적 충성심을 보여준 백절불굴의 공산주의혁명가"라고 불린다.[21] 또한 그녀는 오늘날 북한에서 공식적으로 "선군의 어머니"라고 불리기도 한다. 이 맥락에서 "어머니"라는 말은 발명자나 창조자라는 의미를 가진 것은 아니다. 앞장에서 살펴보았듯이 '선군의 창조자'라는 명예로운 지위는 오직 통치 초기의 김정일에게만 해당되었다. 최근 몇년 동안 선군 개념에 눈에 띄는 변화가 있었고, 이 정치형태의 기원을 김일성시대에까지 심지어는 그의 초기 혁명경험으로까지 억지로 확대했다고 해도, 선군사상의 기원은 여전히 부계의 전통으로 정치체제 안에 확고하게 자리잡고 있어 '선군의 어머니'가 끼어들 자리는 없다.

선군정치에서 김정숙의 자리는 선군사상의 계보에 있는 것이 아니라, 오히려 그 사상 내부 자체에, 말하자면 가장 모범적인 빨치산전사로서 정해진 것이다. 그녀는 빨치산 지도자 김일성의 가장 충실한 추종자이자 그의 생명과 권위를 지키는 가장 헌신적인 보호자였다. 따라서 오늘날 그녀는 선군시대에 가장 빛나는 고결한 인물의 상징으로서, 선군의 정치적 지침을 따르는 사람들이라면 반드시 존경하고 본받도록 노력해야 한다는 것이다. 이러한 의미에서 김정숙이 '선군의 어머니'인 것은 그녀의 개인사가 참되고 올바른 '총대전사'가 어떻게 될 수 있는가를 하나의 전형으로서 보여주기 때문이라고 결론지을 수 있다. 그렇다면 선군정치의 이상은 모든 북한인민들이 김정숙이 김일성에게 보여주었던 것만큼이나 강한 헌신성과 충실함으로 국가의 혁명유산을 지켜나가야 한다는 것이다. 총대사상은 훌륭한 북한시민이라면 혁명유산을 지키기 위해 총을 단단히 잡는 것 이상을 실천해야 한다고 상정한다. 이상적인 시민은 하나의 총처럼 적의 위협에 결코 흔들리지 않고, 그 폭력수단을 운용하는 사람에게 끊임없이 절대적으로 충성해야 한다는 것이다. 김정숙이 '선군의 어머니'인 것은 그녀가 선군정치시대 북한의 모든 훌륭한 총대시민에게 가장 빛나는 빨치산전사의 모범적 선구자이기 때문이며 총대시민으로서 그들의 중요한 삶의 목적과 시민적 의무는 바로 그 어머니처럼 '위대한 지도자'와 그의 유산과 그의 세습적 권위를 지키는 것

이다.「김정숙 어머님 우리 어머님」이라는 북한 노래는 다음과 같이
노래한다.

> 두만강 기슭에 꽃들은 피고
> 그리움은 가슴속에 넘쳐납니다.
> 압록강 거센 물결 넘나드시던
> 어머님의 그 영상을 우러릅니다.
> 어머님 김정숙 어머님
> 천만년 무궁토록 모시옵니다.[22]

2005년 김정숙의 생일을 맞이하여 바친「우리 조국의 어머니」라는
헌사에서는 그녀의 유훈에 관해 다음과 같은 흥미로운 견해를 제시
했다.

「아리랑」의 축포성을 들으면서 우리는 과연 무엇을 생각하였
던가. 망국의 1905년과 선군강국의 2005년을, 슬픔의 아리랑과 번
영의 아리랑을 생각하였고 이 위대한 전변의 력사를 창조하신 어
버이 수령님과 우리 최고사령관 김정일 장군님을 생각하였다. 그
러면 조국이여, 어찌하여 그때마다 우리의 가슴속에는 12월의 흰
눈과도 같이 항일의 녀성영웅 김정숙 어머님께서 조용히 찾아오
시는 것인가. 어찌하여 선군조선의 시조이신 우리 수령님의 영상
엔 어머님의 밝은 미소 함께 어리여오고 세계에 빛나시는 우리 장
군님의 모습 우러를 때면 어머님에 대한 다함없는 감사의 정이 우
리 가슴에 넘쳐나는 것인가. 백두산의 어머니 김정숙 장군. 어버
이 수령님을 위하여, 조국과 인민을 위하여 자신을 불처럼 태우신

어머님의 혁명생애는 선군조선의 어제와 오늘, 미래의 전력사 속에 빛나는 우리 조국의 위대한 어머니의 한생이라고 우리는 심장으로 노래한다. (…) 조국의 어머니! 이 숭고한 부름은 우리 인민에게 참다운 조국관을 심어주신 겨레와 민족의 위대한 스승께 드리는 가장 값높은 칭호다. 어머니는 인생의 첫 스승이다. 어머니는 모국어를 배워주고 걸음마를 떼여주고 생존의 원리를 가르쳐주는 천성의 교육자다. 경애하는 최고사령관 김정일 동지께서는 다음과 같이 지적하시였다. "나는 우리 어머님을 나 개인의 어머니가 아니라 수령님의 가장 충직한 혁명전사, 조국과 인민의 해방을 위하여 가장 열렬히 싸운 조선의 어머니로 생각하고 있습니다."[23]

1985년 혁명렬사릉 개건공사는 두가지 주된 요소가 있었다. 하나는 1975년에 있었던 이전 개축공사의 목적을 이어, 혁명 1세대의 지위를 강화하고 유격대국가의 권위를 함께 강화하는 것이었다.[24] 다른 하나는 전면개축을 통해 김정숙에 대한 기억을 1세대 혁명유산에서 중심으로 만드는 것이었다.[25] 이는 평양 이외의 지역, 특히 회령이나 그녀의 혁명유적이 주로 있는 압록강 주변의 여러 곳에서 벌어진 기념사업에서도 명백했다. 김정숙 숭배작업에서 매우 흥미로운 에피소드가 그녀의 출생지인 회령에서 있었다. 평양에서 1984년에서 85년 사이에 혁명렬사릉을 개축하고 있을 때, 회령군 인민위원회는 지역의 학생들과 청년단체들을 동원해 그 지방에서 가장 자랑스러운 기념물인 김정숙 동상을 보수하기 위한 노동돌격대를 꾸렸다. 보수하기 전에 동상 받침대 위에 서 있던 조선의 어머니는 한복을 입고 진달래 꽃다발을 들고 있었다. 보수공사가 끝났을 때, 회령 주민들은 그들에게 친숙했던 어머니는 사라지고 대신 군복을 입은 빛나는 청

4-3 "불요불굴의 혁명투사 김정숙 동지."

동상이 그 자리에 들어선 것을 보게 되었다. 김숙영의 연구에 따르면, 이러한 변화는 북한여성의 공식적 의복양식의 변화(그리고 국가적 의복정책 변화), 즉 전후 여러해 동안 주류를 이루던 한복에서, 한복과 군복 혼용으로 이행하는 폭넓은 변화의 일부다.[26] 김숙영은 김정숙이 그러한 전환의 상징적 인물로서 모범적이고 덕성스러운 전통적인 '조선여인(한복을 입고 남편과 자식에게 헌신적인)'에서 새로운 유형의 역할모델, 즉 덕성스런 여인이자 동시에 혁명과 혁명지도자의 헌신적인 수호자가 되었다고 지적한다.

영웅적인 모성은 다른 혁명전통에서도 중요한 역할을 해왔다. 가장 잘 알려진 것은 소련의 말-게로이냐(mat'-geroinya)로 10명 이상의 자식을 낳아 기른 어머니에게 부여하는 '어머니영웅 훈장'이다. 이 훈장은 소련에서 1944년에서 91년까지 수여되었다. 한편 베트남 혁명사에서 '베트남의 어머니'(bà me viêt nam anh hùng) 칭호는 또 다른 의미를 지닌다. 이 칭호는 항미혁명전쟁에서 자식을 모두 혹은 여럿 잃은 어머니에게 수여된다. 전후 베트남의 추모의 풍경에는 전쟁기의 영웅적인 모성적 투쟁에 헌정한 기념비들이 곳곳에 세워져 있다. 이 기념비들 중에는 적의 폭력으로부터 자식들을 지키려고 애쓰는 어머니를 그리거나 적에게 자식을 잃은 슬픔을 딛고 적의 강력한 무력에 굳건히 맞서는 저항적인 어머니들의 모습을 그린 것들도 있다. 베트남의 어머니 영웅상은 또한 입양관계의 가족사랑을 두드러지게 보여주기도 한다. 베트남 혁명전쟁은 모성의 이미지를 대중동원의 중요한 도구로 활용했는데, 특히 남베트남에서 그러했다. 베트남 저항전쟁 이념에서는, 베트남 남부와 중부의 각 마을이 일종의 "어머니"가 되어 북베트남에서 내려온 의용군들을 자기 마을의 자식처럼 보살피고 보호해주어야 했다. 도시지역에서는 비밀세포조직에 소속된 중년의 여성들이 남베트남정권에 의해 징집당한 농촌 출신 군인들과 친밀한 관계를 구축하고 고향을 그리워 하는 이들 젊은이들에게 마치 고향의 어머니처럼 대하면서 그들이 잘못된(혁명에 반하는) 길로 가지 않도록 설득하는 혁명사업을 전개했다. 전쟁이 끝난 후에도 모성적 희생이라는 강력한 상징은 전쟁의 추모과정에서 끊임없이 활용되었다. 혁명전쟁에 자식을 모두 잃은 어머니들에게는 베트남의 어머니라는 칭호와 함께 소정의 복지혜택이 주어졌다.

172

이 제도는 폭넓은 혁명보훈 제도의 일부로, 혁명열사 가족들은 이 제도에 따라 교육과 공무원 임용에서 상대적인 우선권 등 다양한 물질적·사회적 특혜를 받았다.

앞서 베트남 민중의 전후 정치생활에서 영웅적 전쟁의 기념이 중심적인 위치를 차지하며 이 현상이 각 지역사회의 중앙에 조성된 열사묘에서 물질적으로 구체화되었다는 점을 언급한 바 있다. 영웅적 모성은 이 신성한 공간에 필수적이다. 베트남의 전쟁열사 묘지에는 베트남의 어머니 칭호를 받은 어머니들이 전사자들(모두 이 어머니들의 자식들이라고 개념화된다)과 나란히 묻혀 있고, 이들의 무덤은 묘역에서 눈에 잘 띄는 자리에 있다. 주요 국경일에는 학생들과 공공단체 대표들이 이 무덤을 방문하여 주변을 청소하고 분향·헌화한다. 이 기념행위가 지닌 뜻은 이 어머니들이 국가의 명예로운 대의에 자식을 바침으로써 자신은 '가족의 조상'으로서 추모와 보살핌을 받을 수 있는 사회적 기반을 상실했으므로, 그들이 잃은 자식들 덕택에 독립과 평화를 얻은 사회가 대신해서 그들을 추모할 도의적 책임이 있다는 것이다. '베트남의 어머니' 무덤들은 사회가 영웅적인 친자식들을 대신해 영웅적 어머니를 위해 수행하는 사회적 '대리효도'의 도덕성을 구현한다.

'베트남의 어머니'는 베트남 전쟁열사 묘지에서 가장 명예로운 자리를 차지하고, '조선의 어머니'는 북한이 신성시하는 혁명렬사릉에서 핵심적인 중앙에 묻혀 있다. 이러한 모성적 영웅의 상징은 보통 가정과 공공 영역을 모두 아우르면서, 집단적 역사경험과 공공의 도덕성을 가족적 언어와 규범으로 표현한다. 그러나 이 두가지 형태의 영웅적 모성 간에는 근본적인 차이가 있다. '베트남의 어머니'라는 칭호는 폭력적인 전쟁의 역사와 대규모의 죽음, 고통과 밀접한 관계가 있다. 그 영웅상은 전쟁열사묘지에서 가장 두드러지게 나타나고, 실제로 '베트남의 어머니'는 그 부지에 안치된 모든 전사자들의 어머니로 볼 수 있다. 그것은 또한 '베트남의 어머니'의 모성적 보살핌(영웅칭호를 받은 어머니들이 '자식들'이 묻혀 있는 전사자 묘지에 함께 묻힌다는 사실을 통해 표현되는 정서구조)에 집단적인 효성 행위(마을주민들이 참배하고 봉헌하는 일)로 보답하는 통로이기도 하다. 따라서 '베트남의 어머니'는 전쟁기념의 중요한 매개체이며 그 타당성은 베트남 혁명전쟁이라는 역사적 현실과 전통적인 효성이라는 유교윤리를 중시하는 친족관계 규범에 뿌리박고 있다. 이와는 대조적으로 '조선의 어머니'는 한국전쟁의 역사나 그 전쟁의 대규모 희생과 전혀 관계가 없다. 이 영웅상의 위치는 오직 식민지시대 무장투쟁의 기억 속에만 있다. 앞서 지적한 대로 그녀는 북한의 혁명적 입양정치에서 중요한 인물이고, 민족의 최고 아버지상인 김일성이 정신적으로 입양한 만주 유랑민 고아들의 주된 양육자로 등장한다.

위의 논의는 1980년대 중반의 혁명렬사릉 개축과 이를 통해 김정숙에 대한 기억에 권능을 부여하려는 노력에 관해 몇가지 주제를 제시한다. 개축공사 전에 김정숙의 대중적 이미지는 주로 헌신적이며 자애로운 어머니로서, 특히 만주 조선인공동체의 유랑고아들을 돌보며 최고의 항일무장투쟁 영웅이자 민족의 아버지 같은 인물인 김일성과 그 혁명고아들을 이어주는 매개자 역할을 하는 존재였다. 그러나 개축공사 후 김정숙의 정치적 모성에는 전사의 지위가 더해졌다. 그녀 자신이 빨치산 지도자가 되었으며 따라서 그녀의 혁명적 공훈은 김일성이 입양한 아이들의 양어머니로서의 역할 정도가 아니라, 근본적으로는 김일성의 가장 충성스런 빨치산 부하로서 최고지도자와 인간관계 면에서 그리고 충성의 강도 면에서 가장 가까운 영웅이

4-4 "민족의 태양 김일성 장군님을 찾아." 빨치산 아동단원(혁명고아들)과 함께 김일성을 찾아간 김정숙.

라는 위상에서 나온다. 이는 김정숙을 '선군정치의 어머니'로 그리는 최근의 많은 북한 문학과 연극 작품에서 충분히 엿볼 수 있다. 이 작품들은 하나같이 그녀를 최고 혁명지도자의 만주 빨치산 대원 동지들 중에서 가장 돋보이는 존재로, 가장 충직하고 헌신적인 추종자로 묘사한다.

이러한 관점에서 보면, 혁명렬사릉이 북한 정치체제와 정치과정에서 왜 그렇게 중요한 장소인지 분명해진다. 이 장소는 유격대국가의 중심원리를 구현한 곳으로 국가정통성을 항일무장항쟁에서 찾고 김일성의 빨치산 부대원들에게 국가 창건영웅으로서의 권위를 부여한다. 이 장소는 또한 가족국가의 도덕성을 확고히 한다. 묘지의 신성한 중심에 있는 김정숙의 무덤은 애국적 가족유대의 모든 미덕을 대표한다. 그녀는 가장 가까운 관계에서 빨치산 지도자에게 정치적 의미에서 가족적 충성을 바치는 가장 탁월한 본보기가 되었다. 그녀는 중심(빨치산 지도자)을 수호하는 과업을 자신의 주어진 운명이자 삶의 유일한 목적으로 떠맡음으로써 선군정치시대에 필수적인 유산을 남겼는데, 바로 시민으로서 최고의 애국적 의무는 주권의 중심을 방어하고 수호하는 데 있다는 것이다. 최근 몇해에 걸쳐 김정숙이 항일혁명군 사령관 자리에 오르게 된 것은 정확히 선군정치에서 만주 빨치산부대의 유산이 갖는 긴요한 역할 때문이다. 조선의 어머니인 김정숙이 김일성을 방어하고 보호하는 데 삶을 바쳤듯이, 그녀의 '자식들'인 북한인민들은 그들의 삶을 국가의 신성한 새 중심 즉 '친애하는 지도자' 김정일을, 그리고 뒤이어 그의 후계자를 지키고 지지하는 과업에 바쳐야 한다는 것이다. 선군정치의 정신에 관한 문헌에서 노골적으로 공표하는 이 논리에 따르면, 이 정치의 핵심정신은 선군정치의 어머니의 발자취를 충실히 따르고 그녀의 영웅적인 혁명적 삶을 오늘날 선군정치의 전사들이 다시 그렇게 살고, 또다시 집단적으로 재연해내는 드라마로 만들라는 것이다.

세습적 카리스마의 완성

혁명렬사릉은 김일성의 카리스마 권력을 형성하고 이를 관례화하는 토대를 쌓는 데 중요한 자리를 제공했다. 김일성에게는 이 묘지가 만주시대의 충성스런 동지들에게 진 빚을 갚는 곳이었다. 지도자의 만족은 또한 집단적 소망의 달성이기도 했다. 북한인민들에게 이 묘지는 건국영웅들을 추모하는 장소이자 더 중요하게는 지도자 김일성의 가장 충성스럽고 헌신적인 추종자들의 안식처다. 그곳은 그 자체로 국가의 기억과 정치공동체의 영혼을 상징적으로 구현하는 장소로 볼 수 있는데, 남한을 포함한 다른 현대적 국민국가의 전사자 묘지들도 형식 면에서는 북한과 상당한 차이가 있지만, 내용적인 면에서는 마찬가지다. 더욱이 김정일에게는 혁명렬사릉이 김일성의 개인적 카리스마를 세습적 카리스마로 변환하는 권력승계 과정에 큰 도움이 되었다. 김정일의 노력을 통해, 마음의 빚을 갚고자 한 김일성의 소망이 성취되었으며 아울러 북한이라는 정치공동체는 이후 국가적 기억과 시민적 도덕성을 담보할 훌륭한 장소를 갖게 되었다. 이 논리에 따르면, 김정일은 묘지 개축공사를 통해 김일성에게 가장 모범직이고 애국직인 자식의 의무를 수행해냈다. '자식의 의무(효도)'를 수행했다는 것은 그곳에서 국가의 정치적 아버지의 간절한 소망이 이루어지게 되었고, '애국적 의무(충성)'를 수행했다는 것은 그곳에서 국가를 창건한 혁명영웅들을 기념하고 기리게 되었기 때문이다.

더욱이 이 중요한 국가적 기념장소의 중심에는 가장 모범적인 빨치산이자 김정일의 생모인 김정숙의 유산이 놓여 있다. 그녀의 유산에 권위를 실어주는 것은 후계자의 계보적 정통성을 부계뿐 아니라 모계에서도 확보해줌으로써 승계과정을 촉진하는 데 도움이 되었다. 그것은 또한 카리스마 권력의 계승 드라마가 내포한 구조적 문제, 즉 막스 베버가 주장한 카리스마적 인물의 대체불가능성이라는 근본적인 문제를 해결하는 데에도 도움이 되었다. 김정숙에게 모성적 영웅이자 동시에 빨치산 영웅으로서의 권위를 부여함으로써 그 자식이자 후계자인 김정일은 가부장 김일성과 그의 유산을 지키는 효성스럽고 애국적인 모범적 수호자가 되었으며, 더이상 관료적–조직적 의미의 대리지도자나 전통적-왕조적 의미의 후계자가 아니게 되었다.

북한의 새 지도자는 혁명렬사릉을 개축함으로써 자신이 그 나라를 건국한 지도자의 자손일 뿐 아니라, 지도자를 수호한 가장 탁월한 빨치산 투사의 자손임을 공표하는 데 성공했다. 달리 말하자면 김정일은 지도자로서의 자격을 창출하는 과정에서 자신의 위치를 대체 불가능한 지도자의 안과 밖에 동시에 놓았다. 즉 '위대한 수령'으로부터 권총선물을 받은 유일한 자식으로, 또한 북한 혁명사에서 '위대한 수령'의 가장 뛰어난 총대였던 어머니의 자식으로 자리매김한 것이다. 그리하여 새 지도자는 국가적 위기에 국가의 혁명유산을 지키기 위한 선군정치라는 핵심정신의 화신이 되었으며, 동시에 이 시대의 인민들이 결사옹위를 위해 천만정의 총대가 되어야 한다는 총대철학의 화신이 되었다. 승계의 의미를 이렇게 절묘하게 변형시킴으로써, 후계자 김정일은 비어 있는 권력의 자리를 차지하면서 동시에 그 권력의 수호자 자리도 함께 차지하여, 카리스마 권력의 승계에 관한 강력한 역설을 거슬러서 이를 해결하는 데 놀라운 성공을 거두었다.

문제해결은 몇가지 방면에서 이루어졌다. 앞서 우리는 1994년 이후의 정치과정이 북한사회에 충과 효의 도덕적 일치를 어떻게 주입했는지 살펴보았다. 이는 정치적 충성을 효성이라는 절대적 윤리의 정신 안에서 생각하도록 한 것이다. 권력승계과정에는 이러한 전통적 개념들의 재발명과 함께, 베버가 합리적-관료적 권력이라고 부를 영역에서도 중요한 조정이 있었다. 그중 가장 주목할 만한 것은, 1998년 4년 전에 망자가 된 김일성을 위해 영구적이고 초월적인 국가수반의 자리를 만들었다는 사실이다. 제3장에서 설명한 대로 이것은 김정일이 김일성을 승계한 것이 유고된 김일성의 자리를 김정일이 대신한 것이 아니라는 뜻이다. 결국 이 조치는 카리스마 권력의

4-5 "영광의 2월." 1942년 2월 16일 '김정일 탄생'을 기념한 백두산 밀영 그림의 일부.

재생산에 관련된 구조적 모순을 해결하는 데 기여했다.

김정숙의 권위강화는 다방면에 걸친 승계 드라마의 전면적 전개에 결정적으로 중요했다. 김정숙의 상징적 영웅상은 옛 빨치산 전설과 새 유격대국가의 선군정치 패러다임을 잇는 핵심적 연결고리다.[27] 그것은 과거 빨치산들의 통합성이라는 가족적 도덕성과 새로운 충효일체의 도덕적 강령을 이어주는 다리가 되었다. 김정숙이 상징적 영웅으로 효력을 발휘하는 데에는 그녀의 공적 성격 중 가족관계에 관한 정체성이 중첩적이고 모호하다는 점이 중요하다. 그녀는 선군정치의 어머니이며 동시에 선군정치시대 지도자의 어머니다. 그녀는 김정일시대 북한의 모든 인민의 어머니이자, 바로 이 정치체의 유일한 지도자의 어머니다. 그녀는 들꽃(진달래)을 사랑하는 인물[28]이면서 동시에, 가장 단호하고 강인한 모범적 총대이기도 하다. 그녀는

'위대한 지도자'의 사랑에 가장 근접해 있었고, 그 자애로운 태양이
발산하는 은혜의 햇살에 가장 가깝게 있었지만, 최고지도자의 사랑
의 수동적 수혜자가 아니라 빨치산 부대의 강력한 성원으로서 그 태
양의 힘과 권위를 지키는 것을 존재의 목적으로 삼은 사람이기도 하
다. 2000년 12월『로동신문』에 실린 사설「인민의 마음속에 영생하시
는 녀사」는 김정숙을 기념하여 경의를 표하면서, 페루의 방송 '라디
오 싼타 로사'가 같은 제목으로 내보낸 프로그램을 인용했다. "조선
인민은 민족재생의 구성이시며 사회주의조선의 시조이신 김일성 주
석을 결사옹위하신 녀사의 공적을 특별히 높이 평가하고 있다. 녀사
의 공적 중에서 또한 높이 평가되고 있는 것은 김정일 령도자를 안아
올리신 것이다."[29]

제 5 장

지도자에게 바치는 선물

1970년대는 북한 정치문화의 형성기였다. 오늘날 북한정치의 전개과정에서 우리가 목격하는 두드러진 특징들은 대부분 이 시기에 뿌리내렸다. 이 시대는 많은 모순을 안고 있었다. 북한경제는 한국전쟁 이후 10년간 성공적인 복구와 놀라운 성장을 이루어내다가 그뒤 성장의 동력을 점차 잃어가기 시작했는데, 이는 이웃한 경쟁자이자 적대적 상대인 남한의 급속한 산업성장과 뚜렷이 대조되었다. 경제성장의 둔화는 1980년대 초반부터 바로 큰 문제로 대두하기 시작했다. 북한의 가장 중요한 사회적·정치적 통합기제인 식량과 기본 생활필수품의 국가배급체계가 충격적으로 불안정해진 것이다. 북한의 정치적·경제적 변화를 혁명구호의 변화를 통해 분석한 이우영의 흥미로운 연구에 따르면, 식량부족의 징후는 1977년에 처음 드러나기 시작했는데 그때 등장한 구호는 "모두 알곡 8백만톤 생산고지 점령에로!" "(식량을) 절약하고, 절약하고, 또 다시 절약하자!" "쌀은 사회

주의다!" 등이었다.[1]

　경제적 활력의 상실과는 대조적으로, 1970년대 정치무대에서는 북한의 국가권력과 권위의 연극성과 화려한 과시가 체계적으로 증폭되었다. 북한은 이 시기에 김일성 개인숭배를 총력을 다해 추진했으며 그의 만주 빨치산 전설에 지극히 영광스런 권위를 부여했다. 이 과정을 당시 북한에서는 유일사상체계의 확립이라고 했다. 김일성 사상이야말로 유일하게 의미있는 사회주의 혁명이론으로, 그 사상의 두리에 사회 전체가 하나가 되어야 한다는 취지다. 이 생각은 "하나는 전체를 위하여, 전체는 하나를 위하여!" 같은 기존의 구호와 "생산도 학습도 생활도 항일유격대식으로!" 같은 강한 어조의 새로운 구호를 만들어냈다. 앞의 여러 장에서 서술한 대로 유일사상체계를 만든 것은 김일성 자신의 위엄을 위해서뿐만 아니라 그의 권위와 권력을 김정일에게 인계하는 긴 과정의 일부였다. 이 승계과정에는 수많은 문화적 창작과 기념사업뿐 아니라 김일성의 생애를 중심으로 한 유일한 역사적 서사에 따라 정치적으로 교양화된 사회를 건설하는 데에 모두가 나서자는 체계적인 노력이 들어 있었다. 이러한 의미에서 바로 이 시기에 북한이 극장국가로서 실질적으로 태어났다고 할 수 있다. 이는 앞서 언급한 와다의 글에서(제2장 참조) 1994년 김일성 사후의 정치 국면이 극장국가 개념과 더 밀접하게 관련된다고 한 것과는 차이가 있다. 이러한 관점에서 극장국가 개념은 일반적인 정치과정에서 의례와 스펙터클의 역할만을 말하는 것이 아니라, 오히려 더 정확하게는 국가권력 실행상의 모순, 즉 국가가 물질적 힘과 경제력 면에서 더 비효율적이고 약해질수록, 어떻게 과시적 수단과 환상적 방식을 동원하여 자신의 권력을 더 적극적이고 효과적으로 주장하는지 보여준다. 다른 말로 하면, 우리가 이 책에서 쓰고 있는 극장국가 개념은 첫째, 국가권력의 연극적 연출이 카리스마 권력의 관례화와 계승과 관련하여 어떻게 발전하는지에 관한 논의와, 둘째, 한 국가의 연극적 정치가 그 국가의 실제 물질적 힘과 반비례해서 강화될 수 있다는 견해를 포함한다.

앞서 우리는 1930년대 만주의 빨치산 투쟁 이야기가 어떻게 1970년대에 강력한 드라마 형태로 되살아났는지 살펴보았다. 또한 제4장에서는 탈식민적 역사 재구성이 물질적 기념문화에서 어떻게 드러나는지 혁명렬사릉의 구조에 주목하여 살펴보았다. 다음 장인 제6장에서는 동일한 문제를 1990년대 중반의 대기근과 연관지어, 즉 한국전쟁 이후 북한이 직면했던 가장 파괴적인 인간적·사회적 위기인 그 대재앙에 북한 시도층이 어떻게 대응했는지에 대한 분석을 통해 세속 논의할 것이다. 여전히 참담하게 드러나고 있는 그 재앙의 규모와 그것이 북한사회의 도덕적 구조에 초래한 결과들을 파악하기 위해서는 '유격대 가족국가'의 제도적 실체화와 관련하여 몇가지 추가적인 사회학적 매개변수들을 살펴볼 필요가 있다. 유격대 가족국가에 관해서는 앞장에서 전통적인 애국적 효성이라는 개념과 총대의 상징과 연관지어 논의했다. 이 문제에서 주목할 또 하나는 선물의 개념이다. 선물 개념은 북한의 정치경제적 삶에 명시적이고 암묵적인 여러 형태로 스며들어 있다. 이것은 인민과 최고지도자의 도덕적 관계를 이해하는 데 도움이 될 뿐 아니라 유격대국가와 가족국가 패러다임 간의 개념적 관계를 설명하는 데에도 도움이 된다. 앞서 우리는 국가주권과 가족적 정치체제 전체가 근본적으로 특출한 국가지도자와 그의 만주시대 동지들의 선물이라는 아이디어들을 살펴보았다. 선물 개념은 따라서 북한이라는 정치체의 모범적 중심이 자신의 지배영역에 대한 도덕적 권위를 주장하는 방식을 구성한다. 나아가 이 개념은 북한이 외부세계와의 관계에서 스스로를 자리매김하는 방식, 그리고 실제로 북한이 현대 세계사에서 자신의 역사적 기원의 의미를 인식하는 방식에서 핵심적인 것이다. 이 장에서는 이 마지막 두가지 측면에 초점을 맞춰, 북한의 현대적 정치주권의 구성원리가 국제사회와의 관계에서 선물 개념을 바탕으로 한다는 것을 논의하고자 한다.

글로벌 조선

생애주기 기념행사 일정은 북한의 정치과정에서 중요한 요소다. 북한에서 국가적으로 가장 중요한 두가지 명절은 김일성과 그의 후계자 김정일의 생일축하 행사다. 앞에서 1970년대 초 북한 공공예술의 이른바 "혁명적 도약"이 국가적으로 중대한 기념행사였던 김일성의 60회 생일에 맞춰 어떻게 동시에 일어났는지 보았다. 60회 생일 축하행사는 전통적으로 한국의 가족생활과 의례문화에서 중요하며 그 풍습은 북한에도 여전히 남아 있다. 오늘날 북한에서 가장 유명한 국가적 예술공연인 아리랑대축전도 마찬가지다. 아리랑대축전이 처음 개막된 것은 2002년인데, 이는 김일성의 탄생 90주기가 되는 그해에 그의 모범적인 역사적 삶을 기념하고 동시에 그의 불멸의 정치적 삶을 경축하는 행사가 되었다.

아리랑축전은 명백히 국가의 중요한 도구로서 국가 내부를 다지고 외부세계에 중대한 외교적 메시지를 전하기 위한 것이다. 북한은 다음과 같이 주장한다. "공연시간은 1시간반 남짓하다. 하지만 몇 개 되지 않는 장으로 길지 않은 그 시간에 옹근 한세기에 달하는 우리 민족의 력사와 그 교훈을 통째로 받아안게 된다. (…) 우리는 위대한 령장을 높이 모시고 세계적인 대걸작을 창조한 한없는 민족적 긍지와 자부심에 넘쳐 대집단체조와 예술공연 〈아리랑〉이 거둔 특출한 사상예술적 성과에 대하여 온 세상에 소리높이 자랑한다. (…) 실로 대집단체조와 예술공연 〈아리랑〉은 오늘의 현대사를 주도하는 선군정치의 위력을 힘있게 과시하면서 위대한 김정일장군님의 령도를 받는 우리 군대는 백전백승을 떨치는 세계적인 강군이며 우리 인민은 무적의 총대를 앞세우고 강성대국의 빛나는 미래를 개척해나가는 혁명적인 인민이라는 것을 대서사시적 화폭으로 펼쳐보이고 있다.”[2]

그 대규모 축전이 한치의 오차도 없도록 고도로 훈련된 수만명의 여성들과 아이들에 의해 공연된다는 것은 또한 강력한 도덕적 의미를 지닌다. 아리랑공연은 북한인민이 ‘위대한 어버이 수령님’께 바치는 선물인 것이며 동시에 새 지도자 김정일이 전 지도자 김일성에게 바치는 선물이기도 하다. “〈아리랑〉은 단순히 체조예술작품이 아니라 경애하는 김정일 장군님께서 온 민족의 이름으로 어버이 수령님께 드리는 최대의 경의, 뜻깊은 선물이며 7000만 조선민족의 위대한 은인께 바치는 뜨거운 송가다.”[3]

실제 아리랑공연이 가진 선물로서의 측면은 그것이 이야기하는 서사가 혁명국가의 과거의 족적을 떠나 선군정치시대의 북한 이야기로 옮겨갈 때 가장 분명히 드러난다. 이 순간에 이르면 이른바 “배경대”를 만들기 위해 동원된 2만명의 학생들이 손에 쥔 형형색색의 피켓들을 바꿔가면서 수천송이 꽃에 둘러싸인 김일성의 초상화를 그려보인다. 동시에 다양한 색상의 한복을 입은 수백명의 여성들이 경기장 중앙에서 “아버지 장군님 고맙습니다”라는 아름다운 집단무용을 펼친다. 배경대는 그때 "위대한 김일성 동지와 김정일 동지께 최대의 경의를 드립니다" "한 세대에 두 제국주의를 타승하신 강철의 령장"이라는 메시지를 전한다. 피날레에 가까워지면 집단무용으로 꽃모양을 만드는 여성들이(「여성은 꽃이라네」라는 유명한 북한 노래에 따르면 실제로 이 경우 여성들은 꽃 그 자체이기도 하다) 무대 위로 다시 올라와 "21세기 태양(김정일)은 누리를 밝힌다"라는 공연을 한다. 이 춤 공연은, 학생들이 공연하는 거대한 집단체조 팡파르에 뒤이어 또 한무리의 젊은 체조선수들이 경기장 중앙으로 밀고 나온 거대한 지구본 둘레에서 거행된다. 경기장 안에서 이런 공연이 진행되는 동안 인간 배경대에서는 2만명의 학생들이 형형색색의 피켓으로 김일성에 대한 헌사("민족의 어버이이신 위대한 수령님께 최대의 경의를 드립니다")와 김정일에 대한 헌사("위대한 령도자 김정일 동지께 최대의 영광을 드립니다")를 차례로 보여주고, 이어서 만개한 꽃들과 날아가는 비둘기의 이미지와 함께 "자주, 평화, 친선"이라는 구호를 써보인다.

아리랑공연은 북한의 과거와 미래에 대한 간결하고 명료한 서사로서 국가가 인민들과 외부세계에 특정한 역사적 시점에 전달하고자 하는 이야기다. 그 서사는 식민지배의 비참함과 수모, 그리고 빼앗긴 사람들(또한 미래의 혁명가들)의 만주 대이동으로 시작한다. 서글픈 이주와 이산에 관한 이 시작 장면과 거대한 지구본 상징이 들어간 화려한 마무리공연을 나란히 비교해보면, 메시지는 분명하다. 대공연에 지구본을 도입한 것은 북한인민과 그들의 지도자의 긍지를 말하는 것으로, 식민지 상황의 이산과 비참함을 함께 극복하여 세계가 그 권위를 인정하고 존중하는 자랑스런 나라를 건설했다는 것이다. 북한의 칼럼니스트에 따르면, 아리랑의 메시지는 다음과 같다.

5-1 "21세기의 태양은 누리를 밝힌다!" 대집단체조와 예술공연 아리랑의 한 장면.

"국력이 약해 외세에 짓밟히고 망국노의 설움을 당한 우리 할아버지 할머니의 이야기가 언제부터 이 땅에서 영원히 사라진 옛말이 되었더냐. 반만년의 세월도 이루지 못했던 인간의 리상과 념원을 선군시대에 다 이루고 꽃피우는 조국." "위대한 수령님을 높이 모심으로써 식민지 약소민족으로 버림받던 우리 인민은 오랜 수난의 력사를 끝장내고 보람찬 혁명의 새 시대를 맞이할 수 있었으며 세계지도에서 빛을 잃었던 우리 조국이 주체의 사회주의 강국으로 자랑 떨칠 수 있었다."[4]

마무리 장면은 이렇게 소중한 조국이라는 '위대한 지도자'의 선물을 온전히 지켜내겠다는 집단적인 각오의 표현이다. 그렇게 하는 것이 지도자의 자애로운 선물의 혜택을 입은 모든 사람들, 즉 김정일이 1996년 2월 기념연설에서 말한바 "조선인민과 진보적 인류"의 도덕

적 의무다.[5] 나아가 하나 더 언급할 필요가 있는 것은, 아리랑공연의
마무리 장면에서 과시하는 북한의 존엄성이 하나의 주권을 가진 독
립체로서 세계에서 하나의 자리를 차지하는 것만이 아니라는 점이
다. 지구본 상징은 북한이 전세계적으로 존경받는 국가이며 그 나라
의 건국지도자 김일성이 전세계적인 지도자라는 메시지를 전달하기
위한 것이다. 인류학자 이문웅은 다음과 같이 지적한다. "김일성의
영향권은 북한에만 국한된 것이 아니라는 것이다. 즉 그는 '조선이
낳은 20세기의 영웅으로 전세계의 혁명적인 인민들이 경앙하는' 또
한 '전세계가 낳은 가장 위대하고 가장 존경받는 사람'이라는 주장
에까지 이른다."[6] 김정일은 1996년에 이렇게 말했다. "위대한 김일성
동지는 우리 인민이 수천년 력사에서 처음으로 맞이하고 높이 모신
절세의 위인이시며 우리 민족의 어버이실 뿐 아니라 온 세계가 공인
하는 인류의 태양이십니다."[7] 이 말이 지나치게 자기중심적으로 들
릴지라도 그 정신은 현재 북한의 자기인식과 국제사회에서의 정당
한 자기 위치에 대한 생각의 핵심적 측면이다. 더욱이 역사적 관점에
서 생각해보면 '글로벌 조선'이라는 개념 또한 조금 덜 기이하게 보
인다. 이와 관련하여 1970년대에 건설된 또 하나의 유명한 국가기념
물인 국제친선전람관을 들여다볼 필요가 있다.[8]

국제친선전람관

1972년 김일성의 60회 생일과 1982년 70회 생일 사이의 10년은 북
한의 현대적 혁명가극과 연극 제작의 기반을 제공했다. 이 시기는 북
한의 기념비 예술의 전성기이기도 했다. 평양에 간 대부분의 국내외

방문객들은 대개 시내와 그 주변에 있는 중요한 기념물들 중에서 적어도 세군데는 방문하고 경의를 표하게 된다. 만수대의 거대한 김일성 동상, 만경대의 김일성 생가, 그리고 대동강가의 화강암으로 된 주체사상탑이다. 김일성 동상은 1972년 그의 60회 생일을 기념하기 위해 세워졌다. 1982년 지도자의 70회 생일에는 무엇보다도 주체사상탑과 개선문이 완공되었다. 이 북한판 개선문은 1925년에서 45년까지의 김일성의 항일혁명활동의 크나큰 승리를 기념하는 것이라고 한다. 이 둘은 국가 차원의 기념물을 넘어 세계적 명성을 주장한다. 따라서 주체사상탑은 인류문명이 건설한 석조 기념탑 중에서 가장 높은 것이며 개선문은 나뽈레옹의 빠리 개선문보다 더 높고 더 당당하게 건설되었다고 강조한다.[9] 이 세계적 규모의 기념물들은 나라를 세운 혁명지도자의 세계적 명성을 나타내기 위한 것이었는데, 바로 그것이 그 시대 북한 기념예술의 초점이었다.

김일성의 국제적 명성에 대한 과시는 북한에서 가장 귀하게 여기는 자연경관 중 하나인 묘향산에 있는 국제친선전람관에서 가장 호화롭게 이루어진다. 1978년에 완공된 이 전람관은 전세계의 국가지도자, 각국 공산당, "진보적 인민" 그리고 개인적 숭배자들이 김일성에게 보내온 수십만점의 선물을 보관하는 장소이자 박물관이다. 여기에는 외부세계로부터 들어온 선물 이외에 지도자가 외부로 나가서 세계와 접촉한 활동을 보여주는 전시실도 있는데, 거기에는 지도자의 방문으로 그를 맞이한 '영광을 누렸던' 각국의 여러 장소들이 열거되어 있고, 그의 해외 '현지지도' 여행의 총 횟수와 거리의 기록도 전시되어 있다.[10] 1994년 김일성의 사후, 이 전람관에는 사망한 지도자의 살아 있는 추억에 경의를 표하기 위해 바쳐진 선물, 특히 매년 4월 열리는 그의 사후 생일축하연에 들어오는 선물을 보관하는 전시실(영생관)이 마련되었다. 1989년에는 이 기념단지에 김정일이 받은 선물들을 전시하는 또 하나의 건물이 추가되었다. 국제친선전람관에는 김일성이 받은 약 20만점의 선물들이 일반인의 관람이 가능한 150개의 전시실에 보관되어 있다. 김정일이 받은 선물 수는 상대적으로 적어 165개국으로부터 받은 것이 약 5만점 정도 된다. 여기에는 또한 김정숙이 사후에 받은 비교적 적은 수의 선물을 둔 별도의 전시실도 있다.[11]

이 전람관에서 일하는 북한 안내원들은 방문객들에게 선물 1점당 1분씩만 잡아도 지도자들에게 바친 모든 선물을 다 보려면 족히 1년 반이 걸릴 거라고 늘 상기시켜준다. 전시된 선물은 메달, 공훈증, 찬양문뿐 아니라 눈부시게 다양한 귀중품, 공예품, 공업제품까지 있다. 그것들은 세계 각지에서 보내왔는데 라틴아메리카의 혁명지도자들, 아프리카의 부족장들, 유럽과 북아메리카의 진보적 정치단체들, 아시아와 구 쏘비에뜨 진영의 국가지도자들이 보내온 것 등 다양하다. 이곳은 외국 관광객들에게 개방되어 있고(종종 방문해야만 하는 코스가 되기도 한다), 북한인민들에게는 중요한 국가적 순례장소다. 전람관 전면은 균형이 잘 잡힌 전통식 건물로 되어 있다. 하지만 거대한 청동대문(심지어 원자폭탄 폭발에도 견딜 수 있다고 박물관 안내원들이 강조한다)을 지나자마자, 방문객들은 유럽풍 궁전건축의 호화로운 요소들을 차용한 화려한 내부에 놀라게 되고, 전체 2만평방미터의 박물관(김일성관)이 실제로는 바위산 밑에 파놓은 거대한 지하요새란 사실을 발견하게 된다. 그래서 받는 인상은 이런 요새 같은 곳에 보관하고 전시하는 물건들이, 그 안전을 확보하기 위해 그렇게까지 해야 할 정도로 진정 소중한 보물들이라는 것이다. 실제로 이 전람관은 종종 "조선의 보물고"라 불리기도 한다. 북한작가 곽성호

5-2 국제친선전람관 '김정일장군관' 입구.

는 상뜨뻬쩨르부르그의 에르미따주미술관, 빠리의 루브르박물관, 베이징의 고궁박물관과 이 전람관을 비교하면서, 이 전람관에 들어서자마자 고대 우화에 나오는 보물고에 들어서는 것 같았다고 말한다. 그는 다음과 같이 덧붙인다. "그래서 참관자들은 여기에 오면 세계 속의 조선이 아니라 조선 속의 세계를 보게 된다고 한결같이 격찬하는 게 아닌가."[12]

　이런 기억을 상기한 뒤, 곽성호는 그 전람관 관람시의 느낌과 생각을 다시금 되새긴다. 옛날 조선의 부끄러운 과거, 특히 얼마나 많은 우리 민족의 보물들이 제국주의·식민주의 시대에 소실되고 강탈되었는지 돌이켜보고 다음과 같이 썼다.

아, 나라의 국보는커녕 한가정의 놋그릇조차 제대로 지킬 수 없었던 우리 인민 (…) 허나 언제부터였더냐. 민족의 슬기와 재능이 깃든 력사유적들이 그대로 보존되고 보물처럼 찬연히 빛을 뿌리기 시작한 것은, 또 세계의 진귀한 보물들이 위인칭송의 다함없는 정을 안고 내 나라로 찾아오는 경이적인 사변이 펼쳐진 것은. 그것은 우리 민족의 수천년 력사에서 처음으로 맞이한 경애하는 수령 김일성 동지를 민족의 어버이로, 사회주의조선의 시조로 높이 모신 그때부터였으니 (…) 정견과 신앙, 국적과 제도, 언어와 피부색을 초월하여 제노라 하는 대국들의 대통령에 이르기까지 세계의 거의 모든 나라 각계각층의 사람들이 보내여온 선물들이다.[13]

곽성호가 언급하듯이 국제친선전람관의 소장품들은 사실 지리적으로 보면 전세계적이어서 민족·문화·인종의 차이와 경계를 초월한다. 또한 질적으로도 전세계적이어서 저명한 국가지도자가 보내온 훌륭한 선물들과 작은 부족의 지도자나 외국의 친구들이 개인적으로 보내온 소박한 선물들을 동등하게 취급한다. 김일성이 받은 선물 중에는 스딸린이 보낸 방탄자동차와 마오 쩌둥이 1953년 11월 김일성의 조선전쟁 승리를 축하하기 위해 보내온 포효하는 호랑이 모양의 거대한 수공예품이 있는데, 이들 선물 밑에 붙은 안내문에는 마오 쩌둥 동지와 스딸린 동지가 김일성에게 "바친" 선물이라고 쓰여 있다. 또 눈에 띄는 것은 이 국제친선전람관 개관을 축하하기 위해 중국공산당 중앙위원회가 보내온 거대한 도자기 화병이다.

이러한 선물 대부분은 보내온 지역별로 전시되어 있다. 라틴아메리카에서 온 선물 중에는 니카라과에서 온 은제 칼과 기관총, 에콰도르와 페루의 대학에서 보낸 장식접시들, 기아나에서 온 안데스의 시장을 그린 유화, 꾸바의 지도자 피델 까스뜨로가 선물한 악어가죽 가방 등이 있다. 니카라과 산디니스따 지도부가 보내온 선물인, 와인잔을 올린 접시를 들고 서 있는 박제된 악어는 이 라틴아메리카 전시실에서 인기가 많다.

아프리카 전시실은 다양한 종류의 선물들을 전시하는데, 여기에는 에티오피아의 상아 촛대, 탄자니아의 이전 지도자인 줄리어스 니에레레가 보낸 상아 지팡이, 기니에서 보내온 박제 거북, 세네갈의 전통 공예품, 가나의 섬유제품, 르완다의 전통 창 세트, 알제리의 낙타 안장 등 전통 공예품 등이 있다. 이 소장품 중에서 특히 주목할 만한 것은 나이지리아의 우모지 부족(나이지리아 남동부의 자원이 풍부한 지역에 사는 이부족의 한 부족)이 1994년에 헌정한, 추장의 권위를 상징하는 의자다. 1995년 북한노동당 기관지의 보도에 따르면, 이 부족은 작고한 김일성을 나이지리아 역사상 처음으로 명예 태양추장으로 선출했다고 한다.[14]

아시아 전시실에는 중국에서 보내온 선물들이 많은데, 여기에는 북한판 '대약진운동'인 '천리마운동'의 시작을 기념하기 위해 보내온 질주하는 말 모양의 세밀하게 조각된 비취옥 공예품 등 대단히 정교한 세공품들이 있다. 아시아 전시실에는 또한 북한의 전통적인 다른 동맹국들, 특히 비동맹운동 회원국들에서 보내온 많은 공예품이 있다. 이중 가장 유명한 것이 인도네시아의 수카르노가 보내온 개인적 선물들인데, 여기에는 은제 다기 세트, 가죽 사무용 가구, 인도네시아 전통악기인 의식용 징 등이 있다. 또 하나의 유명한 선물은 김일성이 1965년 인도네시아를 방문했을 때 수카르노가 선물한 난초꽃이다. 이 꽃은 그후 1977년에 북한에 들어와 "영생화" 또는 "혁명의 꽃"으로 소개되었다. 그때부터 이 인도네시아 난초꽃은 '김일성화'로 알려졌으며 1998년부터 많은 작업장과 군부대에 그 꽃의 재배를 배정하여 매년 4월 김일성의 생일 축하기간에 평양에서 열리는 꽃축제에 출품하도록 했다.[15] 아시아 전시실에는 또한 1964년 베트남의 지도자 호찌민이 보낸 상아 입상, 1962년 베트남민주공화국에서 온 꽃병, 1972년 라오스 애국전선에서 보낸 은제 바구니, 캄보디아 지도자 노로돔 시아누크가 보낸 모형 범선, 미얀마에서 온 비취옥 다기 세트, 네팔에서 온 절 모형, 인도·파키스탄·방글라데시에서 온 다양한 전통 공예품 등이 있다. 아시아 전시실에는 또한 중앙아시아에서 온 선물들이 열지어 있고, 이집트·이란·시리아·팔레스타인·레바논·예멘 등 중동에서 온 은제품과 공예품도 있다.

지역별 전시실은 유럽·북아메리카·오세아니아까지 펼쳐져 있다. 북아메리카 전시실에는 미국의 개신교 목사 빌리 그레이엄이 선물한 비둘기 조각, 이름을 밝히지 않은 어느 캐나다 시민이 기증한 곰 가죽 등이 있다. 유럽 전시실에는 과거 동유럽 사회주의진영 국가와 공산당의 지도자들이 보내온 선물(예를 들어 동독의 지도자 에리히 호네커의 사냥총)과 서유럽의 공산당과 주체철학 연구단체에서 보내온 선물(이를테면 김일성의 방대한 철학저작과 연설문의 스페인어 번역 전질) 등이 있다. 남한 쪽에서 간 우리에게는 보여주지 않았지만, 이 전람관에는 해외동포들이 보내온 선물도 많이 있다고 한다.

김정일 선물전람관의 구조는 김일성관의 구조를 충실히 따르는데, 그곳의 소장품들은 그간에 일어났던 변화를 보여준다. 김정일관도 다양한 지역과 민족이 보내온 수많은 휘황찬란한 선물들을 소장하고 있지만, 사람들이 특히 많이 찾는 전시실은 남한·미국·일본·중국 전시실이다. 미국에서 온 선물 중 가장 눈에 띄는 것은 전임 국무장관 매들린 올브라이트가 가져온 유명한 미국 농구선수 마이클 조던의 싸인이 그려진 농구공과 지미 카터나 빌 클린턴 같은 중요한 미국 방문객이 가져온 선물들이다. 남한 전시실에는 박정희에서 노무현에 이르는 전직 대통령들이 보내온 선물이 있으며 그외 저명한 재계인사, 정당지도자, 언론단체, 시민사회대표가 가져온 선물도 있다. 이처럼 국제친선전람관의 김정일전람관은 계속 만들어온 박물관으로, 북한과 세계의 관계 변화에 따라 차차 새로운 형태를 갖추게 되었다. 이와 대조적으로 김일성관의 소장품은 영구적인 것이라고 할 수 있는데, 시간이 지나면서 새로운 품목들이 보관실에서 전시실로 나오고 기존 소장품 중에서 일부 품목들이 보관실로 가는 등 일부 소소한 변화는 있다고 한다. 베를린장벽이 무너진 1989년에 이뤄진 김정일전람관의 건설이 김일성관의 진시와 구싱에 영향을 미쳤을 가능성도 있다. 이런 자잘한 변화는 있었겠지만 김일성에게 온 선물의 전시는 1978년 최초 공개 이후 대체로 원래의 구성 그대로라고 할 수 있다. 국제친선전람관에 관한 북한문헌의 조사에서도 이런 연속성은 확인할 수 있었다. 이 점을 염두에 두고 최근에 우리가 관람한 내용들을 다시 되새겨보면, 국제친선전람관이 전시하고 있는 것은 1970년대라는 중요한 시기에 그들이 상상했던 글로벌 조선에 대한 관념, 즉 곽성호의 표현처럼 "세계 속의 조선"과 "조선 속의 세계"라고 할 수 있다.

제3세계의 지도자

북한은 1970년대 초 북한의 가극과 연극 분야의 혁명이 30년대에 기원을 둔 빨치산 예술전통에 새로운 생명력을 부여했다고 주장한다. 앞서 우리는 이러한 주장을 일본강점기 1930년대 만주에서 김일성이 이끈 빨치산 부대의 혁명문화활동을 기원으로 한 「꽃 파는 처녀」 같은 몇몇 유명한 북한 가극과 관련하여 살펴보았다. 또한 이 가극의 기원이 북한이 인정하고자 하는 것보다 훨씬 더 오래되었고 국제적인 것으로, 소련의 초기 혁명극과 관련있다는 점도 살펴보았다. 김일성의 선물전시도 비슷한 관점에서 볼 수 있다. 개관 당시 출간된 전람 관련 문헌들의 주장에 따르면 국제친선전람관은 김일성에게 바치는 선물로 김정일이 친히 설계했고, 그 시기에 건립된 다른 기념건축물들과 마찬가지로 그가 북한인민들을 대표해서 마련한 것이라고 한다. 그러나 이것이 전적으로 김정일의 아이디어는 아니며, 그 기원이 스딸린시대의 쏘비에뜨 공공예술에서 가장 눈에 띄는 한가지 형태로 거슬러 올라간다는 점은 명백하다.

김일성의 60회와 70회 생일이었던 1972년과 82년 사이의 북한 통치예술의 전개는 스딸린의 60회와 70회 생일이었던 1939년에서 49년 사이에 소련에서 일어났던 일들과 매우 흡사하다. 이 기간에 스딸린에 대한 개인숭배가 정점에 달했으며 특히 이 장의 주제와 관련해서는 스딸린의 정치적 카리스마의 발현이 생일축하행사 같은 선물교환의 논리와 연출에 많이 의존했다는 점에 주목할 필요가 있다. 제프리 브룩스는 이 시기의 쏘비에뜨 공공예술을 탐구하면서 소련 지도자와 인민 간의 선물교환 방식에 초점을 맞추었는데, 그는 이를 "도덕적 연극"이라고 했다.[16] 그는 노동자들이 어떻게 그들이 누리는 현대적 편의시설(새 집이나 새 학교, 현대적 교통수단 등)을 스딸린이 준 선물로 이해하게 되었는지, 그리고 결국 그들이 스딸린의 선물에 감사하고 보답하는 것을 쏘비에뜨국가의 시민으로서의, 또한 노동자국가의 노동자로서의 의무라고 생각하도록 어떻게 부추겨졌는지 서술했다. 이러한 점에서 브룩스는 스따하노프 쏘비에뜨 노동영웅들에 대한 드라마에 초점을 맞춘다. 당시 쏘비에뜨 언론매체들은 이들의 초인적인 농업노동 또는 산업노동의 성과를 스딸린이 준 자애로운 선물에 대한 보답이라고 묘사했다.[17] 그 상황을 브룩스는 다음과 같이 서술했다. "언론에서는 그러한 인민들의 의무를 확실하게 강조했는데, 1935년 1월 1일 공산당기관지『프라우다』1면에는 단상 위의 스딸린에게 아주 작게 그려진 노동영웅들이 꽃을 바치는 그림이 크게 실렸다. 그와 같이 언론에서는 스딸린과의 개인적인 도덕적 관계가 가족, 친구, 동료, 공동체, 그리고 궁극적으로 사회 그 자체와의 유대를 대체했다. 〔프롤레타리아〕와 농민 노동영웅들은 선물의례를 집행하면서, 그들의 은인과의 특별한 관계를 통해 새로운 인민으로 기적적으로 다시 태어난 것을 기념했다."[18]

소련 지도자와 인민들 간의 선물교환이라는 "도덕적 연극"은 1939년 모스끄바에서, 그리고 다시 1949년과 53년 사이에 뿌쉬낀미술관에서 열린 유명한 스딸린 생일선물 전시회에서 정점을 이루었다. 이 전시회에는 여러 쏘비에뜨 공화국의 당간부들뿐 아니라 일반인들이 보내온 엄청난 수의 선물들이 모였다. 선물 중에는 스딸린의 초상화, 초콜릿으로 만든 거대한 스딸린 흉상, 공장모형, 사모바르 찻주전자, 무기 등이 있었다. 비러시아계 쏘비에뜨 인민들이 보내온 선물 중에는 양탄자, 민족의상, 장신구도 있었다. 1949년 12월의 생일축하 행사에는 외국의 선물을 실은 화물이 소련의 동맹국들뿐 아니라 냉전의 몇몇 적국에서도 들어왔다. 헝가리공산당 정치국은 스딸린의 70회 생일준비를 논의하기 위해 다섯차례나 회의한 끝에 열차 한대분의 선물을 모스끄바로 보냈다. 동시에 헝가리공산당은 공장과 관공서에 전시할 스딸린 흉상을 대량으로 생산하여 스딸린 숭배를 대중들 사이에 퍼뜨리고, 이를 통해 동구권 내의 사회주의 건설에서 주도적인 지위에 올라서려고 했다.[19] 중국에서는 마오 쩌둥이 친히 대표단을 이끌고 내전 기간에 장 제스(蔣介石)로부터 포획한 장갑열차에 화차 한대분의 선물을 싣고 왔다.[20] 특별히 독창적인 외국선물 중에는 스딸린이 루스벨트와 체스게임을 하고 있는 장면을 새긴 담뱃대, 망치와 낫 모양을 한 전화기 세트, 신원미상의 브라질 사람이 선물한 아르마딜로로 만든 전등도 있었다.[21] 몇몇 선물에는 감동적인 이야기가 담겨 있었다. 나치에 딸을 잃은 한 프랑스 여인이 딸이 남긴 유일한 유품인 모자를 보냈고, 시베리아 벽지의 원주민들도 많은 선물을 보냈으며, 미국 원주민 부족이 스딸린을 모든 인디언 부족의 명예추장으로 선출한 것을 기념하는 깃털장식 추장모자를 뉴욕의 소련 대표부를 통해 보내왔다.[22]

인류학자 니꼴라이 쏘린-차이코프(Nikolai Ssorin-Chaikov)는 이 선물들을 검토해보고, 브룩스와 마찬가지로, 이 물건들은 당시 쏘비에뜨정치가 어떻게 '상상의 공공선물경제'(imaginative public gift economy)에 기반을 두었는지 보여준다고 결론지었다.[23] 그는 이러한 과시적이고 공적인 국제적 선물경제가 강력한 정치적 의도를 담고 있다는 점에 주목했는데, 즉 스딸린을 지도자로 한 세계의 모든 진보적인 국가와 인민들을 대상으로 선물교환에 기반을 둔 국제연대의 힘을 과시하는 한편, 이러한 사회주의적 현대성의 힘을 냉전시대 소련의 적들의 자본주의적 상품경제체제와 대치시키려 했다는 것이다. 쏘린-차이코프에 따르면, 여기에는 세력권을 둘러싼 지정학적 경쟁과 '공간의 정치'뿐 아니라 '시간의 정치'도 포함된다. 선물경제는 서구 사회사상의 발전에서 보면 전근대적인 사회나 전통적인 사회관계와 관련되고, 화폐와 상품의 교환을 중심으로 한 현대의 사회적 교환방식과는 구별된다. 선물의 화려하고 극적인 전시를 통해 이 교환형태가 전근대적인 과거의 광경이 아니라 진보적인 글로벌 현대의 이상을 제시하려고 했다는 점에서, 스딸린에게 보낸 선물들은 현대 서구 사회사상의 중심적 전제를 통째로 전복하고자 한다. 쏘린-차이코프에 따르면, 그것은 "상품경제에 대한 시간적 부정"이었다.[24]

스딸린에게 보낸 이 선물들의 다른 중요한 측면도 언급할 필요가 있다. 전통적인 사회경제이론에서 선물이 상품과 구별되는 것은 선물의 가치와 의미가 그 물건이 교환되는 특정한 사회적 관계와 뗄 수 없다는(또 그 관계에 깊숙이 스며 있다는) 점이다. 선물은 엄밀히 말해 하나의 사물이 아니라 선물을 주고받는 사람들의 도덕적 자아의 연장이다. 그것은 가치의 징표시만 그것이 표현하는 가치는 상품과는 달리 양적이라기보다는 질적이며, 주는 사람과 받는 사람 간의 관계의 도덕적 성격과 따로 떼어서 생각할 수 없다. 브룩스는 스딸린의 '선물의 정치'의 국내적 측면에 집중하여, 소련의 공적인 선물경제의 이러한 도덕적 측면을 강조했다. 그는 영국의 저명한 인류학자 에번스-프리처드(Evans-Pritchard)가 마르셀 모스(Marcel Mauss)의 고전인『증여론』을 소개한 글을 인용했는데, 이 글에서 에번스-프리처드는 전통적인 선물교환체제와 현대의 경제체제가 '도덕적 거래' 대 '기계적 거래'라는 점에서 대조된다고 보았다. 선물교환이 도덕경제체제였다는 이러한 견해를 바탕으로 브룩스는 다음과 같이 썼다. "스딸린은 자원의 공적인 배분이 도덕적인 선물교환관계로 제시되는 그러한 사회를 건설하고자 했다. 이런 교환을 하는 주체자들은 스딸린에게 감사를 표하는 행위를 통하여 지도자와의 개인적 유대를 입증했다. (…) 이렇게 경제거래를 선물이라는 도덕경제로 공식적으로 포장한 것은 직접적인 경제거래와 시장에 대한 공적이고 사적인 책무를 암암리에 약화시켰다. 또한 개인적 성공과 성취를 스딸린과 국가 덕분이라고 여기게 하는 근거를 제공했다. 스딸린 자신은 국가의 중요한 상을 받을 사람을 직접 선정하면서, 이 도덕경제를 현실화했다."[25]

스딸린시대 쏘비에뜨 선물경제에 관한 쏘린-차이코프의 지정학적 관점과 브룩스의 도덕경제적 관점은 모두 김일성에게 온 선물의 화려한 전시를 이해하는 데 도움이 된다. 그러나 김일성의 선물전시는 스딸린의 생일축하 선물전시와는 몇가지 요인에서 구별된다. 우선 북한의 국제친선전람관은 그 명칭이 시사하듯이 북한의 해외 동맹국과 김일성을 흠모하는 사람들, 그리고 북한을 찾아온 외국 방문객들이 준 선물만을 전시한다. 스딸린의 생일선물전시가 쏘비에뜨 인민이 보내온 선물과 쏘비에뜨의 친구들이 보내온 선물을 통합했던 것과는 달리, 묘향산의 전람관 단지에 보관하고 전시한 김일성의 선물들은 자기 나라를 제외한 전세계 모든 국가에서 온 것을 망라한다. 둘째로, 스딸린에게 온 선물과 김일성에게 온 선물의 이러한 형식적인 차이에 더하여 두 전시가 상이한 역사적 상황에서 이루어졌다는 사실을 고려할 필요가 있다.

1980년대 초에 나온 북한의 한 자료에는 김일성의 선물에 관하여 다음과 같이 언급한다. "이 모든 귀중한 선물들마다에는 위대한 수령님에 대한 세계의 혁명적 인민들의 존경과 흠모의 정이 깃들어 있으며 우리 인민의 정의의 혁명위업에 대한 세계인민들의 한결같은 지지와 굳은 련대성이 담겨져 있다."[26] 세계의 진보적 인민들과 북한의 국제적 우방들에 대한 이러한 일반적인 언급에도 불구하고, 국제적인 혁명연대라는 관념은 당시 북한에서는 특수한 의미가 있었으며 이는 국제친선전람관의 전시구성에서 매우 명백하게 드러났다.

김일성의 70회 생일을 기념하여 1982년에 열린 개관기념 전시의 화보집을 보면, 당시의 국제친선 개념은 쏘비에뜨 영도 아래에 있거나 중국의 영향권 안에 있는 사회주의블록 국가들보다는 분명히 탈식민세계에 초점을 맞추고 있었다. 이는 찰스 암스트롱이 적절하게 지적한 대로 1960년대와 70년대 북한의 반제국주의적 "제3세계주의"(Third-Worldism)와 관련이 있다. 이 시기에 북한은 "탈식민적 국가건설의 모델"로서 국제적 인정과 명성을 얻기 위해 세계무대에서 막대한 의식적 노력을 기울였다.[27]

북한이 모범적인 탈식민 정치체로서의 국제적 명성을 추구한 데는 복잡한 역사적 배경이 있다. 암스트롱이 강조하는 것은 경제영역에서의 자신감(전쟁의 파괴로부터 빠른 복구와 1960년대 중반까지의 급격한 산업성장에서 비롯된다)과 미국의 군사력에 성공적으로 저항한 유일한 (베트남 이전에는) 제3세계 국가로서의 정치적 자부심이다.[28] 이 때문에 김일성은 1964년 당 중앙위원회 제8차 전원회의 연설에서 "남반구 즉 아시아, 아프리카, 라틴아메리카 혁명세력 및 인민들과 강한 연대를 구축함으로써 국제적 혁명 역량을" 강화할 필요성을 강조했다.[29] 그는 이렇게 선언했다. "미제국주의자들이 세계에 이르는 곳마다에서 더욱더 막다른 골목에 빠져들어갈수록 남조선에서의 미제침략자들의 지반은 더욱 약해질 것이며 조선혁명의 승리는 더 빨리 실현될 것이다."[30] 특히 김일성의 70회 생일인 1982년경에는 제3세계를 토대로 한 국제 혁명연대에 관한 북한의 공약과 논박이 70년대보다 더 전투적인 언어를 사용하기 시작했고, 김일성의 교시뿐만 아니라 김정일의 이른바 정치이론화 작업과도 밀접히 연관되기 시작했다.[31]

그러나 부정적인 요인들도 있었다. 앞서 말한 것처럼 북한경제는

1960년대 말부터 산업과 농업 부문에서 모두 문제에 봉착하여, 70년
대에는 경제성장 면에서 눈에 띄게 남한에 뒤처지기 시작했다. 북한
지도부는 미국의 베트남전쟁 개입에 위협을 느껴 경제성장의 정체
에도 불구하고 국방비를 대폭 늘렸다. 게다가 정치영역에서는 한국
전쟁 기간 동안 북한의 주요 혈맹이자 정치적·정신적 동맹국이었던
중국과 소련이 서로 점점 더 치열한 이념적·외교적 전쟁에 휘말리
게 되었다. 그 결과 국제사회주의 운동은 세르게이 라드첸꼬(Sergey
Radchenko)가 적절히 표현한 대로 "하늘에 두개의 태양"을 갖게 되
었고, 그 운동의 상대적으로 작은 주체들은 그 둘 중 하나를 선택해
야만 했다.[32] 중소분쟁은 1970년대 초 소련과 중국이 각각 미국과의
긴장완화를 추진하면서 더 복잡해졌는데, 이것을 오늘날 일부 역사
학자들은 초기 냉전의 양극적 국제질서가 삼극체제로 변형된 것이
라고 말하기도 한다. 이는 북한에게는 특히 어려운 상황으로, 사회주
의 양대 강국과 지리적으로 국경선을 마주하고 있을 뿐 아니라 근본
적인 정치적·헌정적 역사까지 공유하고 있었기 때문이다. 이러한 글
로벌 권력관계의 중요한 변화 국면에서(그 결과는 사실 오늘날까지
도 북한의 지역적·세계적 환경을 조성하고 있다) 북한은 국제사회주
의의 기존의 어느 한 태양의 영향 아래 남아 있기보다 스스로 "하늘
의 태양"이 되고자 했다.

이 과정에서 중요한 사건 하나는 김일성이 '아프리카-아시아 연
대를 위한 반둥회의'(Bandung Conference on Afro-Asian Solidarity)
10주년 기념식을 위해 1965년 4월 인도네시아를 방문한 일이다. 이
방문 기간에 김일성은 그의 탈식민적 혁명철학 즉 '주체'에 관하여
연설했는데, 이 연설은 정치적 '자주', 경제적 '자립', 군사적 '자위'
라는 3대 원칙으로 구성되어 있다.[33] 이 방문기간에 당시 인도네시아

대통령이자 비동맹운동 지도자인 수카르노가 김일성에게 꽃을 선물했고 이 선물은 나중에 '김일성화'가 되었다. 이후 1977년 9월 평양에서는 주체사상을 심층적으로 논의하기 위한 첫 국제세미나가 열렸다.[34] 이 행사 직전에 비동맹운동의 또다른 핵심인물인 유고슬라비아 지도자 티토가 평양을 방문하여 대대적인 환영과 함께 김일성으로부터 국가영웅훈장을 받았다. 두 지도자는 비동맹운동이 국제정치에서 대단히 중요한 역할을 해야 하고, 모든 진보세력은 자주의 원칙(소련과 중국으로부터)을 유지하며, 각자 자기의 길을 따라 사회주의를 향해 전진해야 한다는 데 동의했다. 이 두 사건 사이의 10여년 동안, 북한은 중국이나 소련과는 독립적으로 비동맹운동에서 자신의 위상을 드높이고 제3세계 개발도상국들과의 친선관계를 강화하고자 부단히 노력했다. 북한은 또한 막대한 경제적·군사적 자원을 투자해 혁명세력을 원조했는데, 아프리카(알제리·앙골라·콩고·모잠비크·소말리아·수단·탄자니아·우간다·잠비아), 아시아(캄보디아·라오스·예멘)와 라틴아메리카(아르헨띠나·브라질·콜럼비아·도미니카공화국·과테말라·우루과이·베네수엘라)의 다양한 혁명집단이 그 지원을 받았다. 당시 북한은 중국이나 소련과는 분명히 다르지만 탈식민세계에서는 그에 못지않게 강력한 세계적인 혁명지도국이 되려는 야심을 품고 있었다. 이러한 야망의 잔향은 지금도 여전히 남아 있다. 몰타, 짐바브웨, 이란 같은 다양한 곳의 도서관은 아직도 김일성과 그의 주체철학 관련도서를 다량으로 소장하고 있다. 김일성의 이름을 딴 거리도 아시아와 아프리카의 여러 지역에 여전히 존재한다.[35] 많은 수단 사람들은 북한에서 파견된 군사요원들이 그들에게 매스게임과 카드섹션을 가르치기 위해 어떻게 노력했는지 여전히 기억하고 있다. 우간다의 어느 전투적 종교집단은 그 나라의 내전의 혼란 당시 북한 무기공급자를 상징하는 '충포'(아마도 '총포'의 변형)라는 이름의 신을 섬기기도 했다.[36] 최근 2010년 4월에는 응데벨레(Ndebele) 말을 쓰는 군중들이 짐바브웨정부가 북한 축구대표팀의 2010년 남아프리카 월드컵 준비훈련 캠프를 서부 짐바브웨에 차리도록 한 것에 항의하는 시위를 벌였다. 1980년대 초 2만명의 응데벨레 반란군과 시민을 학살한 로버트 무가베의 악명높은 제5여단을 북한에서 파견한 군사교관들이 훈련시켰다고 믿기 때문에 분노한 것이다.

이 이야기들은 수단·우간다·짐바브웨 등 일부 지역에서만 알려져 있을 뿐, 냉전의 국제사에 대한 기존 문헌에서 아직 언급되지 않았으며 사하라 남부와 남아프리카의 인류학 민족지(民族誌)에도 거의 등장하지 않는다. 무엇보다, 이렇게 부정적이고 폭력과 혼란을 야기한 냉전시대의 초국가적인 역사적 에피소드는 묘향산 국제친선전람관에 보존하여 자랑스럽게 전시하고 있는 수단이나 짐바브웨의 많은 선물에서는 흔적조차 찾을 수 없다. 대신에 그곳의 선물들이 전하는 이야기는 북한의 국제친선에 관하여 그 전람관이 말하고자 하는 유일한 서사, 즉 제3세계를 지도하는 "태양"이라는 주제에 맞도록 조심스럽게 만들어졌다. 그런 이야기 중 하나는 "장수 지팡이"라는, 수단에서 온 선물에 관한 것이다. 북한의 학교와 작업장 학습모임을 통해 널리 유포되어온 이 이야기에 따르면, 모하메드라는 수단의 한 교사가 김일성의 60회 생일에 선물을 보내고 싶어 했다고 한다. 그는 존경받는 부족의 어른들에게 지팡이를 선물하는 수단의 문화관습에 따라 지팡이를 생각해냈다. 지팡이를 선택한 것은 모하메드가 김일성의 혁명적 일대기에서 읽은 내용 때문이기도 했다. 그 책에서 그는 '위대한 지도자'가 매년 먼 거리를 걸어다니며, 수많은 장소에서 끊임없이 현지지도를 한다는 사실을 알게 되었다. 그래서 그는 지팡이야말로 이 탁월한 지도자에게 꼭 맞는 선물이 될 것이라고 생각했는데, 김일성의 건강과 장수는 "조선혁명뿐 아니라 세계 자주화 위업의 승리를 위하여서" 가장 중요하기 때문이었다.[37] 하지만 대단히 특별한 사람의 특별한 행사를 위한 것이기 때문에 그 선물은 특별한 지팡이여야만 했다. 특별한 선물에 적당한 재료를 찾지 못하던 차에, 모하메드는 인도에만 있다는 향나무에 대해 듣게 되었다. 그는 인도에 사는 친구에게 전보를 쳐서 그 나무를 구하게 도와달라고 하면서, 제대로 된 좋은 선물을 준비하는 것이 자신과 제3세계 인민들에게 얼마나 중요한지 설명했다. 인도 친구는 돕고자 했지만, 모하메드가 찾고 있는 그 특별한 향나무를 구하지 못했다. 그러던 어느 날, 그 인도 친구는 뭄바이(옛 봄베이)에서 한 목재상을 만나 그 나무에 내해 아느냐고 물어보았다. 그 상인은 왜 그것을 찾느냐고 물었고, 모하메드의 소망에 관한 이야기를 듣고는 그것이 제3세계의 '위대한 지도자'에게 바치는 선물을 만드는 데 사용될 것이라는 말에 매우 기뻐했다. 그 상인은 일부러 인도의 아주 먼 벽지까지 비행기를 타고 가서 그 특별한 향나무를 구했다. 그 나무는 수단으로 보내졌고, 수단 최고의 장인이 공들여 작업한 끝에 모하메드가 꿈에 그리던 "장수 지팡이"가 만들어졌다.

　김일성이 받은 선물에 관한 이와 같은 이야기들은 북한이 제3세계의 영역에서 사회주의세계에서 소련과 중국이 차지하는 위상과 맞먹는 국제적 권위와 명성을 획득하고자 했다는 것을 아주 분명히 보여준다. 이러한 글로벌 외교의 열망은 두 사회주의 초강대국들의 패권으로부터 벗어나기 위한 것이었지만, 그 야심의 표현방식은 주로 이 두 강대국들이 발전시킨 예술적·외교적 전통에서 빌려 썼다. 김일성의 선물전시는 명백하게 이전 스딸린의 생일선물전시를 각색한

5-3 "만민의 태양 우러러." 제3세계의 대표단을 맞이하는 김일성(그림, 일부분).

것이다. 북한이 무기와 군사훈련이라는 선물을 수단이나 짐바브웨, 또한 여타 지역의 탈식민혁명 세력에 제공한 것도 역시 소련과 중국식 국제주의에서 비롯된 것이다.

북한은 또한 중국으로부터 여러 다른 상징적 기제들을 빌려왔는데, 예를 들면 카리스마적 지도자를 시민들의 가슴 가까이 가져올 수 있는 도구인 그 유명한 '마오배지'다. 마오 쩌둥에 대한 숭배는 문화혁명 기간 동안 정점에 달해, 당시 마오 쩌둥은 스스로를 "본질적으로 군사적 인물에서 세계를 지배하는 인물로 (…) 논리와 말을 완벽히 갖춘 중국의 소크라테스로" 바꾸어냈다.[38] 문화혁명 전성기인 1966년에 대량 생산된 마오배지는 홍위병들이 서로 교환하기도 하고, 중국인들이 보편적으로 착용하게 되었다.[39] 북한의 김일성배지는 1970년에 처음 도입되어 김일성의 60회 생일이 있던 1972년에 대량 생산되기 시작했다.[40] 현대 북한예술사는 바로 그해에 북한의 혁명예술활동이 모든 영역과 장르에서 대약진했다고 주장하는데, 이는 김일성의 미래 후계자인 김정일의 천재성과 헌신 덕택에 가능했다고 한다. 김일성배지는 처음에는 당간부들에게만 배부되어 그 배지를 다는 것이 특권의 증표로 여겨졌지만, 1974년에는 전체 인민이 배지를 착용할 수 있게 되었다. 그후 당간부들은 좀더 세련된 새로운 배지를 만들어 달면서, 일반 인민들과 구별되는 자신들만의 특권을 유지하고자 했다. 김일성의 70회 생일이 있던 1982년에는 김정일 초상화가 그려진 배지가 지도자와 인민의 친밀함의 증표로 대량 생산되기 시작했다. 그후 많은 사람들이 두개의 배지를 착용했지만, 일부 사람들은 한 배지에 나란히 누 지도자의 모습이 새겨진 더 편리한 모델을 택했다. 하지만 모든 사람이 이 편리한 쌍둥이 모델을 착용할 수 있는 것은 아니었다. 외부세계에서는 북한의 배지착용 관습을 전체주의문화와 개인숭배의 물적 상징으로 보았다. 우리는 북한사람들이 해외에서 셔츠에 단 그 배지 때문에 어떻게 멸시받고 조롱당했는지에 관한 안타까운 이야기를 자주 들었다. 하지만 북한 내부에서 그 배지는 사회 전체의 일체성의 상징 그 이상이고, 착용하는 사람의 사회적·정치적 위상을 나타내는 중요한 지표다. 안드레이 란꼬프가 관찰했듯이 "많은 경우 배지는 착용한 사람의 사회적 위상을 보여줄 수 있는 일종의 휘장으로 볼 수 있다".[41]

김정일배지의 도입과 거의 같은 시기에 그의 초상화도 각 가정의 벽에 걸리기 시작했는데, 1982년 이전에는 김일성의 초상화만 걸렸다. 학생들은 매일 아침 부모와 조부모에게 인사하기 전에 먼저 이 초상화에 절하고 아침 인사말을 한다. 부모들(대개 어머니들)은 일터로 나가기 전에 초상화의 유리 표면을 깨끗이 닦는데, 모두들 지도자의 초상화 아래 비치한 특별한 나무상자에 보관한 흰 천으로 닦는다. 1994년 김일성 사망 이후에는, 제사를 지낼 때 조상보다 앞서 김일성의 초상화 앞에 음식을 바치고 절을 한다. 이러한 행사 때에는 제사음식을 김일성뿐만 아니라 각 가정의 벽에 나란히 걸려 있는 그의 후계자이자 정치적 동반자인 김정일 초상 앞에도 바치게 된다. 그 당시는 김정일이 아직 살아 있을 때여서, 돌아가신 조상들에게 바치는 제사음식을 받기에 전적으로 부적합했음에도 불구하고 그렇게 해야만 했다.

북한예외론

1970년대에 발전한 북한의 공공예술은 매우 독창적인 작품들은 아니고, 실제로 그 구성요소 중 많은 부분이 스딸린의 소련이나 마오쩌둥의 중국에서 빌려온 것이다. 이 작품들은 형식 면에서는 창조성이 부족해도 내용 면에서 보면 이례적이라 할 만큼 독창적이다. 1970년대 이후 북한 공공예술의 이러한 내용적 독창성은 다른 혁명적 사회주의 정치체와 비교하여 북한 정치체의 가장 예외적 특징인 세습적 카리스마에 바탕을 둔 권력이양과 밀접히 연관된다.

북한 지도자의 개인적·역사적 카리스마 권력의 대중적 표현을 기술할 때 우리가 '개인숭배'라는 잘 알려지고 명백히 관련있는 표현을 사용하는 것을 자제해왔다는 것을 지금쯤 일부 독자들은 알아차리고 그 이유를 궁금하게 여길 수도 있다. 우리는 그 표현을 일부러 택하지 않은 것인데, 이제 그에 관하여 잠깐 설명하겠다. '개인숭배'라는 용어는 스딸린시대 소련과 가장 밀접히 연관된다. 역사적으로는 1953년 3월 스딸린이 사망하고 3년이 지난 56년 2월에 흐루쇼프가 행한 '개인숭배와 그 결과들에 대하여'라는 제목의 비밀연설과 관련된다. 이 연설에서 흐루쇼프는 스딸린의 개인숭배(러시아말로 kul't lichnosti)를 비판하면서 "맑스레닌주의 고전들은 개인숭배의 모든 현상을 비난했다"라고 주장했다. 그러므로 개인숭배라는 말의 현대적 의미에는 그 현상이 특수한 상황에서 출현하지만 숭배대상인 인물의 육체적 생명이 끝나면 해체되는 역사적 과정이라는 뜻과 그 현상에 대한 도덕적으로 비판적이며 역사적으로 반성적인 관점이 연관되어 있다.

북한에서의 개인숭배는 소련의 그것과 달리 과거 한때의 일이 아니며 이념적으로 비판을 받은 현상노 아니다. 실제로 북한의 맥락에서 개인숭배는 국제적으로 이러한 비판의 움직임이 있었기에 더욱 발전하고 강해지고 과격해졌다. 이는 바로 혁명을 창시한 중요한 인물의 권위를 떨어뜨리려는 수정주의적 시도가 1950년대 말 소련에서, 그후 70년대 중반 중국에서 일어난 데에 북한 지도층이 분명히 위협을 느꼈기 때문이다. 김정일의 도덕적 성품을 이야기하는 북한 문헌은 종종 김정일과 흐루쇼프를 대조하면서, 후자를 사회주의 혁명도덕에서 가장 바람직하지 않은 인간행동인 "배신(선배 혁명가들에 대한)"과 "배반(근본적인 혁명전통에 대한)"을 한 대표적인 인물로 묘사한다.[42] 발라즈 쟐론타이(Balázs Szalontai)는 헝가리와 구소련 기록보관소 자료를 바탕으로 한 연구에서 소련의 탈스딸린화의 영향에 대한 김일성의 성공적 저항이 북한의 정치적 진화에 중요한 역할을 했다고 지적했다.[43] 따라서 북한에서 스딸린식의 개인숭배는 자체적으로만 발전한 것이 아니라, 오히려 핵심 동맹국들과 바로 인접한 국제환경에서 일어나고 있는 탈스딸린화의 과정에 대한 반작용이었다.[44] 다시 말해 1960년대 중반 이후의 김일성 숭배와 70년대부터의 숭배의 과격화는 위기관리의 한 형태였다고 할 수 있다. 이러한 전개과정을 베버의 견해에 따라, 카리스마 권력에 대한 구조적 도전에 직면하여 개인적 카리스마를 관례화하려는 노력이라고 이해할 수 있다. 이러한 혁명적 카리스마의 국제적 위기상황에서 발전한 김일성 숭배는 따라서 기존에 알려진 의미의 '개인숭배'가 아니다. 오히려 그것은 국제사회주의 체제에서 정치적 통치가 관료적 합리화로 바뀌어가는 일반적인 세계적 과정에 대한 지역적 저항을 나타내는 특수한 정치형태였다고 말할 수 있다.

김일성은 "우리는 국제적으로 수많은 혁명동지들과 친구들이 있고, 우리 혁명의 국제적 련대를 계속 강화해야 한다"라고 말했다.[45] 위의 논의에 비춰볼 때, 이 발언은 북한이 중국이나 소련과는 다른 혁명의 길로 가고 있어도 그들만큼 많은 국제적 혁명우방을 가질 수 있다는 뜻으로 이해해야 한다. "우리 혁명의 국제적 련대"는 기존 국제사회주의 체제보다는 점점 더 제3세계로 향하고 있고, 그 과정에서 "우리 혁명"의 정체성 또한 점점 더 탈식민의 성격을 띠게 되었다. 실제로 일부 역사가들이 제2차 냉전이라고 부르는 국제정치 환경(미국·소련·중국의 빈번한 개입으로 인해 아프리카와 중동에서 분출한 양극적이고 때로는 삼극적이었던 격렬한 정치적·군사적 충돌)에서 북한은 탈식민세계 안에서 적극적인 역할을 수행했고, 자신의 세계적 역할과 위상을 매우 진지하게 받아들였다. 그럼에도 불구하고 소련과 중국 이상으로 세계적인 주역이 되겠다는 대외적인 야심 뒤에 북한 지도층의 진짜 핵심적이며 자기중심적인 내부지향적 야심이 따로 있었다는 점 역시 의심의 여지가 없다. 북한의 진정한 야심은 카리스마적 혁명권력의 숙명을 소련이나 중국과는 달리하겠다는 것으로, 역사의 진행과정에서 필연적인 개인적 카리스마의 종말에 저항하려는 것이었다.

베버의 이론에서는 개인적 카리스마의 궁극적인 몰락이 자연스런 역사적 과정의 일부다. 개인적 카리스마의 이러한 정치적 생애주기를 초월하고자 하는 북한의 집념은 왜 그들이 1965년 이후 주체사상을 발명하고 퍼뜨려왔는지 설명해준다. 주체사상은 정치적 자결과 경제적 자립의 원칙 이외에 형이상학적인 차원에서 인간의 의지와 실천이 역사의 진보에서 진정 의미있는 유일한 특질임을 주장하고 그럼으로써 맑스주의의 역사적 유물론 원칙을 거부한다. 쉽게 이야기해서 주체사상은, 역사적 과정에서 결정되어 있는 것은 아무것도 없으며 인간의 개별적이고 집단적인 의지를 올바르게 집결시켜 지도하면 특별한 역사적 진보를 성취할 수 있다고 상정한다. 많은 북한 전문가들은 이 마지막 부분, 즉 집결과 지도라는 측면에 주목하여, 주체이론은 집단적 의지를 올바르게 지도할 수 있는 김일성이라는 유일한 원천으로 권력이 집중되는 것을 정당화하기 위한 것이라고 주장한다. 하지만 이 극단적으로 인간중심적인 이론에는 그 이상으로 훨씬 더 많은 것을 함축한 광범위한 메시지가 담겨 있다. 그 메시지는, 적절하게 지도만 한다면 인간사회는 개인적 카리스마의 지속성을 막는 역사의 제약을 극복할 수 있다는 것이다.

북한의 출판물인 『금수산기념궁전 전설집』에 따르면 이는 "인간이 자기 운명의 주인은 자기 자신이며 이 세계의 모든 것은 응당 사람의 복리와 행복을 위해 복종해야 한다는 것, 사람은 이 세계의 유일무이한 최고지배자로서 하늘을 정복하고 능히 길들일 수 있다는 위대한 사상을 가지게 되었고 그에 따르는 충천한 신심과 창조의 능력이 갖추어졌기 때문이였다. 그 철학사상은 바로 인류의 어버이시

5-4 김일성 생일 '태양절' 기념행사에 참가한 외국 대표단 행진.

며 세계의 위인이신 김일성 동지께서 력사에서 처음으로 창시하시였고 김정일 동지에 의해 계승발전되고 있는 주체의 철리이며 완성된 인간자주학설이다".[46] 이렇게 정치화된 인간중심주의 혁명정신을 북한에서는 "하면 된다" 또는 "당이 결심하면 우리는 한다"라고 표현한다.[47]

북한의 가장 중대한 정치적 기획이었던 카리스마의 관례화를 실현시키는 일에는 1970년대 초 이후 오직 김정일만이 가장 중추적 역할로 나설 수 있었다. 그는 김일성의 공적인 탁월성과 신비성에 관한 가장 중요한 국가적 창작사업을 진두지휘하면서 강력한 혁명공연예술로 '만주 이야기'를 되살리고 부풀려 거의 전설이 되게끔 했다. 그는 똑같이 광범위한 기념비 예술사업을 조직하여, 혁명렬사릉·국제친선전람관같이 국내적·국제적으로 중요한 기념건축물을 세웠다. 김정일이야말로 혁명적 카리스마의 관례화를 위해서는 바로 극장국

214

가의 힘이 필요하다는 점을 인식한 사람으로서, 카리스마 권력의 수명을 종결시키는 역사의 힘, 20세기의 가장 힘센 혁명적 정치체들(소련과 중국)마저도 저항할 수 없었던 그 힘과 정면으로 맞선 것이다.

그 결과는 실제로 역사에 대한 승리에 가까웠다. 주체사상은 작동했다. 즉 1994년 김일성 사망 이후 "개인숭배와 그 결과들"에 대한 원성은 없었고, '위대한 지도자'의 권위는 북한의 정치적 풍경 속에서 빛나고 번성했다. 그러나 이 이론이 작동했다는 것은 놀랄 일이 아니다. 왜냐하면 그 이론은 처음부터 주로 국내의 정치적 목적을 위한 하나의 지침으로 쓰인 것으로, 표면적으로는 탈식민세계에서 그 이론이 보편적인 타당성을 갖는다고 주장했지만, 실제로는 북한에서 카리스마 권력을 관례화·영구화하기 위한 것이었기 때문이다.

북한의 작가 곽성호는 묘향산 국제친선전람관에서, '위대한 수령' 김일성과 '친애하는 지도자' 김정일에게 온 선물들을 통해 "세계 속의 조선" 이상으로 "조선 속의 세계"를 보았다고 말했다. 그가 본 것은, 이 장소에 전시된 "조선 속의 세계"가 국제사회에서의 북한의 긍지와 위엄을 보여주고자 하는 "세계 속의 조선"과 어떻게 상호 연결되는가다. 이 상호관계를 이 작가처럼 또렷이 보기 위해서는, 전람관의 수많은 전시실들과 끝없이 이어지는 선물들을 떠나 이 전람관 전체에서 가장 중요한 곳으로 입장하기 위해 줄을 서야 한다. 어두운 방 안쪽에 양복 정장을 입은 김일성의 실물 크기 밀납인형이 서 있고, 그뒤에는 빛나는 삼지연(만주 항일유격대 전설의 중요한 사적지 중 하나인 백두산 기슭의 3개의 호수) 그림이 펼쳐진다. 이 방에 들어선 방문객들은 이 밀랍인형(이것은 중국에서 보내온 선물이다. 이 책의 결론 참조)에 경의를 표하기 위해「김일성장군의 노래」를 들으며 열을 지어 조용히 엄숙하게 기다려야 한다.

국제친선전람관에 전시된 선물들은 규모 면에서 명백하게 세계적
이지만, 이 국제적 선물경제의 의미는 지도자와 인민 간의 국내적 선
물관계의 망과 뒤얽혀 있다. 전람관에서 안내원으로 일하는 김일성
대학 문학부의 한 졸업생은 실제로 이 전람관이 세계의 모든 물질문
명을 한 장소에 모아놓은 위대한 민족학박물관이라고 설명했다. 그
녀에 의하면 전람관 덕분에 북한인민들은 다른 나라 국민들처럼 다
른 문화를 경험하고 배우기 위해 멀리까지 여행할 필요가 없다는 것
이다. 그리고 이 전람관은 위대한 지도자가 북한 인민들에게 주는 선
물이기 때문에 매우 특별한 민족학박물관이라고 했다. 그녀는 힘을
주어 이렇게 말했다. "우리 공화국에서 수령님께서는 모든 것을 인민
들에게 바치셨고, 인민들은 수령님께 모두 충정을 바쳤습니다. 이 모
든 선물들은 위대한 수령님께서 우리 인민들에게 내려주신 것입니
다." 다음 장에서 우리는 북한 내부의 정치적 선물경제로 돌아가, 이
러한 정치경제체제가 김일성 사후에 어떻게 커다란 구조적·도덕적
위기를 겪게 되었는지 살펴볼 것이다.

제 6 장

도덕경제

　선물에 대한 관념은 북한의 공식적인 국내 정치경제체제와 북한
이 주장하는 국제관계 안에서의 국가적 존엄성까지를 이해하는 데
도움을 준다. 스딸린의 러시아와 마오 쩌둥의 중국에서 그러했듯이
이 관념은 대중정치와 대중동원경제의 구조를 카리스마 지도자와
인민 상호 간의 선물교환의 관점에서 설명하는데, 이는 특히 1970년
대 이후 북한의 정치가 어떻게 전개되었는지 이해하는 데에 핵심적
이다.

　사회주의는 종종 실질적인 경제민주주의라고 하는데, 이것은 사회
적 재화에 대한 평등한 접근과 분배원칙에 바탕을 둔 것으로, 보통선
거와 사회적 재화를 추구하는 개인적 자유 개념에 바탕을 둔 자유주
의국가의 형식적 민주주의와 대조된다.[1] 북한은 초기에 실질적 민주
주의의 모델에 따라 국가체제와 경제건설에 대단한 성공을 거두면서
오랜 식민지배가 남긴 극도로 계층화된 빈곤한 농업사회에서 분배정

의와 보편교육을 누리는 활기찬 산업사회로 빠르게 탈바꿈했다. 북한은 이러한 성취를 다른 혁명적 사회주의국가들에 비해 비교적 짧은 기간에 사회적 혼란과 정치적 폭력을 상대적으로 덜 겪으며 이루어냈다. 이것은 역설적이게도 한국전쟁이 남긴 긍정적 결과라고 할 수 있는데, 이 전쟁은 말 그대로 북한을 잿더미로 만들고 주민들에게 상상할 수 없는 고통을 초래했지만, 그럼에도 불구하고 기존의 계급 갈등과 사회적 불평등을 일소하는 데에는 기여했다. 전쟁은 모든 사람을 가난하게 만들었고, 많은 사람들이 전쟁기간 동안 남한으로 이주하면서 잠재적인 계급적·정치적 갈등도 자연히 뿌리가 뽑혔다. 다른 한편으로 한국전쟁은 대중동원의 정교한 기제들의 발달을 촉진했고, 이는 전후 경제재건과 뒤이은 국가통제 집단경제 수립에 효과적으로 이용되었다. 그 성과는 인상적이었다. 엄청나게 파괴적인 전쟁이 끝난 지 단 3년만인 1956년에 북한은 전쟁 전의 농업생산량을 복구했고, 산업생산량을 전쟁 이전 수준의 두배로 늘리면서 57년에는 연간 45퍼센트의 놀랄 만한 경제성장을 달성했다.[2] 농업집단화는 1950년대 말에 완결되었다. 같은 기간에 북한은 다른 일련의 중요한 사회적 개혁도 성취했는데, 이는 무엇보다도 초중등 무상교육, 직장 내 여성평등권의 국가적 공인, 의료서비스의 국가보조, 전쟁 상해자와 유가족에 대한 복지제도 등을 망라한다. 이러한 성공적 대중동원의 성과를 배경으로 영국 케인즈학파의 저명한 경제학자 조운 로빈슨은 1964년 10월 평양 방문 후에 「조선의 기적」이라는 보고서를 썼는데, 여기서 그는 북한의 경제적·사회적 발전을 이룬 "국가적 자부심에 대한 북한주민들의 강렬한 집중력"을 찬양하면서, 이를 이끈 그 나라의 지도자 김일성을 "독재자라기보다는 메시아"라고 칭했다.[3]

전쟁 후 북한인민의 상당수는 의심할 여지 없이 그들의 경제적·사

6-1 '천리마동상'(천리마운동 기념동상).

회적 상황을 향상시키고자 하는 확고한 각오를 품고 있었다. 또한 로빈슨이 주목했듯이 그들은 실제로 자신들의 집단공동체를 자랑스러운 곳으로 만들고자 하는 순수하고 강한 의지를 보여주었다. 이와 더불어 북한의 "메시아"인 김일성이 집단적 공동선을 위하여 주민들의 각오와 의지를 집약적이고 조직화된 사회적 힘으로 북돋아 이끄는 데 중추적인 역할을 했다는 것도 부정할 수 없다. 북한은 아주 초기부터 스따하노프운동 방식의 노동영웅주의를 채택하여 열정적이고 기적적인 노동을 중요한 시민적 미덕으로 선전했다. 나중에 이 노동 영웅주의는 성격이 바뀌어 한층 더 군사적인 형태를 띠게 되었고, 영웅적인 만주 빨치산과 한국전쟁의 영웅적 열사에 관한 구호와 이미지를 차용했다. 한편으로는 노동에 대한 열정과 열의를 대중들 사이에서 불러일으키는 몇가지 독특한 방법들도 창조해냈다.

이와 관련하여 주목할 만한 것은 김일성의 현지지도라는 통치술인데, 이것은 이 카리스마적 통치자와 일반 노동자가 친밀하게 접촉하는 매우 현대적인 형태의 왕실행차다. 북한을 널리 여행했던 어느 외국인 전문가는 김일성이 그의 생애 동안 실천한 수많은 현지지도에 얼마나 깊은 인상을 받았는지 우리에게 이야기해주었는데, 북한 전역에 걸쳐 세워진 지도자의 방문을 기리는 수많은 기념소가 이를 대변해준다는 것이다. 그는 누구라도 이렇게 빈번하게 열정적으로 인민들과 친밀히 접촉하는 사람이라면 강력한 카리스마적 지도자가 될 것이라고 여겼다.[4] 헬렌-루이스 헌터는 김일성 특유의 현대적 행차가 지닌 힘에 관하여 다음과 같이 썼다. "그는 인민의 삶에 대해 깊은 관심을 표했고, 그가 생각하는 국가적 선을 위해 지치지 않고 일함으로써 인민의 지도자라는 이미지를 지켜냈다. 게다가 나라 곳곳을 끊임없이 방문하는 그의 특별한 지도방식을 통해 자신의 성품을 최대한 활용하여 인민들과 친밀하게 접촉했다."[5] 헌터는 북한에서 상당기간 체류했던 캄보디아의 시아누크 왕의 말을 다음과 같이 인용했다. "김일성은 세계의 모든 지도자들이 부러워할 만한 관계를 인민들과 맺고 있다."[6]

북한의 공적인 선물경제는 이처럼 그들의 사회주의경제의 탁월한 두가지 기술, 즉 소련에서 차용한 기적적 노동이라는 미덕과 그것을 효과적으로 이끌어내는 독창적인 현대적 행차를 결합함으로써 소련

6-2 황해제철소를 현지지도 하는 김일성.

과는 다른 형태를 띠게 되었다. 스딸린으로부터 영웅칭호나 선물을 받았던 쏘비에뜨 노동자들과는 달리, 북한의 노력영웅들은 국가로부터 반드시 물질적 혜택을 보상으로 받을 필요가 없었다. 북한 노력영웅들에게 가장 의미있는 국가의 선물은 자신들의 일터에 지도자가 방문하는 것이었고, 이것은 그들의 헌신적 노동에 대한 궁극적인 사회적 인정이 되었다. 특히 1960년대 말부터는 더 그러했는데 이때는 일부 전문가들에 따르면 "북한사회가 얼마나 수령중심적이 되었는지 그 규모와 강도에서 개인숭배라는 일반적 관념을 이 현상에 쉽게 적용시킬 수 없을 정도였다"고 한다.[7]

6-3 "장군님식솔 내리는 사랑 눈물로 안고 참된 도리 다해가는 아 장군님식솔 장군님민족." 가정과 작업장 벽에 걸려있는 한글서예.

1970년대에 북한 국내 경제가 침체기에 들어서고 중소분쟁으로 국제사회주의 연대에서 정치적 위기가 고조되는 가운데 위와 같은 과정이 더 심화되면서, 앞장에 서술한 대로 선물에 대한 새로운 논리가 만들어지게 되었다. 김일성의 카리스마 권력은 극단적으로 숭고한 형태로 진화하여 북한의 정치주권의 모든 근본을 아우를 뿐 아니라 국민경제의 모든 운영체제와 시민생활의 공적이고 사적인 모든 영역까지 망라하고자 했다. '위대한 지도자'는 역사적 실체로서 그 혁명적 정치체의 살아 있는 심장이 되었고, 그 정치체의 기원은 지도자의 개인사와 동일한 것이 되었다. 따라서 개념적으로는 모든 시민들의 삶이 지도자로 인격화된 '국가라는 몸체'(sovereign body)의 일부가 되었고, 시민들의 경제적 삶도 지도자가 '머리'가 되어 이끄는 초유기체적 가족경제의 일부가 되었다. 그런 연유에서 오늘날 북한의 많은 가정집에 걸려 있는 "(우리는 모두) 장군님식솔"이라는 구호가 가능했다. 더욱이 북한사람이라는 사실 자체와, 정치적 고국이 있고 그 고국에서 의미있는 정치적 삶을 누리고 있다는 사실 자체가 근본적으로는 지도자의 모범적인 역사적 삶(즉 혁명적 유격대국가와 가족국가라는 집단적 생명체의 중추)이 가능하게 한 선물이 되었다. 이문웅은 자신의 논문에서 가족국가로서의 북한에 대해 다음과 같이 관찰했다. "탁아소 및 유치원의 모든 재정적인 지원은 '수령'과 당이 제공한 것으로 가르쳐지고, 식사 때나 간식을 할 때에도 '우리의 아버지, 김일성 원수님 감사합니다'를 복창시킨다."[8] 초유기체적 가족이라는 국가정신은 1972년 김일성의 60회 생일 무렵에 발표된 「수령님의 만수무강 축원합니다」라는 노래에 잘 표현되어 있다.

우리에게 이 행복을 안겨주시려
한평생을 바치시는 우리 수령님
어버이 그 사랑 그 품 속에서
오늘의 이 행복은 꽃폈습니다
하늘 땅의 끝까지 따르렵니다
해와 달이 다하도록 모시렵니다
수령님의 그 은혜 길이길이 전하며
일편단심 충성을 다하렵니다
위대하신 어버이 수령님을 우러러
인민들은 만수무강 축원합니다[9]

　하나의 가족으로서의 정치공동체와 모범적인 지도자가 준 선물로
서의 정치적 고향이라는 관념은 생일축하라는 맥락에서 같이 발표
된 다른 노래에서도 뚜렷하다. 「세상에 부럼 없어라」라는 노래는 북
한이라는 가족국가의 정신을 여과없이 보여준다.

　　하늘은 푸르고 내 마음 즐겁다
　　손풍금 소리 울려라
　　사람들 화목하게 사는
　　내 조국 한없이 좋네
　　우리의 아버지 김일성 원수님
　　우리의 집은 당의 품
　　우리는 모두 다 친형제
　　세상에 부럼 없어라[10]

　또다른 노래인 「오직 한 마음」은 이 행복한 정치적 가정에 살고 있
는 사람들의 도덕적 의무를 또렷이 보여준다. 이 노래는 북한의 정치
교양 레퍼토리에서 중요할 뿐 아니라 젊은이들 사이에 사랑노래로
도 널리 불린다.

　　오늘의 이 행복을 그 누가 주었나
　　로동당이 주었네
　　수령님이 주셨네
　　김일성 원수님이
　　이끄시는 길을 따라
　　목숨도 바쳐가리

오직 한 마음[11]

그러나 마르셀 모스가 언급한 대로, 선물에는 독이 들어 있을 수 있어(옛 게르만어에서 "독"과 "선물"은 동일한 어원을 갖는다), 주는 사람과 받는 사람 사이에 의존과 종속의 관계를 만들어낸다. 모스는 인도의 브라만들 사이에서 지켜지는 "선물의 법칙"을 예로 들면서 "왕에게서 받는 선물은 처음에는 꿀이지만 끝은 독"이라는 옛 속담을 전했다.[12] 모스의 이러한 지적은 여기에서 우리가 다루는 정치적 삶이라는 선물에 부분적으로 적용된다. 북한의 시민권은 나라를 창건한 지도자가 주는 진정한 정치적 생명이라는 선물을 누릴 수 있는 권리뿐 아니라 이 생명이라는 선물에 대한 개인석 부채를 깊이 인식해야 할 의무와 더불어, 그것을 준 사람과 그가 통치하는 가정에 대한 구체적인 충성행위를 통해 이러한 인식을 보여주어야 할 의무를 포함한다. 유격대국가 개념과 관련하여 앞서 살펴보았듯이, 국가의 수반과 시민들 간의 이러한 호혜적 관계를 북한의 정치교양에서는 만주의 애국적 항일무장투쟁 시대에 발원한 것으로 설명한다. 유격대국가 개념의 다른 한쪽 면인 가족국가를 고려해보면, 지도자와 인민의 호혜적 관계는 정치적 의무일 뿐 아니라 또한 윤리적 원칙이라고 할 수 있다. 이 구도에 따르면, 국가는 하나의 뚜렷한 가족형태를 취하고 있으며 그 연장선상에서 정치적 가족의 구성원들(즉 시민들)은 모두 가장(즉 유기체적 정치공동체의 지도자)으로부터 자애로운 보살핌과 물질적 지원을 받을 자격이 있다. 또한 제2장에서 논의되었던 "충효일심"이라는 말에서 드러나듯이 물질적·정신적 보살핌의 혜택을 입은 사람들은 그 정치적 가정의 가장에게 깊은 효성과 충성심으로 보답하고, 가장이 죽으면 한 가정의 조상을 추모하는

6-4 "사랑의 선물을 받아안고 기쁨에 넘쳐 있는 학생소년들."

것처럼 그의 유훈을 잘 따라야 한다. 그러므로 1970년대 이후 북한의 정치경제체제는 특수하게 정치화된 형태의 인간적 호혜관계를 바탕으로 한 것으로, 가족관계 특히 부자관계를 모델로 한 가족주의적이고 가부장적인 구성체다.

인류학 문헌들은 이러한 형태의 관계를 '전면적 호혜성'(generalized reciprocity)이라고 부르고 이를, 우리가 통상적으로 교환관계라고 여기는 '제한적 호혜성'(restricted reciprocity), 즉 물물교환, 상업거래, 상품 또는 금전의 교환과 대조한다. 제한적 호혜성 교환에서 행위자들은 합리적이며 계산적인 주체로서 자신에게 더 필요한 가치있는 물건을 남에게서 얻어내기 위해서는 자기의 가치있는 물건을 내놓아야 한다는 '게임의 룰'을 존중하면서 행동한다. 사람들은 이런 교환행위를 서로의 구체적인 경제적 필요를 충족시키기 위해(어부가 생선을 농부의 곡식과 교환하듯이) 또는 문화적

228

이고 의례적인 이유로(두 집단의 사냥꾼들이 사냥한 고기를 서로 교환하듯이) 할 수 있다. 이런 제한적인 호혜성에는 다양한 수준의 실질적 합리성(예를 들어 사냥한 고기를 나누는 것은 물고기와 곡식을 교환하는 것보다 실질적 합리성이 상대적으로 약하다)이 존재하지만, 경제적 인간(Homo economicus)이라는 전제가 정의한 대로 이러한 형태의 호혜성은 틀림없이 어느 정도의 합리성을 지니게 된다. 반면, 전면적인 호혜성은 경제적 합리성이 내재된 계산을 하지 않는 것이 특징이다. 이런 순환구조에서 행위자들은 가치있는 물건을 내놓을 때, 다른 가치있는 물건을 획득하려는 목적을 갖거나 또는 동일하거나 더 나은 보상을 기대해서가 아니라 바로 도덕적 이유에서 내놓는다. 가족 안에서나 다른 가끼운 사람들 사이에서 음식을 나누거나 서로 보살펴주는 것은 전면적 호혜성의 가장 좋은 예다. 이런 형태의 호혜성에 반드시 이타적인 태도가 필요한 것은 아니다. 그러나 세부 내용은 사회마다 다를지라도, 여기에는 일정한 형태의 '나눔'이라는 도덕적 원칙이 전제되어야만 한다.

1990년대 중반에 남한으로 넘어온 전직 북한 고위관리에 따르면 "모든 생산수단이 사실상 위대한 지도자에 속해 있는 상황에서, 경제는 자연히 다른 무엇보다도 위대한 지도자의 이익에 봉사하게 된다. 국가경제는 위대한 지도자의 가정경제나 다름없다".[13] 북한에서 국가경제의 운영이 가정경제의 운영과 비슷하다면, 위에서 언급한 전면적 호혜성과 제한적 호혜성의 대조적 성격에 비춰볼 때 정치적 가정경제의 체제가 어떤 도덕적 원칙들로 구성되는지는 의문이다. 더욱이 가정경제가 어려움에 처했을 때 그 구성원들이 맞닥뜨리는 어려움은 누가 책임질 것인가? 달리 말해 유격대 가족국가의 구도 안에서, 한편으로 역사적 권위와 혁명 빨치산 전설에서 비롯된 개인적이고 세습적인 카리스마와, 다른 한편으로 가정을 잘 관리하고 가족 구성원들의 생계를 보장하는 역할에서 비롯되는 카리스마적 지도자의 도덕적 권위가 구조적으로 모순되지는 않는가? 우리는 제1장에서 김일성 이후 경제에 대한 정치의 우선성과 관련하여 이 문제를 간략히 언급한 바 있다.[14] 김일성의 사망은 북한 역사상 유례없이 심각한 경제와 생계의 위기와 시기적으로 일치했다. 오늘날 북한사회에 대한 이해는 이 고난의 행군 경험, 즉 1990년대 중반 시작된 극심한 식량위기를 이해하지 않고서는 불가능하다. 이 마지막 장에서 우리는 이 책의 서두에서 제기한 문제인 카리스마적 건국지도자가 물리적으로 부재한 상황에서의 북한의 국가적 존엄성에 대한 논의로 돌아가, 북한의 가부장주의 정치체제가 그 가족집단을 굶주림과 기근으로 고통받게 한 가족국가로서 가장 근본적인 도덕적 실패에 어떻게 대처했는지 살펴볼 것이다.

1994년 이후의 북한은 그 이전의 북한과 같은 나라가 아니다. 이것은 부분적으로 북한이 도덕적·정신적 일체성의 최고중심인 김일성을 그해 7월에 잃었고 그후 강력한 추모정치가 시작되었기 때문이다 (제1장 참조). 그러나 그해에는 또한 북한현대사에서 유례가 없는 총체적 위기이자 한국의 근현대사 전체를 통해서도 가장 엄청난 인도적 재앙 중의 하나가 시작되었다. 이 재앙은 바로 북한대기근으로, 근래 북한에서는 이를 고난의 행군이라고 부른다.

김정일의 통치시대는 이와 같은 엄청난 두가지 죽음을 수반한 국가적 위기와 함께 시작했다. 하나는 대체 불가능한 창시자 아버지의 죽음이고, 또 하나는 그 지도자의 정치적 자식들의 대규모 기아와 헤아릴 수 없이 많은 죽음이다. 이 비극들은 거의 동시에 일어났고 서로 간에 명백한 인과관계는 없지만, 그럼에도 불구하고 북한 사람들의 기억과 경험 속에서는 밀접하게 서로 얽혀 있다. 이 두 사건은 국가와 사회가 한 사건에 대응한 방식과 또다른 사건에 대응한 방식을 이해하는 것이 서로 밀접히 관련되어 있다는 점에서도 서로 얽혀 있다. 이 두 죽음은 그 전개과정에서도 서로 겹친다. 김일성에 대한 애도는 명목상으로는 1994년에서 97년까지 3년간 지속되었다. 북한에서 가장 심각한 기근시기는 1995년에서 98년까지였다. '위대한 지도자'를 잃은 충격은 나중에 추모의 유훈정치로 발전했는데, 즉 김일성 사망의 사회적 충격을 최소화하고자 당시의 정치를 그의 역사적 유훈의 전개로 규정한 것이다. 하지만 기근이 초래한 대규모 고통과 죽음 탓에, 북한의 사회체제는 아무 문제 없이 1990년대 중반의 문턱을 넘어 지속되는 것이 완전히 불가능해졌다. 따라시 징치적 승계과정에서 주장한 유훈과 계속성 패러다임은 사회경제체제의 비극적 격변과 첨예한 불연속성에 직면했는데, 근본적으로 이는 국가의 중앙집권적 경제체제와 식량배급체제의 붕괴로 인한 것이었다. 앞서 우리는 이러한 체제를 정치화된 선물교환관계의 관점에서 논의하면서, 과도하게 인격화된 가부장적인 국가를 그 한편으로 두고, 가족형태가 된 사회를 다른 한편으로 둔 교환관계라고 지칭했다. 이 장의 나머지 부분에서는 식량부족 사태가 국가와 사회 간의 도덕적 연계와 실제적 관계를 어떻게 변화시켰는지 논의하고자 한다. 그러나 북한 기근의 기원과 의미에 대해 살펴보기 전에 도덕경제 개념을 먼저 소개하는 것이 유익할 것이다. 고난의 행군이라는 형언할 수 없는 인간적 비극에 대해, 또 그 비극이 북한의 보통사람들에게 무엇을 의미하는지에 대해 설명하는 데 이 개념이 도움이 되리라 믿는다.

도덕경제

　도덕경제 개념은 요즘 사회과학연구에서 널리 논의되고 있는데, 특히 러시아와 중·동부 유럽의 구사회주의사회에 대한 연구에서 활발하게 논의되고 있다. 사실, 이 개념은 오늘날 흔히 탈사회주의(postsocialist) 혹은 탈공산주의(postcommunist) 연구라고 하는 분야의 주요 연구 영역 중 하나다. 구소련을 연구한 저명한 인류학자인 캐롤라인 험프리(Caroline Humphrey)는 이 개념(일상생활경제 개념과 관련된다)을 활용해, 오늘날 러시아사회가 명령경제에서 생산수단의 사유화와 시장관계의 도입을 특징으로 하는 또다른 정치경제적 형태로 전환하는 과정에서 나타난 역동성을 설명했다. 험프리는 구소련사회에서 시장사회로부터 수입된 사상과 강제된 힘이, 그녀가 일상생활의 경제라고 부르는 기존의 경제적 관행 및 규범과 어떻게 상충되고 절충되는지 기술했다. 이 맥락에서 후자는 제도적이고 관료적인 사회주의 안에서의 상대적인 경제적 보장의 경험과 사회주의사회에서 그런 제도적 형태와 병행하여 활발했던 비공식적 경제의 경험을 가리킨다. 험프리는 소련과 몽골에서의 비공식적 물물교환의 연계망과 관행을 강조하는데, 그녀의 관찰에 따르면 그 중요성은 경제생활의 자유화가 증가하고 있는 현재 상황에서도 여전하며 심지어 확대되는 추세다.[15]

　인류학자이자 동유럽 전문가인 크리스 한(Chris M. Hann)도 이와 비슷하게 사회주의를 정치경제의 언어보다는 도덕경제의 언어로 재규정하려 한다. 그는 다음과 같이 썼다. "일상적인 사회주의 도덕공동체들은 약화되었지만 대체되지는 않았다. 악화되는 민족감정과 함께 채찍질하듯이 성급히 팽창한 자본주의적 소비주의 역시 약속한

만족스런 결과를 가져오지 않고 있다."[16] 이 학자들이 일상생활의 도덕경제를 강조하는 것은 부분적으로 사회주의권 붕괴 이후 이 지역의 정책입안자들이나 서구 출신 정책자문가들 사이에 제도적 차원의 자유주의적 거시경제사상이 지배적이었던 것에 대한 반발이다.[17] 때로는 서구자문가들보다도 구동유럽권 정책결정자들이 '경제적 인간' 가설에 대한 더 열렬한 신봉자였고, 전면적인 시장자유화의 더 과격한 지지자였다고 언급된다. 일부 전문가들에 따르면, 동유럽권 국가들이 이전의 권위주의적인 사회보장 공급자에서 기업의 자유와 경제적 유토피아주의의 적극적인 추종자로 급격히 전환하는 과정에서 사회가 어중간한 상태에 빠지게 되었는데 이는 "새로운 체제의 혼란뿐만 아니라 공산주의의 잔해"를 함께 처리해야 했기 때문이다.[18] 사회학자 지그문트 바우만(Zygmunt Bauman)은 탈사회주의라는 개념이 일종의 경계상태(liminal condition, 사회주의적 과거와 완전히 단절되지도 않고, 자본주의적 현실도 아직 완숙하지 않은 불확실한 상태)를 가리키는데 이런 경계상태는 사회적 실체들을 이쪽이나 저쪽 사회 형태로 분류하려 하는 경향이 만연하기 때문에 생겨난다고 말한다.[19]

이 설명에 따르면, 사회주의와 자본주의라는 이원성은 알고 보면 지리적으로 분리된 정치적 블록을 바탕으로 한 이전의 공간적 개념에서 1989년의 문턱을 지나면서 시간적 개념으로 변했는데, 이는 한 가지 경제형태에서 다른 형태의 이동과 그 전환에 따르는 모든 파장을 포함한다. "전환"(transition)은 실제로 탈사회주의 연구의 핵심어로서 때로는 탈사회주의와 거의 동의어로 사용되며 "고정된 두 위치 사이의 일시적인 상태, 출발점과 도착점 사이의 이동"을 뜻한다.[20] 그 도착점이 무엇이 되어야 할지, 또한 그 도착점이 서유럽식 자유시장경제와 자유민주주의로의 완전한 편입일지 아니면 그런 이상에 접근해가는(그러나 결코 도달하지 못하는) 끝없는 과정인지에 대해서는 의견이 분분하다. 다만 탈사회주의적 전환을 연구하는 학자들이 대체로 동의하는 것은, 그것이 분명히 냉전의 종식과 동시에 시작되었다는 것이다.

한(Hann)은 '냉전'을 자본주의와 사회주의 간의 투쟁으로 규정하고 그 투쟁은 1989년 이후 끝났다고 말한다.[21] 동시에 그는 이 투쟁이 "오랜 기간에 걸친 경쟁으로 그 기간 동안 전세계 인구 대부분의 정치의식의 결정적인 틀이 되었고, '자유세계'가 명백하게 승리를 거둔 지 10년이 지났어도 꾸준히 광범위한 영향력을 행사하고 있다"라고 규정한다.[22]

그의 이렇게 명백하게 모순되는 발언, 즉 한편으로 이념적 투쟁이 종식되었다는 진술과 다른 한편으로 그 오랜 투쟁이 끈질기고 광범위하게 현재에도 영향을 미친다는 진술을 이해하려 하다보면 사실은 그가 여전히 지속되는 그 영향을 탈사회주의라는 개념으로 설명하려고 했다는 점이 드러난다. 그는 유럽의 양극적 역사를 두 종류로 나누고, 그 둘을 1989년을 경계로 각각 배치한다. 하나는 '냉전'이라는 지정학적 체제로서 1989년 이전을 배경으로 한다. 다른 하나는 냉전 이후의 '탈사회주의적 전환'으로, 여기서는 지역적 규범과 세계화의 힘이 부딪치는 것이 주요 갈등이다. 도덕경제라는 개념은 이러한 갈등을 설명하기 위해 도입되었는데, 그것은 경제정의라는 대중적 신념에 관한 것으로 자유방임적 시장지상주의 이념에 따른 경제관계의 전면적 자유화에 대한 저항과 관계가 있다.

몇가지 흥미로운 쟁점들이 한(Hann)의 탈사회주의 연구주제에서 제시된다. 하나는 도덕경제라는 1960~70년대 일부 사회역사학자들과 인류학자들의 중요한 개념적 도구와 연관된다. 영국의 사학자 에드워드 톰슨(E. P. Thompson)은 이 용어를 18세기 영국의 식량폭동 팸플릿에서 발굴해내어 그 시대에 대한 기념비적인 사회사 연구에 활용했다.[23] 본래 도덕경제 개념은 특히 식량과 같이 생계와 직결되는 물건에 관해 지나치게 시장 중심의 이데올로기에 맞서는 민중적 저항정신을 나타냈다. 톰슨은 도덕경제 개념을 통해 18세기에 부상하던 자유시장 철학을 비판적으로 검토할 수 있었다. 그는 산업화 초기 영국노동자들의 식량위기를, 유럽의 국지적인 식량부족이 오직 곡물시장의 전면적인 자유화를 통해서만 해결될 것이라는 애덤 스미스의 전제와 관련지어 분석하고, 그 시대의 정책입안자들에게 경전이나 다름 없었던『국부론』에 실린 스미스의 자유시장에 내한 철학적 논의가 실제로는 식량위기를 해결하기보다는 오히려 심화시키는 결과를 초래했다고 주장했다. 인류학자 제임스 스콧(James C. Scott)은 후에 이와 비슷한 관점에서 식민지시대 동남아시아의 농민반란을 연구하면서 "농민들의 도덕경제"라고 이름붙인 문제를 그들의 생계윤리 측면에서 분석했다.[24] 스콧은 경제적 착취의 강도가 도저히 참을 수 없는 수준에 이르러 농민들의 생계와 공동체적 생존에 관한 전통적 윤리원칙들이 무너질 위기에 봉착했을 때, 그들이 비로소 조직적인 저항운동에 나서게 된다고 주장했다.

톰슨과 스콧은 도덕경제에 관한 글을 냉전 갈등이 최고조에 이른 시기에 썼다. 이 시기에는 많은 역사학자와 사회학자들이 사회적·정치적인 운동에 관심을 가지게 되었는데, 이는 그들이 제3세계에서 일어난 여러 혁명적 봉기에 자극을 받았으며 서구 산업열강들이 그런 혁명운동에 대해 취한 시대착오적인 대응방식에 동요되었기 때문이다. 따라서 도덕경제 개념이 18세기 영국이나 19세기 프랑스령 인도

차이나와 관련된 문헌에서 나왔을지라도, 그것은 실제로 냉전적 세계정치에 대한 비판적인 학문적 개입에서 비롯된 것이다. 톰슨의 학문적 이력은 이를 입증한다. 그는 역사학자로서 영국 식량폭동 당시의 도덕경제에 관해 썼지만, 동시에 실천하는 지식인으로서 양극화된 유럽의 난관극복에 깊숙이 개입하기도 했다. 톰슨에게 도덕경제란 본질적으로 "아래로부터의" 경제사회사를 말하는 것이며, 이런 관점에서 그는 분열된 유럽의 정치적 현실에 접근해 '철의 장막'에 저항하는 "아래로부터의" 대중적 의식과 주도권의 동원을 강조했다. 이러한 배경과는 달리, 도덕경제 개념이 오늘날 탈사회주의 학문 담론에서 부활하면서, 지금에 와서는 그 '철의 장막'을 열어젖힌 뒤에 생긴 부정적 결과와 그런 결과들에 대한 일상적인 저항을 일컫는다는 점은 흥미롭다.

도덕경제 개념은 북한의 맥락과도 밀접히 연관되며 그 사회가 오늘날 겪고 있는 전환을 이해하는 데에도 적절하다. 그러나 이러한 타당성은 현재의 탈사회주의 연구에서 이 개념을 논의하는 방식, 즉 주로 구소련과 동유럽의 구사회주의사회들에 대한 논의의 방식을 따르는 것은 아니다. 1990년대 중반의 대기근은 북한을 돌이킬 수 없는 사회변화의 길에 들어서게 했는데, 그 변화에는 전문가들이 탈사회주의적 혹은 탈공산주의적 사회적 전환이라고 부르는 것과 일부 공통요소들이 있다. 이를테면 경제적 안전을 보장해주는 국가의 역할이 바뀐다는 점이다. 그러나 북한의 맥락에서 제기되는 도덕경제의 문제들은 사회주의 대 자본주의, 혹은 국가계획경제 대 자유시장경제라는 추상적 개념 대비로 단순화할 수 없다. 대신 이 문제들을 살펴보기 위해서는 도덕경제 개념의 원래의 취지로 돌아가서, 생계와 생존의 윤리에 관해 진지하게 생각해볼 필요가 있다. 사실 그것이 도덕경제 개념의 핵심 메시지이자 근본정신이다.

고난의 행군

1990년대 중반의 북한대기근은 국제사회로부터 상당한 주목을 받아, 그 비극의 정치적 기원과 경제적·사회적 결과에 대한 몇몇 중요한 보고서들이 나왔다.[25] 북한에서 국제인도주의 활동의 현장자문으로 일했던 영국학자 헤이즐 스미스(Hazel Smith)는 식량위기 때문에 북한이 역사상 처음으로 서방의 전문가들에게 영토를 개방할 수밖에 없었다고 설명하면서, 비록 그 개방이 제한된 범위에서 이루어졌지만 국가안보에 미칠 영향을 우려했던 북한 지도층으로서는 무척 어려운 결정이었을 것이라고 했다.[26] 이러한 우려가 근거없는 것은 아니었다. 식량위기는 실제로 은둔국가의 창문을 열어젖혔다. 가장 두드러진 예가 북한에서 기근구호활동을 했던 경험을 옮긴 스미스 자신의 보고서로, 이는 북한 경제와 사회에 관해 외국어로 집필된 거의 최초의 진지한 현장보고서 중 하나다. 그 위기는 또한 수많은 북한주민들이 중국이나 그외 다른 곳으로 탈출하게 만들었는데, 이들의 증언은 최근 북한사회에 대한 경험적 지식이 확대되는 데 핵심적인 역할을 했다.[27] 따라서 기근은 북한 내부에서 국가와 사회 간의 도덕적 관계에 압박을 가했을 뿐 아니라 북한당국이 철저하게 주민들을 외부세계로부터 격리시키고 사회를 제약했던 봉쇄의 장벽을 약화시켰다. 물론 이 현상은 1989년 11월 베를린장벽 붕괴처럼 축하할 만한 사건은 결코 아니었으며 그 부분적 개방의 결과도 베를린의 경험과는 매우 다른 것이었다. 그럼에도 불구하고 국제사회에 고난의 행군이 노출된 것은 근래 북한 최초의 개방이었고, 국가에 의한 통제가 상대적으로 잘 이루어지지 않은 채 일어났다. 이러한 격변의 영향은 아직도 진행 중이며 그 결과도 불확실하지만, 1994년이 북한의 역사적 전환점이었고 미래의 역사학자들도 그렇게 기록할 것이라는 점만은 분명하다.

국가와 사회의 관계에서 식량위기가 촉발한 가장 중대한 도전은 일반 주민들 사이에서 조선로동당의 도덕적 권위가 추락했다는 것이다. 이전에 북한주민들은 이 조직을 생계와 복지를 보장해주는 제공자로 인식했기 때문에, 식량위기가 발생하자 그 조직의 권위 또한 끝도 없이 추락했다. "왜정 때도 지금보다 나쁘지는 않았다"라는 충격적인 말이 일반 주민들의 대화를 통해 유포되고 있다는 사실이 이를 입증하는데, 조선로동당을 "공산당(한국전쟁 때 북의 적들이 부르던 이름)"이라고 바꿔 부르는 현상도 있었다는 보고도 있다. 또다른 이야기에서는 현재 북한이라는 국가가 "산골지주(일제시대 조선 농촌의)"같이 대단히 시대착오적인 방식으로 오로지 가난하디 가난한 소작인(인민)들을 들볶기만 하고 있다는 것이다.[28] 이런 언어 관행들은 깊은 실망감과 분노를 표현하고 있지만, 그럼에도 불구하고 북한의 정치적·도덕적 비판의 허용 한계 내에서 이루어지는 조심스런 정치적 발언들이다.

가족국가체제 안에서 그 사회의 경제적 번영은 궁극적으로 그 사회의 유일한 국가지도자의 은총 덕분이다. 마찬가지로 경제적 고난의 책임도 원칙적으로는 지도자에게 있다. 북한 지도부는 도전받을 수 없는 지도자의 권위에 대한 이러한 막중한 도전들을 피해가려고 고심했는데, 가장 중요하게는 지도자의 역할을 주로 비민간적이고 비경제적인 국가정책에만 연관시키고자 했다. 이것이 바로 북한이 선군정치라는 정치적 노선을 취하게 된 중요한 이유 중의 하나다. 선군정치 형태의 부상에 대한 다른 역사적 이유들(제3장 참조)과는 별도로, 김정일이 군을 우선한 것은 경제적 실패와 인민이 겪은 재앙에 대한 책임을 모면해야 한다는 필요성과도 연관된다. 이러한 탈출구는 당이 군을 통제하는 전통적 위계질서를 전복하고, 자신의 통치 기반을 제도적으로는 새로 권력을 쥐도록 한 군사조직에 두며 이념적으로는 혁명적 유훈정치 체계에 두는 것이었다. 이러한 전략은 필수적이었는데, 왜냐하면 이를 통해서만 정치적 지도부가 경제적 실패에 대한 책임에서 벗어날 수 있었으며 주민들의 관념 속에서 그 책임을 당이나 다른 관련 국가행정기구로 떠밀어낼 수 있었기 때문이다.

북한의 기근은 처음에는 일시적인 위기로 외부세계에 알려졌는데, 그 내용은 1995년에서 97년 사이의 대홍수와 뒤이은 심각한 가뭄으로 곡물수확량이 20에서 30퍼센트까지 줄어든 연이은 흉작 때문이라는 것이었다.[29] 북한정부는 당연히 이를 자연재해라고 설명하면서 그 위기의 인재적 측면이나 그 책임에 대한 어떠한 언급도 조심스럽게 피했다. 메러디스 우-커밍스(Meredith Woo-Cumings)는 2003년 논문에서 자연재해라는 주장이 체면을 세우기 위한 변명만은 아니고 어느정도 신빙성이 있을 수도 있다고 하면서, 한반도의 기후조건 변화를 언급했다.[30] 남한의 많은 기후학자들의 견해로는 1990년대(그리고 다시 2000년대 초)에 북한이 겪은 대홍수는 남한의 전통적인 곡창지대에 걸쳐 있던 고온다습한 장마전선을 북쪽으로 밀어올린 지구온난화와 부분적으로 관련이 있다는 것이다. 우-커밍스의 보고서는 북한 농업위기의 지구생태학적 배경(이것도 물론 넓은 의미에서는 사람이 만든 위기다)과 이 위기의 또 하나의 세계사적 원인을 결합하고 있다. 이 두가지 원인 모두 분명히 인간이 야기한 것이지만,

두번째 것은 역사적으로 훨씬 최근이고 자연생태적이라기보다 주로 정치적인 것이다.

제1장에서 지적했듯이 북한의 식량위기는 세계적인 지정학적 체제로서의 냉전이 종결된 데 따른 부수현상이다. 사회주의 국제질서가 1980년대 말부터 90년대 초 사이에 해체됨으로써 사회주의 국가사회들 사이에서 유지되던 국제적 경제관계와 분업도 거의 중단되다시피 했다.[31] 북한은 이 노동분업에 크게 의존했다. 북한은 경제적·정치적 자립을 끊임없이 주장했지만, 실제로는 해외원조에 과도하게 의존했고 공산품을 내주고 농산물과 교환하는 사회주의세계의 형제국 간 물물교환에 주력했으며, 그들로부터 에너지 자원도 보조받았다. 이러한 국제적 물물교환과 교역망이 1990년대 초 붕괴되자 북한은 에너지와 식량 조달을 위해 현금결제 기반의 국제무역 체제에 급작스럽게 노출되었지만, 미국의 제재뿐 아니라 외환과 신용부족 때문에 이에 합류할 수 없었다.[32] 북한은 사실 이미 심각한 해외채무 위기에 빠져 있었다. 분석가들은 이 위기가 부분적으로는 해외에서 값비싼 산업장비를 과도하게 수입함으로써(그리고 평양을 비롯한 여러 지역에 많은 대규모 건설사업을 착수하고 1989년 세계청년학생축전 같은 고비용의 국제행사를 주최함으로써) 초래된 것이라 주장하는데, 이는 모두 빠르게 성장하는 남한경제와 경쟁하기 위한 것이었다. 브루스 커밍스에 따르면 1970년대 초 북한은 "자기 기술, 전쟁 이전의 일본 기술, 또는 새로운 소련 기술을 기반으로 한 산업의 발전동력이 고갈되었다는 것이 분명해지자 완성품 형태의 산업플랜트를 구입하기 위해 서구나 일본으로 눈을 돌렸다. 결국 이런 구매 때문에 북한은 외채상환문제에 직면하게 되었다".[33] 농업부문에서 북한은 이미 십여년 전에 사적인 가족기반 생산방식을 도입했던

다른 아시아 사회주의경제와는 달리 집단적인 협동농업을 고집했다. 북한은 또한 농업생산의 성공적인 기계화에 자부심을 갖고 있었다. 제임스 호어(James E. Hoare)와 수전 파레스(Susan Pares)가 지적하듯이 "1950년대에서 70년대까지 추진되었던 국가산업화와 더불어 농업을 기계화하고 현대화하려는 프로그램이 추진되었다. (…) 식량생산의 자급자족을 북한의 독립을 나타내는 지표로 삼았다".[34] 하지만 화학비료에 대한 과도한 의존을 포함하여 고연비 농업기술에 대한 지나친 의존은, 북한의 전통적인 주교역 상대인 소련이 더이상 에너지를 보조해주지 않자 오히려 장애가 되어버렸다.

북한의 심각한 구조적 문제들이 1990년대 중반 국가생산과 배급체계 전체의 갑작스런 붕괴로 극적으로 터져나오기 전에 북한의 경제계획 실무자들이 왜 그 문제를 다루지 않았는지는 분명치 않다. 김일성과 그의 측근 보좌진들은 이러한 문제를 어느정도 알고 있었고, 남한과의 관계에서 중국-대만 경제교역 모델을 따르려는 계획으로 이 문제들을 피해보려고 애썼던 것으로 보인다.[35] 이러한 노력은 1991년 10월 김일성의 중국방문에서 분명히 드러나는데, 방문기간 동안 그는 중국의 경제우선 사회주의 모델에 따른 북한의 발전계획에 관하여 중국의 덩 샤오핑 및 장 쩌민과 논의했다고 한다. 이런 움직임은 1992년 2월 19일 '남북 간 화해와 불가침 및 교류 협력에 관한 합의서(일명 남북합의서)' 서명으로 이어졌다. 그러나 이런 노력들은 부분적으로는 미국과 남한의 보수정치권 일부가 꺼리고 저항했기 때문에 결실을 맺지 못했는데, 당시 그들은 북한 관련 초기 핵위기에 집착하고 있었다. 그후 2000년대 벽두에 남한과 미국 정부 모두 어렵사리 진로를 바꿔 북한과 경제적·외교적 관계를 개선하기 위해 노력했다. 그러나 이러한 계획들은 그후 안타깝게도 좌절되었는데, 이는

2002년 초 당시 부시정부가 "정권교체"라는 무분별하고 호전적인 수사를 쓰기 시작했기 때문이다. 이 마지막 전개국면에 대해 브루스 커밍스는 2004년에 다음과 같이 지적했다. "(한국전쟁은 북한에서) 무장한 병영국가를 낳았다. 그리고 50년 뒤 그 국가는 여전히 미국과 더불어 존재하고 있다. 북한이 결국 핵무기를 가지게 된다면, 그 무기에 대처하기 위해 미국이 할 수 있는 일이란 거의 없다. 그러므로 그것은 부시가 만들어준 무기(Bush's bomb)라고 불러야 할 것이다."[36] 그러나 중국식 사회발전의 길을 따르겠다는 김일성의 계획이 실패로 돌아간 것은 북한 내부에서 일어난 반발 때문이기도 했다. 그 반대 진영에는 당시 이미 강력했던 새로운 국가지도자 김정일이 있었던 것이 틀림없는데, 앞서 설명한 대로 그는 나중에 '선군 사회주의 혁명정치'라고 명명한, 중국과는 정반대되는 발전의 길을 택했다.[37]

소련과 국제사회주의 체제의 붕괴는 의심의 여지없이 또 하나의 중요한 요소였고, 이는 외부세계에 그랬듯이 북한에도 거대한 충격으로 다가왔을 것이다. 위기의 심각성 때문에 북한 지도층은 1993년 12월 조선로동당 당대회에서 북한 역사상 처음 공개적으로 "우리 경제 건설에서의 커다란 손실"과 "매우 복잡하고 민감한 국내외적 상황"을 인정했다.[38] 그러나 북한의 경제적 미래에 관한 우려할 만한 징후들은 쏘비에뜨제국의 붕괴 훨씬 전부터 나타났다. 산업생산은 1990년대 초까지 이미 여러 해 동안 침체 일로에 있었고, 식량과 기본적인 생계물품의 배급은 80년대 후반에 이미 여러 지역에서 매우 위태로워졌다. 거세게 몰려오는 재앙의 소용돌이를 코앞에 두고 국가가 왜 적극적으로 움직이지 않았는지는 여전히 불확실하지만,[39] 이러한 소극적 대처의 결과는 잔인하리만큼 분명해졌다.

생계물품의 적절한 배급은 북한이란 국가가 사회와의 관계에서 정통성을 유지하는 데 핵심적이었다. 대부분의 북한가정들은 전적으로 국가에 생계를 의존했고, 작업장이나 거주지 단위로 매달 공급되는 식량배급으로 살아갔다. 1992년이 되자 배급이 한두달 동안 지체되기 시작했다. 1994년에는 배급이 다시 줄어들어 1년에 서너달(일부 지역에서는 한달) 동안만 공급되었다. 1996년에는(일부 지역에서는 이미 95년에) 식량배급이 완전히 중단되었고, 지역 당 조직들은 사람들에게 이제 스스로 알아서 먹고살라고 했다.[40]

중국과 접한 함경도 동북지방의 상황은 특히 심각했다. 식량배급 체제가 무너졌다는 말을 이 지역 주민들이 들었을 즈음에는 이미 많은 주민들이 만성적인 식량부족을 겪고 있었고 기근 관련 사망자가 속출했다. 이미 1980년대 말에 이 지방에서는 월 배급이 20일 정도나 간신히 생존할 수 있는 양이었고 주민들은 산과 들에서 무엇이라도 긁어모아야만 했는데 그 때문에 식중독으로 많은 목숨이 희생되기도 했다. 이 지역은 다른 지역보다 더 산업화되었고 남쪽 지방보다 농사지을 수 있는 땅이 부족했다. 이 지역에서 특히 피해가 많았다는 사실은 평양정부의 심각한 실패를 드러내며 중앙정부가 위기에 대처하면서 각 지방의 각기 다른 사정을 제대로 관리하지 못했다는 것을 보여준다. 이 실패는 안보강박증에 사로잡힌 북한 지도층이 그 나름으로 내린 합리적인 결정의 결과라는 점도 분명하다. 즉 국가안보의 관점에서 남한과의 군사분계선에서 먼 북쪽 지방들이 상대적으로 덜 중요한 탓에 그들을 희생시켜버린 것이다. 게다가 위기상황이 이미 너무 심각하고 널리 퍼져 자기 지역의 식량확보에 전념하던 각 지방정부들은 다른 지방 돕기를 꺼렸고 도와줄 여력도 없었다.

생존자들의 증언에 따르면 많은 마을에서 사람들이 처음에는 확고한 집단정신으로 위기에 대처했다. 한 생존자에 따르면 "1994년도

(김일성이 사망한 해), 그때도 배급을 안 주었지만 인민들이 각쓰고 태연했다. 배급은 안 주어도 우리식의 사회주의를 지키겠다는 열의는 정말 높았다. 1994년이 지나서도 계속 배급을 안 주니까 사람들이 각성이 더 되어, 위에 손을 내밀 게 아니라 자체 힘으로 살아야겠다고 생각했다".[41] 위기의 초기 단계에서는 상호부조도 어느정도 있었는데, 협동농장과 구역단위, 작업단위와 거주단위, 이웃과 친척 사이에 서로 도움을 주었다고 한다. 함경북도 탄광촌 출신의 어느 여성은 자기 작업장의 당 일꾼과 기술자들이 석탄 생산물 일부와 다른 지방 협동농장의 곡식을 물물교환하려고 아주 애썼다고 말했다. 같은 지방의 담배공장에서 일했던 사람은 공장노동자들이 자신들이 생산한 담배를 처음에는 식량상황이 상대적으로 조금 나았던 그 지역 군부대의 옥수수·밀가루와 교환하려고 어떻게 노력했는지 상세히 이야기해주었다. 또한 초기에는 특히 심각한 상황에 처했던 사람들을 이웃이나 일터의 다른 사람들이 도와주었다는 이야기도 했다. 그렇게 도와줄 수 있었던 경우는 보통 개인 소토지에서 소출을 얻을 수 있거나, 국경 너머 중국의 조선족 친척과의 관계를 통해 외화벌이를 할 수 있는 사람들이었다. 이러한 물물교환과 상호부조의 망들은 친척, 이웃, 동료 노동자, 그리고 여성동맹 같은 지역 공공조직의 회원들 간에 오랜 기간 구축된 기존의 신뢰와 연대를 기반으로 했다. 상황이 악화되자 초기의 물물교환망은 지역에서 임시 장마당으로 발전하여, 지역주민들이 집에서 재배한 곡식뿐만 아니라 다른 지방이나 중국에서 가져온 곡식과 가공식품도 사고팔 수 있게 되었다.[42] 동시에 기존의 상호부조 관계는 위축되었고 많은 경우 붕괴되어, 약하고 병든 사람들은 극심한 고난을 무력하게 맞이하게 되었다. 식량위기가 최고조에 달했을 때 어느 가정에서는 굶주림 때문에 병에 걸려 고생하

244

6-5 꽃제비

는 아이의 엄마가 절박한 심정에서 자기 집에 높이 모셔둔 김일성과 김정일의 초상화를 향해 아이의 목숨을 구해달라고 애걸했다는 가슴 아픈 이야기도 있다.

대부분의 북한 기근 연구자들은 이 고통스런 시기 내내 여성들(특히 자식을 둔 어머니들과 결혼한 자식과 손자가 있는 할머니들)이 가장 적극적인 역할을 한 것으로 보는데, 바버라 데믹(Barbara Demick)이 "어머니 발명가들"이라고 적절하게 불렀듯이, 그들은 상호부조 연계망을 새롭게 형성하고 이후 장마당도 발달시켰다.[43] 바로 이 여성들이 무단이동금지법을 어기면서까지 시골지역으로, 때로는 다른 지방까지 식량을 구하러 멀리 돌아다녔던 것이다. 또한 주로 이들이 솔선해 공공장소에 모여 처음으로 장마당을 열고, 정부규제에도 불구하고 국가가 허가하지 않고 관리하지 않은 물품을 거래했다. 더욱이 그중 많은 이들은 나중에 대담하게도 중국과의 국경을 넘는 지극히 위험한 행위도 시도했다.[44] 그들이 국경을 넘은 목적은 가족과 고향을 떠나 다른 곳에서 더 나은 삶을 살기 위해서(또는 일부 외부매체들이 무책임하게 이 월경을 규정하듯이, 이 맥락에서는 전혀 터무니없는 개념인 "자유"를 찾기 위해서)가 아니라, 고향의 가족을 살리기 위한 필사적인 몸부림이었다.[45]

당 지도부에게는 이것이 대단히 우려스러운 상황이었을 것이다. 그러나 평양의 고위층들과는 달리, 각 도나 시 단위의 일부 지역 당 일꾼들은 지역주민들의 생존노력(이동과 시장활동 등)을 사실상 지원하기도 했다. 특히 1980년대 중반부터 이미 오랫동안 식량부족을 경험한 일부 지역의 당간부들은 문제의 심각성을 너무나 잘 알고 있었다. 이들 중 일부는 정부의 무력함에 심히 좌절하여, 때로는 그들의 좌절감을 일반당원들과의 하부 당세포모임이나 작업장 혹은 거주지 단위모임에서 토로하기도 했다. 이러한 지역에서는 심지어 당간부 가족들도 살아남기 위해 힘겹게 애를 써야 했는데, 비록 다른 일반 노동자 가정들보다는 상황이 다소 나았다 하더라도 그들에게도 어려운 시간이었다. 북한의 지방현실에 접근할 기회가 있었던 몇몇 민간단체의 보고서와 다른 다양한 증언들을 통해 종합적으로 판단해보면, 북한주민들이 종종 "비배급시대"라고 부르는 이 대기근은 각 지역공동체들에 엄청난 충격이었지만 초기에는 대단한 탄력성과 공동체적 연대로 맞서기도 했다고 결론지을 수 있다.

초기에 북한의 동북지방에 대체로 국한되었던 기근의 위기가 다른 지역(평양은 제외)으로 확산되자 상황은 바뀌었다. 식량위기의 전면화는 빠르게 북한의 사회경제체제 전체를 마비시키고 의료를 비롯한 다른 사회복지 부문을 파괴해버렸다. 상황의 심각성은 학교 교실의 변화에서 그대로 드러났다. 1998년 함경북도의 어느 인민학교에서는 학생의 4분의 1만이 도시락을 들고 등교할 수 있었다. 또다른 4분의 1은 끼니를 굶으면서 종일 수업을 들었고, 비슷한 수의 학생들은 김일성과 김정일의 전기적 역사에 대해 배우는 중요한 오전 수업만 들었다. 나머지 4분의 1은 결석했는데 교원들은 이들이 굶주림으로 사망했거나 아니면 들판이나 장마당에서 먹을 것을 찾고 있을 거라 생각했다고 한다.[46] 학교의 교원들도 학생들과 그 가족들만큼이나 힘든 상황에 있었다. 공장생산이 중단되어 상대적으로 자유롭게 식량을 구하는 활동에 시간을 쏟을 수 있었던 생산직 노동자들과 달리, 교원들은 그들의 근무에 대한 보수가 월급이나 식량할당으로 제때에 지불되지 않더라도 의료일꾼이나 다른 공공부문에서 일하는 사람들처럼 일터로 나가야만 했다. 그 때문에 일부 교원들은 학생들과 부모들에게 옥수수나 다른 곡식으로 수업료를 내라고 강요하기도 했지만, 다른 교원들은 이 어려운 상황에 최대한 다른 방식으로 대처하면서 살아보고자 애썼다. 일부 교원들은 학교근무 후에 시장활동에 참여했는데, 처음에는 교직에 있는 사람으로서의 명예가 훼손될까봐 시장에서 학생들이나 학부모들과 마주치는 것을 꺼려했다. 그러나 위기가 심화되고 점차 더 많은 사람들이 생존을 위해 시장에 의존하게 되자, 시장은 초기의 이런 부정적인 모습을 털어버리고 다양한 사람들이 물품과 정보를 교환하기 위해 모이는 생존에 없어서는 안 될 사회적 공간이 되었다. 시장에 대한 부정적인 인식은 생존을 위한 공통적이고 일반적인 인민의 의지를 구현하는 공간이라는 정반대 이미지로 바뀌게 되었다. 결국 "시장은 우리 당(새로운 노동당)이다"라는 놀라운 표현까지 등장하게 되었다.

식량위기가 갈수록 심해졌지만 이에 대한 북한 위정자들의 대응은 기껏해야 지극히 마구잡이였고 결국은 개탄스러울 정도로 자멸

6-6 장마당

적이어서 상상할 수 없는 비극을 초래했다. 앞에서 우리는 북한이 점증하는 식량위기에 직면하여 어떻게 외국 원조와 국제 인도주의단체의 원조에 국경과 영토를 역사상 처음으로 개방하게 되었는지(전후 몇년간 소련과 동유럽의 엔지니어와 산업전문가를 많이 초빙하여 경제재건에 일조하도록 했던 경우를 제외하면) 간단히 살펴보았다. 이러한 개방은 고무적인 조치였는데, 북한의 권력으로서는 국가안보의 긴박성을 심각하게 우려하면서도 상당히 양보한 것이다. 나중에 북한정부는 남한의 인도주의 구호단체들에게도 영토를 개방했는데, 여기에는 국제 NGO 구호단체들에 비해 제한이 아주 많았다. 그러나 평양 지도층은 안으로는 매우 부적절하게 대응했는데, 그들조차 완전히 낯선 국가적 위기상황의 심각성을 제대로 파악하지 못했기 때문이었을 수도 있다.

첫번째 실책은, 말할 것도 없이 식량부족문제에 좀더 일찍 대응하지 못한 것인데, 앞서 언급했듯이 이 문제는 일찍이는 1980년대 중반부터 이미 일부 지역에서 명백했다. 그에 못지않게 중대한 실책은 1994년 김일성 사후에, 국가기관의 노력이 추모와 유훈의 정치를 확고히 하는 데 집중되었다는 것이다. 물론 지도자의 죽음은 심각한 손실이고 정치체제가 그 파장을 최소화하기 위해 노력하는 것은 당연하다고 하겠지만, 1994년 이후의 추모정치는 사망한 지도자의 영웅적이고 영광스러운 유훈을 더욱 숭배하는 데 집중해 사회 내부의 굶주림의 목소리를 억압했고 결국은 위기를 규모와 강도 면에서 악화시켰다. 추모정치의 과정에서 선군정치 또한 시작되었는데, 이는 당의 권위를 넘어서는 주요한 국가기관으로서 군대에 권력을 부여하는 것이었다. 이 정치형태는 앞에서 논의했던 대로 유격대 극장국가개념, 그리고 김일성의 탁월한 개인적 카리스마를 세습적인 카리스마 권력으로 변모시키는 복합적 과정과 관련되어 있어 그 나름의 논리적·역사적 배경이 있다. 그러나 군을 당과 사회보다 우선시한 것은 이미 취약해진 인민들의 생존권에 더욱더 위협적인 결과를 몰고왔다. 군에 권력을 부여하는 것이 세습정치의 관점에서는 논리적이지만, 총체적 식량위기의 상황에서는 식량할당에서 군과 군사조직을 사회와 인민보다 우선시하는 난국을 초래한 것이다.

북한의 인민군은 식량위기로부터 스스로를 보호하기 위해 공세적으로 나와 때로는 주민들과 부딪히기도 했다. 그 실상을 알려주는 사건을 하나 예로 들면, 한 지역 군부대에서 추수기에 근처 집단농장으로 수송대를 파견해 농민들의 강한 항의에도 불구하고 추수한 곡식을 가져갔다. 농장관리자에게서 이 사건에 대해 보고받은 지역당과 공안관리들도 개입할 수가 없었다. 이러한 사건들은 근본적으로 평양이 택한 국가정책의 결과로, 생존투쟁에서 민간인보다 군을 우선시하고 국가정치에서 당보다 군을 우선시한 것이 현실로 나타난 것이다. 선군정치 관련 북한문헌들은 사회주의혁명의 선봉인 군에 주어진 혜택의 일부로서 군대에 생계의 우선권이 있다고 언급하지는 않았다. 그러나 이러한 메시지는 다른 간접적인 방식으로 인민들에게 전달되었다. 주목할 만한 전달수단 중 하나는 새 지도자의 현지지도 장소 선택이었다. 고난의 행군 기간 동안 김정일은 군사기지와 군사시설에 집중적으로 현지지도를 다녔다.[47] 예술도 중요한 역할을 했다. 최근 북한은 오스트리아의 어느 미술박물관에 북한 현대미술의 대표작을 여럿 빌려주었다. 이 컬렉션에는 '인민군 최고사령관께서 병사들에게 깊은 관심을 보이셨다'라는 제목의 그림도 포함되었다. 이 그림(리철 그림, 2000)은 김정일의 인민군 모 부대 현지지도를 그렸는데, 지도자는 병사들을 위한 식사준비 상황을 지켜보며 그들의 식단을 개선하라는 지침을 하달한다. 이 장면은 신문 사설과 그외 출판물들을 통해 널리 알려졌고, 작업장 정치학습회 등에서는 학습자료로 사용되었다.

위기가 심화되자 굶주림의 고통을 군도, 특히 일반병사들이 겪게 되었다. 헤이젤 스미스는 그 상황을 다음과 같이 전했다. "군에 식량배급의 우선권을 주었지만, 인민군 모든 구성원들이 풍족한 배급을 받는 것은 아니었다. 군은 스스로 식량을 재배할 방법을 찾고 산업을 발전시켜 식량과 다른 생활필수품을 시장과 해외로부터 구입할 수 있도록 하라는 지침을 받았다. 일반병사들이 특별히 많은 배급을 받는다는 조짐은 없었지만, 일반주민들과는 달리 그들은 대체로 기본적인 식량공급을 연중 보장받았다."[48] 따라서 생계경제 영역에서 선군정치는 문자 그대로 군을 우선한다는 의미를 갖는데, 항상 실행하지는 못해도 원칙적으로는 인민보다 우선하여 군대에 부족한 자원을 할당해야 한다는 것이다. 이렇게 가혹한 가치의 위계를 민간인들에게 강요한 것을 북한 지도층으로서는 어렵지만 합리적이며 어쩔 수 없는 선택이라고 생각했을 수도 있다. 그러나 이는 북한에 대한 외부세계의 인도적 개입을 상당히 곤란하게 만들었고, 결국 인도적 위기를 악화시키는 데 일조했다. 군과 평양주민에게 자원할당의 특혜를 주는 암묵적인 원칙이 국제 원조기구들과 후원자들의 비판적 반응을 초래한 것이다. 원조기구와 후원자 입장에서는 인도주의적 원조의 우선 수급자가 엄격하게 민간인과 병약자가 되어야 한다는 점에서 북한 국가지도층에게 투명성과 책임성 문제를 제기했다. 이는 남한의 대북포용정책도 곤란하게 만들었는데, 2000년대 초 남한이 식량을 비롯한 인도적 지원의 주요 제공자 역할을 맡게 된 후 그 문제가 더 심각해졌다. 원조식량이 어디로 가는지에 대한 의구심은 이후 남한사회와 정치권 내부에 쓰라린 분열을 초래했는데, 이는 북한이 핵무장과 그밖의 위험하고 호전적인 군사적 전략을 남한과의 경제교역과 인도적 원조 개방과 병행해 추구한 것 때문에 생긴 상처만큼이나 깊은 것이었다.[49]

북한 내에서 선군정치 형태는 일반주민들에게 복잡한 함의를 지닌다. 북한의 인민군은 그 조직 구성상 말 그대로 인민의 군대로서, 북한의 공식매체들이 말하듯이 "인민의 아들딸들"로 구성되어 있다. 북한 젊은이들과 그들의 가족들은 군복무를 전통적으로 의무이자 특권으로 여겼다. 군복무 경험은 젊은 남성들이 사회에서 성인남자로서 의미있고 쓸모있는 지위를 얻는 데 필수적이다. 결혼 상대, 직업과 교육기회, 자존감에도 영향을 끼친다. 가족 배경이 의심스러운 청년들(예를 들어 오늘날 중국이나 남한으로 탈북한 사람들의 가족)은 군에 갈 자격이 없다. 게다가 복무기간은 길게는 10년이어서,

이처럼 북한은 인구비율이나 절대적인 규모에서 세계에서 손꼽히는 대규모의 군대를 보유하고 있다.[50] 이는 수많은 가족들이 친밀한 가족관계로 군조직과 연관을 맺고 있음을 의미한다. 이러한 맥락에서 군에 식량할당의 특혜를 주는 것은, 북한의 많은 가족들에게는 군에 복무하는 사랑하는 자식과 형제자매가 상대적으로 굶주림의 고통을 덜 겪는 것을 의미했다. 특히 현역군인의 부모에게 선군정치는, 생계경제에 적용될 때에는 그런 의미에서 위안이 되기도 했다. 다른 한편 군에 동원된 청년들에게는, 자기들이 생계 면에서 민간인들과 비교하여 상대적 이점을 갖는 것이 고향에 두고 온 그들의 사랑하는 부모와 형제자매들이 극심한 고난을 견디고 있다는 것을 의미했다. 물론 식량부족은 사회뿐 아니라 군대, 특히 일반병사들에게도 영향을 끼쳤다. 많은 군인들이 영양실조로 고생했고 일부는 회복을 위해 귀가 조치되었다. 그러나 군과 사회 간에는 굶주림의 심각성 면에서 차이가 있었다. 이 두 영역의 인간생존의 위계가 정치적으로 결정된 것이다. 이 간극으로 인해 인민군 병사들은 나중에 황폐해진 고향집으로 돌아왔을 때 엄청난 충격과 슬픔을 겪어야 했다.

생존의 위계는 군대와 사회 사이뿐 아니라 사회 내부에서도 존재했다.[51] 당 고위층은 "선군후로(군이 먼저, 당이 그뒤) 정치"라는 선군정치의 제도적 구조 내에서 상당부분 영향력을 상실했지만, 자신들만의 기민한 식량분배 정치를 통해 위계체제의 특권을 지켜내고자 했다. 증언에 따르면, 생계위기가 최고조에 달해 평양 밖에서는 국가 식량배급체제가 완전히 붕괴되고 지역의 식량배급소가 거의 문을 닫았을 때에도, 당 고위층들은 배타적인 내부 식량배급망을 유지하고 있던 터라 보안관계 일꾼들, 지역 인민위원회 관료들, 사회주의청년동맹(사로청) 간부들이 국가 식량배급체제와는 독립적으로 별도의 제도적 통로를 통해 식량배급을 받을 수 있었다. 일부 지역에서는 지방간부들이 그들의 특권을 다양한 방식으로 남용했다. 한 예를 들면, 어느 지역관리가 많은 수의 주민들이 쓰지 못한 량권(식량배급권)을 아주 적은 식량을 주고 미리 사들였다가, 후에 해외에서 원조식량이 도착하자 자기 가족의 연줄을 이용해 지역보급소에서 그 식량권을 곡물과 교환했다. 뒤이어 공급물량이 바닥났을 때, 그는 곡물을 지역 장마당에 내놓아 큰 이익을 챙겼다. 이러한 권력과 특권의 남용은 반드시 예외의 사례가 아니었다.

공존의 윤리

북한 일부 지역에서 고난의 행군 기간에 회자되던 "장이 당이다"라는 말로 되돌아가보자. 모든 의미있는 사회적이고 역사적인 은유나 관용어처럼 이 말은 중층적 의미가 있다. 그에 대해 살펴보기 전에 먼저 '고난의 행군'이라는 말에 잠시 주목해보자. 이 말은 북한혁명의 전개과정에서 각각 별개인 두 고난의 시기를 가리킨다. 하나는 1990년대 후반부터 북한의 거의 모든 주민이 겪은 식량부족과 기근이라는 극심한 고난이다. 북한정부가 2000년 10월 노동당 창건기념일을 축하하면서 고난의 행군 기간이 끝났다고 선언하긴 했지만, 많은 주민들에게 경제와 생계의 위기는 오늘날까지 계속되고 있다.

고난의 행군이라고 부르는 또 하나의 역사적 시기는 1938년 말까지 거슬러 올라간다. 당시 김일성이 이끈 만주유격대는 일본이 재편성한 토벌작전에 쫓기어, 뒤쫓는 적군뿐 아니라 중국 동북지방의 혹독한 겨울과 굶주림과 싸우면서 생존을 위한 기나긴 행군을 해야 했

다. 그 행군은 겨우내 약 100일간 지속되었다고 하는데, 북한 역사는
이때를 김일성과 그의 초기 동지들에게 가장 심한 시련기였다고 기
록한다. 김일성부대는 이 시기에 많은 대원을 잃었고, 몇몇 오랜 동
지들의 배신을 겪기도 했다. 그러나 북한 역사는 또한 그 100일간의
고난의 행군을 중국혁명의 장정처럼 영광스러운 시기로 묘사하면서,
혁명적 선조들이 불가능한 상황에 맞서 최후의 승리를 거두기 위해
투쟁함으로써 자랑스러운 혁명국가의 초석을 놓았다고 기록한다. 북
한의 예술과 문학에서는 고난의 행군 100일을 영웅적인 일화로서만
이 아니라, 인간의 가장 아름다운 미덕이 극심한 고난 속에서 꽃피었
던 아름다운 시기로 그린다.[52] 그 미덕은 민족해방이라는 대의를 위
한 동지적 연대와 강철 같은 헌신을 포함한다. 이 시기에 대한 수많
은 노래와 이야기와 예술작품은 이 덕성 중에 최고가 빨치산 지도자
에 대한 신의와 신뢰라고 말한다.「동지애의 노래」(1980)라는 유명한
북한노래는 고난의 행군 경험에서 탄생한 이 숭고한 인간적 미덕을
다음과 같이 묘사한다.

가는 길 험난하다 해도 시련의 고비 넘으니
불바람 휘몰아쳐와도 생사를 같이하리라
천금 주고 살 수 없는 동지의 한없는 사랑
다진 맹세 변치 말자 한별을 우러러보네

빨치산으로서 동지애라는 미덕(일반 동지들에 대한 동료애와 조
선혁명의 "한별" 즉 김일성에 대한 충정)을 가장 뛰어나게 구현한 사
람은 물론 '조선의 어머니'이자 나중에 '선군의 어머니'가 된 김정숙
이었다.

1990년대 중반 북한의 국가예술은 동지애의 미덕에 관한 수많은 새 노래와 드라마를 발표했다. 그중 텔레비전 드라마인 「항로」는 폭풍우에 표류하게 된 한 무리의 사람들이 어떻게 갈증과 굶주림의 고통 속에서도 서로에 대한 진정한 동지애와 이타적 사랑을 발견했는지를 그린다. 드라마 주제가인 「동지애」는 다음과 같이 노래한다.

평범하던 그날엔 너와 나는 몰랐네
참다운 동지가 얼마나 귀중한 줄을
운명을 함께한 동지의 사랑 있어
어려운 날 알았네 너 없이 나도 없음을

이러한 노래와 드라마들은 당시의 기아의 위기와 1930년대 말 '고난의 행군'이라는 과거의 역사적 사건 간의 유사성을 강조하려 애썼다. 이처럼 유사성을 강조하는 것은 강한 정신과 도덕적 유대의 힘으로 어려운 역사적 조건을 극복할 수 있음을 선전하려는 것으로, 역사를 돌이켜볼 때 올바른 정신과 도덕의 힘으로 무장한 사람들은 어떤 장벽도 넘을 수 있다는 신념을 주입시키려 한 것이었다. 이러한 정신적 힘은 변증법적 힘(역사적 조건을 형성하고 그것에 의해 형성된다)이 아니라, 올바르게 이끌면 역사의 객관적 조건의 제약으로부터 자유로워질 수 있는 초월적 힘이다. 이러한 정신적 힘의 핵심은 위의 노래에서 "동지애"라고 묘사한, '고난의 행군'의 여정을 함께하는 동지들 간의 도의적 유대다. 하지만 이 정신적 유대의 초월적 성격은 동지들 간의 도덕적 관계에만 있는 것이 아니다. 더욱 중요한 것은, 모두를 끌어안고 아우르는 그 행군 지도자의 권위에 대한 확고한 집단적 신뢰다. 이를 통해서만 동지애의 도덕성이 궁극적 목적과 진정한 힘을 발견할 수 있는 것이다.

오늘날 고난의 행군이라는 서사를 통해 선전하고자 하는 시민적 도덕성은 위와 같이 형식적으로는 유훈정치를, 내용적으로는 세습정치를 위한 것이다. 그것은 1970년대 이후 발전한 가족국가와 유격대국가의 미학을 꽃피운다. 과거와 현재를 몽타주하여 옛 만주 빨치산의 도덕성과 오늘날 북한의 정치적 가족구성원들에게 요구되는 시민윤리 사이의 연속성뿐만 아니라, 혁명운동의 위기라는 옛 사건과 혁명국가의 생존에 도전하는 새로운 위기 사이의 연속성을 재확인시켜준다. 하지만 그렇게 함으로써 고난의 행군의 정치적 서사는 심각한 내적 모순에 부딪힌다.

고난의 행군 만주 편은 혁명운동에 관한 것으로, 몇몇 전위적이고 전장에서 단련된 혁명가들로 구성된 비교적 단순한 사회조직에 관한 것이다. 반면 오늘날의 고난의 행군은 군대와 사회 간의 분업을 포함해서 다층적인 노동분업체제를 갖춘 복잡한 국가사회와 연관되어 있다. 이러한 관점에서, 고난의 행군의 과거와 현재의 역사적 유사성 구도에 내재된 논리적 모순은, 극히 예외적인 역사적 상황에서 필요했던 군사조직의 도덕적 일체성의 규칙을 복합적인 현대사회로 확장해서 적용시키려는 시도라는 점이다. 만주의 상황에서조차도 오로지 직업적인 유격대원들에게만 적용했던 그런 원칙들을 민간인들의 삶에 액면 그대로 확대한다는 것은 터무니없는 일이다.

이러한 모순은 유격대국가 개념의 핵심에 가닿는다. 빨치산의 삶은 예외적인 형태의 삶이다. 그리고 이 삶은 당연히 그들에게 동조하는 비전투 민간인들의 물질적이고 도덕적인 후원 없이는 계속될 수 없다. 이것이 현대의 반게릴라 전투에서 종종 게릴라들을 섬멸하기 위해 민간인 마을을 파괴의 표적으로 삼는 이유다. 이러한 폭력이 발

6-7 "몸소 고난의 앞장에 서시여." 1938~39년 만주 빨치산의 '고난의 행군'(그림, 일부분).

생할 때, 기동력이 있는 게릴라들은 민간인 마을이 스스로 대응하도록 놔둔 채로 토벌군의 포위를 빠져나가려고 한다. 김일성의 만주 빨치산들이 1938년과 39년 겨울에 그렇게 했다. 그러나 빨치산 전투에서의 이러한 생존기술은 유격대국가가 선택할 수 있는 전술은 아니다. 유격대국가는 고전적인 빨치산들과는 달리 영토가 있는 실체로서, 지키고 있는 땅 말고는 갈 곳이 없다. 더구나 유격대국가의 생존은 군대의 생존만큼이나 시민사회의 생존에 의존한다.

굶주림과의 투쟁에서 민간사회보다 군을 우선한다는 선군정치의 결정은 명백하게 빨치산 전투의 논리에 따라 이루어진 것이다. 이 가혹한 결정은, 북한 지도층이 처한 어려운 상황과 그들이 '영광스런 만주의 유산'을 보존하고자 하는 지난한 노력에 비춰볼 때 어렵지만 불가피한 것이라고 생각했을 수 있다. 그러나 군을 우선하는 정책은 북한의 국가적 존엄의 두 측면인 유격대국가 패러다임과 가족국가 패러다임 사이에(제1장 참조) 근본적인 갈등을 초래했다.

북한의 통치술에서 이 두 패러다임은 서로 밀접히 연관을 맺는다. 가족의 도덕적 유대와 빨치산의 획일적 규율의 통합은 만주 영웅이 야기의 주요 주제이기도 하다. 그러나 가족국가 관념은 별개의 도덕적 개념 영역에 속하는 것으로, 상황에 따라 유격대국가 관념과는 서로 어긋날 수 있다. 앞서 논의한 대로 정치체가 엄연한 가족이라는 관념은 국가와 사회 간의 도덕적 호혜관계를 수반한다. 즉 국가는 시민들의 정치체제에 대한 충성과 국가경제에 대한 공헌에 보답하여 그들의 기본적인 경제생활과 최소한의 복지를 보장해주는 것이다. 이러한 관계가 김일성의 북한처럼 카리스마적 지도자에 집중된 인격화된 부성주의적 성격을 취하건, 또는 당과 대중의 관계 면에서 더 제도화된(베버적 의미에서) 사회주의 정치형태를 취하건 관계의 호혜성은 마찬가지다.

카리스마 권력의 성격에 대한 베버의 통찰은 위의 쟁점과 관련이 있다. 베버는 카리스마를 "일정한 개인적 자질로, 그로 인해 그 개인은 보통사람과 구별되고 초자연적·초인적 혹은 적어도 특별히 예외적인 자질이 있는 것으로 간주된다"라고 규정한다.[53] 개인적 자질이 공적이고 정치적인 권위로 발전하기 위해서는 카리스마적 개인이 그런 인물로 인정받는 것이 중요한데, 베버에 따르면 "그 인정은 열정이나, 절망과 희망에서 우러나는 완벽한 개인적 헌신에 대한 것이다".[54] 이러한 인정이 시작되면 카리스마적 인격의 권위는 사람들을 내부로부터 감화시켜서 영향을 미치려고 하는데, 이와는 대조적으

258

로 관료제와 자본주의 같은 현대의 강력한 제도적 동인은 사람들이 외부의 물질적 환경에 적응하도록 만드는 데 주력한다. 따라서 베버에게 카리스마는 본질적으로 사회경제적 힘에 반하는 것으로서, 판에 박힌 일상적인 삶을 넘어 궁극적으로는 그것을 초월하여 예외적이고 매혹적인 힘이 되려고 한다. 때문에, 카리마스 권력은 바로 그 성격상 일상적인 경제적 관심사나 문제를 일축해버려야만 한다는 것이다. 베버는 카리스마 권력이 근본적으로 반경제적이라고 믿었지만(그리고 이것이 부분적으로는 그가 카리스마 권력의 지속성을 의심하는 이유였지만), 이 권력이 지속되고 또 세습적 형태로 변하기 위해서는 세속적인 경제적 관심사에 관여하는 것이 무엇보다도 중요하다는 점도 지적한다. 베버에 따르면, 카리스마의 관례화에서 가장 핵심적인 문제는 카리스마 권력이 일상의 요구들을 초월하고자 하는 이 권력의 고유한 속성과 맞서 싸워야 한다는 것이다.

북한이 1994년 이전에 가족국가로서 보여준 존엄은 카리스마 권력의 관례화과정의 이와 같은 핵심적 문제와 관련지어 살펴볼 수 있다. 김일성의 유명한 통치기술인 현지지도 방문도 같은 관점에서 볼 수 있는데, 그는 평생에 걸친 현지지도 방문에서 노동대중의 세속적인 일상사의 구석구석에 대해 관심을 보여 사람들에게 감명을 주었다. 1994년 이전의 북한은 카리스마적 빨치산 지도자가 통치하는 유격대국가 형태를 띠었지만 내용적으로는 또한 반카리스마적인 정치요소들을 포함하고 있었고, 지배적인 카리스마 권력자는 그 현혹하는 힘의 한계와 위험성을 알고 있었다.

이와 비교해보면, 선군시대 북한의 세습적 카리스마는 일상경제의 폐허 위에서 시작했다. 이 새 세대의 권력자는 좋건 싫건 간에 자신의 현혹적 힘으로 사람들을 내부로부터 움직이게 하는 힘만 알았을 뿐, 그 정치적 가정을 경제적으로 지속 가능하게 관리하는 데서 나오는 또다른 권력으로, 이 위험하고 궁극적으로 자멸적인 힘과 어떻게 균형을 잡아야 하는지를 알지 못했다. 그리하여 선군시대 북한은 긍지에 찬 유격대국가이지만 실패한 가족국가이기도 하다. 실패한 것은 국가가 그 가족구성원의 생계보장이라는, 정치적 가족이건 사회적 가족이건 어떤 가족조직에서도 가장 기본적인 규범적 원칙을 어겼기 때문이다. 또한 도덕경제의 원칙 면에서도 실패했는데, 도덕경제는 모든 인간적 가치들 중에서도 공동체적 생존과 생계의 윤리를 가장 존중하는 것이기 때문이다. 어떻게 이러한 총체적인 실패를 바로잡을지, 그렇게 하는 것이 과연 가능하기는 한 것인지 확실치 않다. 그러나 한가지는 분명한데, 북한정권이 진정으로 가족국가로서의 실패를 만회하기 바란다면, 우선은 유격대국가 패러다임을 개혁해내고 만주 빨치산의 영광스런 유산에 대한 접근방식을 바꿔내야 한다는 것이다. 북한은 이를 위해 역사적 진실과 대면해야 하는데, 어떤 혁명 빨치산 세력도 대중적 기반으로 돌아가 그것을 재구축하지 않고서는 결국 고난의 행군이라는 위기에서 살아남은 적이 없다는 것이다. 오직 이 방법만이 빨치산들의 정치적 삶을 보장할 수 있기 때문이다. 이상적으로는, 그 개혁에 도덕경제에 대한 원칙있는 노력을 기울여 1990년대 고난의 행군 같은 상상할 수 없는 인간적 비극이 다시는 일어나지 않도록 해야 한다. 이것이 성취된다면 북한의 이웃국가들 역시 더불어 도덕경제의 원칙에 충실해야 할 것이다. 우리는 특히, 북한과 한민족임을 주장하면서도 인위적인 북방경계선 너머의 동포들이 겪는 고통에 관한 한 공동체적 생존의 윤리를 망각했던 것으로 보이는 남한이 달라지기를 바란다. 인간의 굶주림으로부터의 자유는 정치를 초월하는 도덕의 문제이며, 정치나 정치경제로

환원될 수 없다. 이 원칙은 북한뿐 아니라 북한의 이웃들도 굳게 지켜야 할 것이다.

결론

결론

2011년 12월 17일, 와병 중인 북한 지도자 김정일은 특별전용열차를 타고 가다 이른 아침 갑작스런 심장마비를 일으켜 결국 회복하지 못했다. 그의 갑작스런 죽음에 국제사회는 놀랐고, 북한은 온 나라에서 집단적으로 고통스런 슬픔을 표현했다. 그해 12월 28일 평양에서는 1994년 국부 김일성의 대국상 절차와 비슷하게 대규모 군중이 동원된 장례식이 진행되었다. 북한의 매체들은 건국지도자의 유훈에 따라 지난 18년간 이 나라를 이끌어온 최고지도자가 어딘가로 현지지도를 가던 중에 열차 안에서 죽었다는 사실을 다음과 같이 강조했다. "언제나 인민행렬차를 타시고 조국의 방방곡곡뿐 아니라 이국의 대지를 종횡무진하시며 우리 인민을 위해, 세계자주화위업의 승리를 위해 자신의 모든 것을 깡그리 바치신 우리 장군님, 아늑한 집무실이나 저택이 아니라 야전렬차에서 순직하신 장군님."[1]

현지지도는 북한 지도자의 카리스마 정치에 핵심적인 행사였다.

최근의 북한문헌은 이러한 대중정치의 기술을 발명한 건 김일성이지만, 후계자인 김정일이 이를 더 높은 수준으로 발전시켜 "세상을 놀래우는 선군조선의 모든 기적의 근본원천"[2]을 마련했다고 주장한다. 김정일은 자신의 정치적 여정을 공연예술의 힘을 동원하여 국가주권의 중심적 권위를 승화시키는 예술혁명가로서 시작했다. 그러한 지도자가 자신이 기적의 원천이라고 믿고 수행했던 대중정치예술의 한 드라마를 실천하던 중에 최후를 맞이했다는 보도내용은 모름지기 극적이다.

위에 언급한 『로동신문』 기사는 김정일이 자신의 주권이 미치는 국내뿐만 아니라 외국도 많이 여행했다고 말한다. 실제로 그는 2011년 열차편으로 몇차례 해외를 순방했는데, 5월에는 중국, 8월에는 러시아·몽골·중국을 돌아오는 장거리를 여행했다. 그 전해인 2010년 8월 26일, 그의 열차는 두만강을 건너 중국 동북부의 정치경제의 중심인 지린(吉林)시를 향했다. 다음날 아침, 그는 군과 당의 고위간부 수행원들과 함께 지린시의 쑹화강(松花江)가에 위치한 유웬중학교(毓文中學校, 육문중학교)를 방문했다. 북한의 국부 김일성은 어린 시절인 1926년과 27년에 잠시 이곳에 머물렀는데, 오늘날 북한의 국가적 서사는 이때를 조선(북한)혁명의 기원으로 묘사한다. 그날 오후 김정일은 지린시민들이 즐겨 찾는 대중적 휴게공간이자 중국혁명의 역사적 기념물이 있는 린지앙베이산(臨江北山)공원을 찾아나섰다. 그곳은 북한 혁명유산의 기념비적 가치가 있는 기억의 장소다. 이 공원에는 중국의 혁명영웅들과 '항미원조전쟁(조선전쟁)'에 참전하여 희생된 중국 전몰자들을 위한 몇몇 기념물이 있다. 북한에서는 이곳이 조선혁명의 창시자인 김일성이 열다섯살 때 그의 학우들과 비밀학습회를 열고, 혁명가로서의 여정의 첫걸음을 뗀 장소로 알려져 있다.

이 행사들은 북한과 중국, 양측 모두의 중요한 권력교체기에 행해진 김정일의 5일간의 비공식 국빈방문 일정의 일부분이었다. 김정일의 지린시내 방문지 중에는 린지앙베이샨공원뿐 아니라 섬유공장도 포함되어 있었다. 이 방문 중에 북한의 지도자는 전 상하이시 당서기이자 정치국 상무위원이며 중국 혁명세대의 최고전사 시 중쉰(習仲勛)의 아들이기도 한 시 진핑(習近平)을 만났다고 한다. 시 진핑은 그 만남이 있고 얼마 뒤인 2010년 10월 18일, 중국공산당 군사위원회의 부위원장이라는 높은 지위에 선출되었는데, 관측통들은 이로써 2012년에 중국의 최고지도자인 후 진타오(胡錦濤)의 계승자가 될 그의 미래가 확정되었다고 보았고 또 결국 그렇게 되었다. 중국에서 이렇게 중요한 결정이 내려지기 얼마 전에 조선로동딩도 국방위원회의 새로운 부위원장이자 김정일의 장래 후계자를 선출했다.

지린을 방문한 뒤인 8월 27일, 김정일은 지린의 이웃도시 창춘(長春)에서 후 진타오 국가주석을 만났다. 그후 김정일은 그보다 북쪽에 위치한 헤이룽장(黑龍江)성의 하얼빈(哈爾賓)으로 이동했다. 하얼빈에서 김정일은 김일성과 그의 유격대동지들을 기념하는 역사유적을 찾아보는 순례를 이어갔고, 헤이룽장 지역의 농공단지도 둘러보았다. 8월 30일 평양으로 돌아오는 길에 그의 열차는 북한과 러시아 접경 지역의 국경도시 투먼(圖們)에 잠시 정차했다. 몇주 뒤, 북한당국은 김정일의 미래 후계자를 조선로동당에서 선출한 뒤에, 투먼을 비롯하여 중국쪽 국경지대를 따라 여러곳에 설치된 조중특별경제협력지구로 수백명의 근로자들을 파견하기 시작했다.[3]

김정일의 여행은 순례와 외교를 결합하여 신중하게 연출된 것이었다. 순례의 측면에서 가장 주목할 만한 것은 김일성의 옛 학교를 방문한 것이다. 그 학교에는 김일성의 동상과 그의 유품이 있는 작은 박물관이 있으며 그가 1920년대 말에 공부했던 교실을 역사유적으로 보존하고 있다. 북한 측 보도에 따르면, 김정일은 그 교실에 들어서서 김일성 동상 밑에 꽃다발을 바친 후 "80여년 전 학창시절 어버이 수령님의 체취가 슴배여 있는 책걸상을 비롯한 귀중한 사적물들을 경건한 심정으로 보시며 만단심회를 금치 못하시었다".[4] 중국 지린시의 유웬중학교에 보관되어 있는 이 유품들은 중국의 가까운 동맹국인 북한의 국가적 기억 속에서만 중요한 것이 아니라 북한에서 현재 진행 중인 정치적 승계를 위해서도 의미있는 것이다.

현재 북한에서 읽히는 김일성의 전기에는 바로 지린에서의 짧은 학창시절 동안에 처음으로 선군, 즉 군이 혁명의 전위라는 정치이론을 고안하게 되었다고 쓰여 있다. 이렇게 개정된 역사는 선군이론의 탄생을, 장래 북한의 최고지도자가 돌아가신 아버지로부터 물려받은 선물인 '한쌍의 권총'을 그의 학우들에게 보여주는 장면으로 묘사한다. 앞서 논의한 대로, 이 두 자루의 권총은 김정일의 선군정치시대의 가장 중요한 물적 상징 중 하나가 되었다. 이 상징은 선군정치의 내용과 형식 모두를 규정한다. 즉 선군정치가 지키고자 하는 명예로운 혁명전통과 그것을 지키기 위한 중심수단으로서의 혁명적 군대와 군사력을 함께 의미하는 것이다. 그러므로 오늘날 북한에 널리 알려진 조선혁명의 가장 두드러진 이미지 중 하나는 교복 차림의 어린 김일성이 붉은 천에 싸인 물건을 열어, 그의 아버지가 물려준 의미심장한 권총을 그의 어린 십대 동지들에게 보여주는 그림이다. 이 이미지는 다양한 방식으로 재생산되었는데, 또 하나의 중요한 장면은 돌아가신 아버지의 그 권총을 집에서 어머니 강반석으로부터 건네받고 있는 그림도 있다.

지린에서의 전설적 역사는 북한혁명의 기원과 김일성의 혁명적 카리스마의 계승에 관한 또 한편의 중요한 장으로 진화한다. 우리는 앞에서 총 선물을 둘러싼 또다른 가족 에피소드를 보았다. 즉 1952년 한국전쟁의 격전지에서 한자루의 권총을 열살 김정일이 그의 아버지이자 조선인민군 최고사령관인 김일성에게서 물려받았다는 것이다. 현대 북한의 정치적 교양에서 이러한 총 이야기의 의미는 김일성 일가의 부계를 따라 이루어지는 혁명적 권위의 계승 차원을 넘어선 것이다. 이 이야기들은 또한 "총대정신"이라는 영광스런 전통을 보존하고 수호하기 위한 도덕적 의무와 집단적 의지를 구현해낸다. 즉 총대정신은 혁명의 찬란한 계보를 모범적 가문에 대한 확실한 정치적-효성적 헌신과 선군정치의 영도력에 대한 확고한 애국적-가족적 충성으로 지킬 것을 주장한다. 이러한 총의 상징성은 "혁명가의 필승의 신념이란 본질에 있어서 혁명의 수령을 믿고 따르는 마음"이라는 김정일의 말(2005년 8월 발언)처럼 오늘날 북한혁명의 최고원칙에 대해 말하는 것이다. 이때 혁명의 수령이란 이제는 이 맥락에서 육체적으로는 존재하지 않는 건국지도자를 의미할 수도 있고, 그의 불멸하는 정신을 뜻할 수도 있다. 또한 그 건국영웅을 계승하여 그의 전통을 충성스럽게 따르고 있는 현재의 지도자를 의미할 수도 있고, 이러한 과거와 현재의 지도자들을 연결하는 가계를 의미할 수도 있다. 이 용어는 이 모든 의미를 함께 내포한 것일 수도 있다.

김정일의 학교순례는 혁명적 리더십이라는 다변적 의미를 가진 개념을 다시금 주장하고 또 이 주장을 새롭게 하는 중요한 제스처였다. 그 순례는 그의 세습적 카리스마와 그가 영도하는 국가의 유훈정치에 가장 중요한 물적 상징의 전설을 간직한 장소를 주목하게 한다. 이렇게 절대적으로 중요한 역사적 의미와 병행해서 그 학교 방문은 명백히 그 못지않게 중요한 미래를 위한 사전 대책으로서의 의미가 있었다. 그 순례는 북한 정치계보사에서 또다른 중요한 전환기에 행해진 것이다.

당시 평양에서는 새로운 권력승계의 드라마가 무대에 오르고 있었다. 김정일이 지린과 하얼빈 순례에서 돌아온 지 며칠 뒤인 2010년 9월 28일, 평양에서는 제3차 조선로동당 당대표자회의가 개최되었다. 당대표자회의는 사회주의적 민주주의를 구현하는 최고 수준의 제도를 의미하지만, 1966년 이후에는 열린 바 없는 아주 드문 사건이었다. 이 역사적 회의는 면밀하게 연출된 정치적 스펙터클로 드러났다. 이를 통해, 북한의 세습적 카리스마 정치의 새로운 체제가 공개적으로 모습을 드러내기 시작한 것이다.

당대표자회의가 열리기 몇시간 전, 김정일은 그의 막내아들 김정은(金正恩)과 그의 고모와 고모부, 그리고 다른 세명의 주요 인사를 나란히 장군으로 임명했다. 정치분석가들은 이를 절대권력의 순조로운 다음 세대로의 이행을 책임질 핵심권력 집단을 구성한 것으로 보았다. 그 회의에서 대표자들은 김정은을 국가의 군사적 사항을 총괄하는 당의 핵심기구인 국방위원회의 부위원장이란 강력한 직책에 선출했다. 곧이어 10월 10일, 조선로동당 창건 제65돌 기념일에 68세의 김정일과 28세의 김정은이 수많은 북한 대중들 앞에 처음으로 함께 출연했다.[5] 그들은 나란히 주석단에 서서 군사 퍼레이드를 사열했다. 이 행사를 위해 집결한 수많은 북한 시민들에게 그 뜻은 명백했다. 이 나라의 미래지도자가 누구인지 결정된 것이다. 주석단의 배열은 누가 미래 북한 정치체제의 모범중심이 될 것인지, 누구에게 시민과 군대가 끊임없이 그들의 정치적 충성과 효성을 함께 바쳐야 할 것인지 명백하게 보여주었다. 많은 외교사절과 언론인이 초대되어 이러한 국가적 스펙터클의 증인이 되었다. 그들에게 그날의 군사 퍼레이드는 명료한 메시지를 전달했다. 즉 북한은 국가적으로 한 세대 전에 있었던 권력이양 방식을 그대로 되풀이하기로 결정했고, 따라서 앞으로 외부세계가 북한과 관계를 맺으려면 바로 이 주권적 결정을 인정하고 받아들여 존중해야만 한다는 것이다. 권력승계의 결정은 북한이라는 국가의 관점에서 보면 민주적으로 이루어진 것이다. 가장 먼저, 이 나라의 유일한 모범적 권위가 (후계자에게 높은 군사적 직책을 수여하는 방식으로) 승인의 의사를 표시했고, 이어서 당의 전체대표자회의가 만장일치로 동의하고, 그 다음으로 인민군이 이 결정에 대한 충성 표명을 군의 국가기념일 행사로 연출했다.

수도 평양에서의 스펙터클에 이어서 곧 지방에서도 수많은 행사가 뒤따랐다. 전국의 군부대에서는 그러한 결정을 모는 장병들에게 알리면서, 지금까지 군이 조선혁명의 중심을 받들고 지켜왔던 것처럼, 떠오르는 새로운 지도자에 대해서도 군이 변함없이 결정적인 역할을 할 것임을 강조했다. 동시에 지방의 당조직들은 직장, 학교 등 거주지역 단위에서 모든 당원이 참여하는 보고회를 열었다. 회의 중에는 당 권력으로부터 특별 선물(소량의 쌀, 식용유, 술)이 모든 인민과 가정에 내려올 것이라는 소식도 있었다. 인민들에게는 그 선물이 조선로동당 창건일을 기념하여 주는 것이라고 했다. 그러나 지난 몇 해 동안 김일성과 김정일의 생일에도 구경할 수 없었던 그런 귀한 배급품이 실제로 무엇을 의미하는지는 모두가 잘 알았다.

뒤이은 몇주 동안, 더 많은 정치교양학습회가 당과 군 단위에서 소집되었다. 그런 회의에서 논의된 많은 중요한 시사적 사안 중에서 특히 주목할 만한 것은 중국의 선물에 관한 뉴스였다. 인민들은 중국의 국가지도자 후 진타오가 위대한 장군님께 창춘의 정상회담 때 악수하며 찍은 사진을 액자에 담아 바쳤다는 보고를 들었다. 이 뉴스는 특히 중국이 북한의 미래 후계자로 지명된 청년장군에게 김일성의 유산을 선물했다는 사실을 부각시켰다. 그 선물은 김일성이 마오 쩌둥과 1953년 동지적 정상회담을 하면서 찍은 사진이었다. 더욱이 인민들은 중국이 북한에 선사할 또다른 중요한 선물을 준비하고 있다고 들었다. 그것은 청년장군의 친할머니이자 조선의 어머니인 김정숙의 실물 크기의 밀납상으로, 완성되면 현재 묘향산 국제친선전람관의 성스러운 내실에 서 있는 김일성의 밀납상 옆에 나란히 놓일 것이라고 했다.

이런 모든 국가적·지역적·국제적 행사들이 모두 2010년의 8월에서 10월까지 두달간의 짧은 기간 내에 진행되었다. 2011년 12월 17일 갑작스런 김정일의 사망 이후에는 사망한 지도자가 미완성으로 남겨놓고 떠난 계승절차를 가속화하고 다지기 위해 더 많은 국가적·지역적 행사들이 급속히 조직되었다. 이렇게 전개된 행사들은 이 책의 앞부분에서 논의한 현대적 극장국가의 대규모 군중집회와 스펙터클, 새로운 대중적 정치교양 캠페인, 그리고 국내적·국제적 차원에서 동시에 전개되는 선물의 정치를 포함한 대부분의 요소들을 끌어들여 활용했다. 앞으로도 몇개월 또는 몇년 동안은 권력승계라는 정치 드라마를 현실화하기 위한 음악·뮤지컬·미술·영화·문학 또한 건축 등을 동원한 다양한 시도들을 틀림없이 목격할 수 있을 것이다. 또한 북한의 새 지도자가 새롭게 전개하는 일련의 현지지도 여행들도 보게 될 것이다. 청년장군(아버지 김정일의 죽음 이후에는 "최고영도자"로 불린다)은 이미 여러 곳의 군부대를 고인과 함께 현지지도 했다. 2012년 새해 첫날, 그는 한국전쟁 개전 며칠 만에 서울을 해방하는 데 앞장선 것으로 유명한 류경수제105땅끄사단을 찾았다고 한다. 조선중앙통신은 그가 특별히 장병들의 생활여건에 자상한 관심을 기울였다고 전했다.

작금의 극장국가 북한의 정치적 세습예술은 과거의 전통이 있지만, 이전 시대에는 이렇게 전례로 삼을 만한 것이 없어 새로이 발명해낼 수밖에 없었다. 북한의 일반주민들이 앞으로 펼쳐질 세습적 유훈정치의 드라마에서 특별히 기발하고 혁신적인 정치예술을 경험하게 될 지는 확실치 않다. 새로운 세습예술은 몇가지 새로운 요소들을 발명할 수도 있고, 기본적으로 이전의 패턴을 그대로 따를 수도 있다. 극장국가 북한의 미래가 공식적인 예술적 창조력 면에서 과거 1970년대 이후와 비교하여 특별히 내세울 만한 것이 있을지 두고 볼 일이다. 그러나 내용 면에서 극장국가의 실행력은 중대한 도전에 직면해 있고, 그 일을 해내기 위해서는 상당한 창조성과 혁신적 사고가 필요하리라는 것은 분명하다.

그 도전은 구조적인 동시에 도덕적인 것이다. 이 책의 앞부분은 구조적 측면에 초점을 맞추었다. 이 책에서 우리가 핵심적으로 주장하고자 하는 것 중 하나는 현재 북한의 국가적 성격이 무엇보다도 그 나라의 지도부가 선택하게 된 독특한 세습방식의 산물이라는 점이다. 일부는 우연적이고 일부는 역사적인 다른 변수나 상황에 대해서도 언급했지만, 우리는 1970년대 이래의 북한 정치체(polity)의 진화과정에서 가장 우선적이고 결정적인 문제가 혁명적 카리스마의 관례화(routinization)였고 그것이 북한 역사에 세습원칙을 남기게 되었다는 분석을 제안했다. 무엇보다도 국가창시자의 카리스마적이며 구세주적인 권위의 역사적 생명 보존이라는 이 핵심적인 문제가 북한의 정치사회사의 전개를 빚어내는 데 결정적이었다는 것이다. 영속적인 카리스마의 추구는 당과 군대의 관계 변화를 가져왔고, 국가가 군사력과 군 주도의 정치안보에 강박적으로 집중하는 것에 비례

해 점점 더 경제를 경시하도록 만들었다. 이 세습적 카리스마 문제
는 주요 동맹국과 적국에 대한 북한의 외교정책의 진화에도 중요한
역할을 했고, 남한에 대한 접근방식과 다른 제3세계와의 상호작용도
결정했다. 무엇보다도 이 문제는 철저하게 주체적이며 자족적이며
자기중심적인 정치체제로서의 북한의 단호한 자기 이미지를 형성하
는 원동력이 되었다. 이러한 발전과정에서는 북한보다 월등히 힘이
센 다른 혁명국가들이 결국 실현할 수 없었던 정치적 과제를 가장 우
선에 두고 집중적으로 추구했는데, 이는 바로 권력의 세습적 계승을
구현하는 방식으로 초월적인 그리고 초역사적인 카리스마를 실현하
는 것이었다.

북한혁명은 1945년부터 50년까지 초기 국가건설 시기에, 그리고
다시 1953년부터 60년대까지 전후 국가재건운동에서 눈부신 성공을
거두었다. 전쟁으로 파괴된 사회를 효율적으로 동원하여 빠르고 강
력한 산업경제 발전으로 이끌어 강건한 독립국가를 창조했다. 다음
시기에 이 혁명은 또 하나의 기념비적인 성공을 이룩하게 되는데, 이
번에는 사회의 경제적·정치적 현실보다는 국가의 외양에 관한 혁명
정치의 영역에서였다. 이 기나긴 기간 동안 북한의 혁명적 자긍심은
극단적으로 좁은 의미의 혁명에 집중되었는데, 이는 주로 혁명국가
의 형식적 완전성과 국가의 지도자의 역사적 영속성 문제에 초점을
맞추었다. 국가로서의 북한은 정치적 혁명의 이런 제한된 영역에서
는 눈부신 성공을 이루었고, 스스로도 나라의 혁명적 국가성을 유지
하고 지켜온 독특한 성취에 대해 대단히 자랑스러워하고 있다. 이러
한 성취가 북한의 전통적 사회주의 동맹국들까지 포함한 외부세계
에는 시대착오적이고 현대적 혁명전통에 어긋난 것으로 보일 수 있
다. 그러나 그 결과가 외관상 아무리 명백하게 전근대적인 것으로 보

인다 할지라도, 북한이 자신의 혁명전통을 지키고자 내린 국가적 결정의 발단 자체가 정치적 혁명으로서 조금도 모자람이 없다는 점은 인정해주어야 할 것이다. 그것은 하나의 성취로서 정치적 혁명과 유사한데, 냉전시대의 다른 어떤 사회주의 혁명국가도 이를 성취하지 못했기 때문이다. 이는 순수하게 이론적인 측면에서도 마찬가지인데, 이러한 성취가 카리스마 권력의 비영속적 성격을 뛰어넘는 것이기 때문이다.

자랑스러운 성취는 그러나 동시에 비극적 실패이기도 했다. 북한은 카리스마의 자연적 수명에 저항하여 영원한 권위를 성취하겠다는 각오로, 인위적이고 과장된 대중동원의 예술정치로 무장한 극장국가로 변모해가기 위해 스스로를 몰아쳐갔다. 이러면서, 정치적으로 독립적이며 사회적으로 민주적이며 경제적으로도 풍요로운 공동체를 건설한다는, 20세기 혁명국가로서의 근본 목적으로부터 점점 더 멀어져갔다. 카리스마 권력에 대한 숭배는 정치와 행정 권력의 극심한 중앙집중을 가져왔고, 이는 사회주의혁명의 민주적 원리를 파괴했다. 권력의 중앙집중은 주로 정치적·문화적 수단에 의존하면서 구성원들을 그러한 활동에 가장 먼저 동원하기 때문에, 경제생활과 성장 영역에 대한 국가 차원의 부적절하고 소홀한 대응이 늘어났다. 이러한 실패가 누적된 결과는 문화생산 영역 이외의 모든 사회생활 영역에 걸쳐 조금씩 나타나다가 1990년대 중반의 비극적 위기 상황에서 무참하게 드러났다. 그것은 모든 현대국가의 근간을 이루는 가장 중요한 토대인 시민사회의 경제적·도덕적 몸체를 유린했다.

그 실패는 도덕적인 동시에 구조적인 것이었다. 달리 말해 그것이 심각한 구조적 실패가 된 것은 전면적인 도덕적 실패였기 때문이다. 현대에는 생존력 있는 사회 없이 생존력 있는 국가는 없다. 클리퍼드

기어츠는 현대국가가 단지 극장국가로서만 존재할 수 없다고 주장
했다. 그는 하나의 국가가 권력의 합리적 행사가 아니라 매혹적 과시
를 바탕으로 만들어질 수 있다는 사실을 인식하지 못하는 현대 정치
이론에 대해 비판하면서도 극장국가의 현대적 한계성을 뚜렷이 인
지하고 있었다. 이 책도 정치권력의 역사적 다원론에 대한 그의 연구
에서 도움을 받았지만, 그는 그러한 이론을 전개하면서도 현대에 극
장국가가 갖는 한계에 대해서는 전혀 환상을 품고 있지 않았다. 이런
점에서, 권력에 대한 그의 다원주의적 접근은 막스 베버의 현대 정치
에서의 카리스마 권력의 한계에 대한 신념과 매우 유사하다.[6]

현재 북한정권이 실현시키고자 하는 3대 세습이 제대로 진행될 수
있을지는 두고 봐야겠다. 예측할 수 없는 사태가 있을 수도 있다. 그
러나 분명한 것은 북한에 미래가 있으려면 극장국가로서의 스스로
의 한계를 받아들이고 이를 매듭지어야 한다는 것이다. 북한은 현대
에는 한 사회가 주장할 수 있는 특수주의와 예외주의에 분명히 한계
가 있다는 사실과 직면해야만 할 것이다. 다원성을 중시하는 현대적
정신에서도 한 사회의 특수한 정통성은 오직 다른 사회들이 인정하
고 승인할 수 있는 한도 내에서만 인정될 수 있다는 지혜를 회복해
야 한다. 자기 정체성을 심각하게 되돌아보기 위하여, 북한은 오랫동
안 잃어버렸던 건국 초기의 진정한 영웅정신을 되살려야만 할 것이
다. 북한은 전쟁 후의 역사적 순간으로 돌아가 국가재건의 고난스러
운 과제를 수행하기 위해 국가와 사회가 하나로 단결했던 그 당시의
시대정신과 힘을 다시 끌어내야 할 것이다. 이를 제외한 그밖의 북한
의 역사는 국민의 역사가 아니라 국민의 역사를 가장해 사회에 강요
한 국가의 역사에 불과하다.

북한이라는 극장국가는 미래를 위해 또 하나의 정치적 혁명을 일

으켜야만 한다. 이번의 혁명은 극장국가의 생명을 끝내기 위한 투쟁이 될 것이다. 아니면, 최소한 그 생명을 국가의 본질이 아니라 단순한 겉모습으로 바꾸기 위한 투쟁이 될 것이다. 이러한 혁명을 시작하는 것이 불가능하지는 않다. 북한이라는 극장국가의 진화과정에는 긍정적으로 활용할 만한 요소들이 있다. 우리는 북한의 새 지도자가 혁명국가의 건국조상, 오직 그 조상하고만 강한 결연을 맺기를 바란다. 우리는 이 지도자가 선군정치시대를 넘어설 수 있기를 고대한다. 1994년부터의 짧은 선군정치나 1970년대 초반부터의 긴 선군정치 모두 유감스러운 역사적 에피소드로, 아니면 적어도 북한혁명답지 못했던 시기로 인정하기를 바란다.

몇가지 고무적인 조짐이 있다. 그중 첫번쌔는 군의 권력에 비해서 노동당의 권위가 천천히 회복되고 있다는 점이다. 조선로동당 기관지『로동신문』은 2010년 6월 30일, 곧 치러질 조선로동당 대표자회의가 "당에 대한 인민의 신뢰를 더욱 두터이 하고 당과 인민의 혼연일체의 위력을 강화하는 데서 커다란 의의를 가진다"라고 역설했다.[7] 바로 이 회의에서 북한의 새 지도자가 결정되었는데, 이러한 움직임은 당과 군의 관계가 김정일 통치하에 지배적이었던 '선군후로(先軍後勞)'라는 왜곡된 형태에서 벗어나 사회주의정치의 정상적 상태를 회복할 것이라는 희망적 방향을 향하고 있다. 이와 관련하여, 군 중심의 정치경제에서 사회경제적인 회복에 더 중점을 두는 경제정책으로의 전환가능성을 보게 된 것도 고무적이다. 비록 이것이 시장사회주의로의 전환이나 농업의 사유화를 포함한 경제자유화를 포용하는 것을 의미하지는 않을지라도, 지도부가 당의 권위를 회복시키는 조치와 병행하여 농업 생산력과 경공업 역량을 증대시키는 것에 더 관심을 기울이려는 조짐은 보인다. 2010년『로동신문』의 신년사설은

이러한 방향전환을 분명히 제시했고, 그와 비슷한 메시지는 2011년의 신년사설에서도 반복되었다.[8]

이러한 변화는 김정일의 2011년 5월 1주일간의 중국방문에서도 나타났다. 당시의 여정은 김일성의 1991년 10월 중요한 중국여행 일정과 여러모로 매우 비슷한데, 앞서 이야기한 대로 그 기간 중에 김일성은 중국 지도자들과 중국의 전례를 따른 북한경제의 개방 가능성과 필요성에 대해 논의했다.[9] 또다른 관점에서 보면 이 해외순방은 북한의 지도부가 마침내 그 나라가 국가창시자가 이루지 못한 마지막 소원을 이루기 위한 준비가 되었다고 자국민과 세계를 향해 밝힌 것으로 해석할 수 있다. 사회경제보다 군사력을 우대하는 정책을 통해 취약한 국가주권을 성공적으로 방위했기 때문에 이제는 그것이 비로소 가능하게 되었다는 것이다. 이러한 해석은 북한이 김일성 탄생 100주기인 2012년을 오래전부터 "강성대국"의 문을 드디어 활짝 여는 해로 규정한 사실을 감안하면 틀리지 않을 가능성이 높다.

주목할 만한 것은, 북한에게는 그들의 정치적 세습과정을 어느정도 이해해주는 유력한 동맹국이 있다는 사실이다. 우리는 북한의 새 지도부가 중국의 두가지 선물, 즉 지도자에게 준 선물인 중국과 북한의 건국영웅들의 사진 그리고 북한인민들에게 준 선물인 '조선의 어머니'상('선군정치의 어머니'상이 아니라), 그 두가지만을 중요하게 여기길 바란다. 우리는 미래에 북한의 또다른 주요 동맹국이 될 수 있는 남한, 일본과 미국도 북한의 강력한 현재 동맹국이 보낸 선물의 이러한 의미를 이해하기를 희망한다. 우리는 그들이 그러리라 믿는다. 그렇다면 앞으로 북한혁명이 해내야 할 단 한가지 남은 일은 극장국가의 환상을 깨버리고 그 파편 속에서 진정한 북한혁명의 진정한 자랑인 하나의 보물을 회복하는 것이다. 그 보물은 전후 "조

선의 기적"의 경험인데, 그 기적은 좀더 나은 미래에 대한 간절한 희
망과 신념으로 의연하게 고난을 견뎌내었던 긍지있는 북한인민들과
대중동원에 능란한 카리스마적 지도자의 긴밀한 협업으로 이루어졌
다. 나아가서 이 기적은 북한사람들만의 노력으로 이루어진 것이 아
니라, 국제사회의 넉넉한 지원도 함께 있었기에 가능했다. 사실 그
후 국제사회의 외형은 극적으로 바뀌었다. 하지만 북한과 인접한 동
북아시아의 국제적 환경은 더욱 강해지고 있으며 지원할 수 있는 역
량도 있다. 북한은 이러한 국제적 지원을 원조나 투자라기보다, 필요
하다면 자신들의 국가적 위세를 인정한 세계로부터의 조공이나 선
물로 해석할 수도 있다. 그러나 어떤 해석을 선호하든 북한은 이러한
지원을 받아들여야만 하며 이를 받기 위해서는 선군정치로 인해 야
기된 과거의 잘못을 바로잡는 절차를 밟아나가야 할 것이다. 그 과정
에는 무엇보다도, 군의 핵무장 계획을 중지하고, 인민의 생존과 생계
의 권리보다 군의 권력과 보전을 우선한 잔인하고 비도덕적인 경제
정책을 중단하는 조치가 있어야 한다.

북한은 혁명적 인민군대의 존재적·윤리적 기본원칙을 회복해야
만 한다. "우리 군은 물고기이고, 우리 인민은 물"이라는 고전적 격
언이 명료하게 요약하듯이, 인민의 온전한 삶과 지원 없이 살아남은
인민의 군대는 역사상 존재하지 않기 때문이다. 이를 위해서, 북한은
고난의 행군의 역사를 찬양하는 일을 결국은 그만두어야 한다. 고난
의 행군은 과거의 것이건 최근의 것이건 모두, 인민의 역사가 아니라
인민으로부터 분리되고 소외된 군대의 역사이기 때문이다.

무엇보다도 북한의 새 지도부는 현대적인 정치적 권력과 권위의
본성을 거스르는 인위적인 예술정치의 힘에는 실제로 분명한 한계
가 있다는 적나라한 역사적 교훈과 진실에 대면해야만 한다. 카리스

마 권력의 시간적 한계에 대해 그렇게 앞뒤 돌아보지 않고 오만하게 저항하는 것이 인민의 생명뿐 아니라 바로 그 정치적 예술이 영속시키고자 했던 권위 그 자체의 위엄과 전통에도 궁극에는 좋지 않은 결과를 가져온다는 사실을 직시해야만 한다. 현대에는 역사의 자연스러운 전개과정을 따름으로써, 그리고 오직 그러한 역사의 힘에 대한 겸손한 태도를 통해서만 한때의 카리스마 권력의 위엄이 의미있는 사회적 유산으로 지켜질 수 있다는 사실을 깨달아야 할 것이다.

다시 강조하자면, 이러한 깨달음은 그 나라의 극장국가로서의 정치적 생명을 끝내는 행동으로 추진되어야 한다. 이 행동에는 극장국가의 환상을 무너뜨릴, 새로운 북한혁명을 시작하고자 하는 용기가 필요하다. 국가체제를 현대에 걸맞는 제대로 된 모습으로, 전통을 지닌 제도로 복구하기 위해서는, 한민족의 전통문화에 기초하지도 않고 현대 세계가 받아들일 수도 없는 신비주의적 상징의 연출가 역할을 끝내야 한다. 바로 지금이 또 하나의 '조선의 기적'을 만들어낼 때다.

서론

1 막스 베버는 문화를 거미줄에 비유하면서 인간은 다른 생명체들과 달리 그들의 물리
적 삶의 주위에 상징과 의미의 거미줄을 치는 능력이 있지만 자신이 만든 의미의 거
미줄에 갇혀 빠져 나오지 못하는 것으로 보았다. 인류학자 클리퍼드 기어츠는 이러한
베버의 시각에 착안하여 문화를 일정한 상징들과 의미들로 구성된 체계로 정의하면
서 1970년대 이후 성장한 상징주의와 해석학 연구에 크게 기여했다.

2 Bruce Cumings (2004) *North Korea: Another Country*.

3 민주집중제(democratic centralism)는 공산당의 가장 기본적인 조직 원리이자 레닌사
상의 핵심 요소다. 당원 총의를 대표하는 당 대회를 모든 당권의 원천으로 삼는다는
점에서 '민주'이고, 일단 다수결로 구성된 상급기구에게 모든 하급기구와 당원들이
복종한다는 점에서 '집중제'다.

4 Max Weber (1947) *The Theory of Social and Economic Organization*.

5 Heonik Kwon (2010a) "North Korea's Politics of Longing," *Critical Asian Studies* 42,
3~24면.

6 Weber 1947, 389면. 이 개념은 이 책 제2장에서 논의된다.

7 인용된 구절은 다음 기사 참조. "North Korea Confirms Kim Jong-Il's Son Will Take
Over as Leader," *Guardian*, 2010.10.8.

8 Benedict Anderson (1991) *Imagined Communities: Reflections on the Origin and Spread of Nationalism*. Hong Kal (2011) *Aesthetic Constructions of Korean Nationalism: Spectacle, Politics, and History*. Alexander Woodside (1976) *Community and Revolution in Modern Vietnam*. Shawn Frederick McHale (2008) *Print and Power: Confucianism, Communism, and Buddhism in the Making of the Modern Vietnam*, 102~42면. Glen Peterson (1998) *The Power of Words: Literacy and Revolution in South China, 1949-95*.

9 가장 주목할 만한 예 가운데 하나가 Christel Lane (1981) *Rites of Rulers: Ritual in Industrial Society-the Soviet Case*다. 또한 Jeffrey Brooks (2000) *Thank You, Comrade Stalin!: Soviet Public Culture from Revolution to Cold War*를 참고할 만하다.

10 김일성 (1978)『혁명적 문학예술을 창작할 데 대하여』. 사회과학출판사 (1971)『한 길 혁명 문학예술: 경애하는 수령 김일성 동지의 탄생 예순돌 기념』.

11 Haruki Wada (1998) *Kita Chōsen: Ygekitai kokka no genzai*. Clifford Geertz (1980) *Negara: The Theatre State in Nineteenth-Century Bali*.

12 Charles K. Armstrong (2003) *The North Korean Revolution 1945-1950*.

13 Tatiana Gabroussenko (2010) *Soldiers on the Cultural Front: Developments in the Early History of North Korean Literature and Literary Policy*.

14 Suk-Young Kim (2010) *Illusive Utopia: Theater, Film, and Everyday Performance in North Korea*.

15 이우영 (2001)「문학예술을 통해서 본 김정일 시대의 북한」,『경제와사회』제49호 (2001년 봄호), 102~23면. 전영선 (2002)「북한의 대집단체조예술공연 '아리랑'의 정치사회적·문학예술적 의미」,『중소연구』제94호(2002년 8월), 131~58면. 전영선 (2011)「북한「아리랑」의 현대적 변형과 의미」,『현대북한연구』제14-1호, 40~75면. 박영중 (2007)『21세기 북한 공연예술 대집단체조와 예술공연 아리랑』.

16 윤우철·서경남·황철수 (2005)『조선로동당의 도덕 의리의 정치』. 전하철 (1994)『수령님은 영원히 우리와 함께 계신다』. "대를 이어 충성하자"라는 슬로건은 1974년 북한 공식언어의 일부로 처음 등장했다.「혁명전통을 대를 이어 빛나게 계승 발전시키자」,『로동신문』1974.4.25.

17 "극장국가"라는 용어는 기어츠의 개념을 인용했다. 이 책 제2장 참고.

18「강계정신으로 억세게 싸워나가자」,『로동신문』2000.4.22에서 인용. 강계는 한반도 최북단에 위치한 곳으로 기근시기 동안 그 지역의 인민들이 영웅적으로 고난을 견뎌 내면서 당에 대한 흔들리지 않는 헌신을 보여주었다고 김정일이 칭찬한 지역이다.

제1장 대국상

1 다음의 문헌을 참고할 것. 정병호 (2000) 「북한 기아 구호활동 민간단체의 현황과 과제」, 『북한의 식량문제 실태와 대책』, 239~56면. Ian Jeffries (2006) *North Korea: A Guide to Economic and Political Developments*, 82~107면. Stephan Haggard and Marcus Noland (2007) *Famine in North Korea: Markets, Aid, and Reform*. Andrew S. Natsios (2001) *The Great North Korean Famine: Famine, Politics, and Foreign Policy*.

2 우리민족서로돕기 불교운동본부 (1998) 『북한식량난의 실태』. 정병호 (2004) 「북한기근의 인류학적 연구」, 『통일문제연구』 제16권 1호. 109~40면. W. Courtland Robinson et al., (2001) "Famine, Mortality, and Migration: A Study of North Korean Migrants in China," *Forced Migration and Mortality*, 69~85면.

3 이문웅 (1976) 「북한정치문화의 형성과 그 특징」, 『북한연구』, 3면(강조는 원문).

4 정병호·전우택·정진경 편 (2006) 『웰컴 투 코리아: 북조선 사람들의 남한살이』. 좋은벗들 (2000) 『북한이야기: 북한사람들이 말하는』.

5 스물세살의 중국 거주 탈북자는 이렇게 말했다. "지금도 나는 수령님 생각하면 실지 눈물이 난다. 한데 (수령님의) 후계자로서 장군님이 대를 이어 정치하고 있는데 인민을 좀 잘살게, 또 마음 놓고 살게끔 정치하면 떠받들겠는데 날이 갈수록 인민생활은 쪼들리우고 더 고통스러워지기만 하니 이건 너무하다. 글쎄 장군님의 뜻은 그렇지 않은데 밑에서 간부들이 잘못 받드는지 (…)" 림근오 (2008) 「백성 해방-언론 해방이 최우선이다」, 『림진강』 제3호, 142~43면.

6 최순호 (2008) 『탈북자 그들의 이야기』. Byung-Ho Chung (2003) "Living Dangerously in Two Worlds: The Risks and Tactics of North Korean Refugee Children in China," *Korea Journal* 43, no. 3, 191~211면. Mike Kim (2008) *Escaping North Korea: Defiance and Hope in the World's Most Repressive Country*. Katherine Moon (2008) "Beyond Demonization: A Strategy for Human Rights in North Korea," *Current History* (Sep. 2008), 264~66면.

7 온라인상에서 증언을 청취할 수 있는 곳은 '북한 식량난민의 생활상' CyberHumanRights.com (http://www.cyberhumanrights.com/media/material/5049_1. pdf, 접속일: 2010.3.6).

8 다음의 문헌을 참고할 것. Joel R. Charny (2005) *Acts of Betrayal: The Challenge of Protecting North Koreans in China*. Chung 2003, 191~211면. 일곱살 먹은 아들과 함께 중국 국경선을 넘어가려다 붙잡혀 북한 국경수비대의 심문을 받았던 청진 출신의 한 탈북자에 따르면, 그는 체포대에게 "제 조국 버리는 배신자"이자 "새끼까지 배신자로 키우는 〔사람〕"이었다(http://www.cyberhumanrights.com/media/material/5049_1.

pdf). 또다른 탈북자에 따르면 "여기서 문제로 되는 것은 현재 도강자들에게 가장 큰 고통을 틀 씌우고 있는 정치적 감투—'민족 반역죄'다. 살길을 찾아 도강하는 그들에게는 당국에서 말하듯 민족을 반역하려는 의지가 없거니와 어떤 역적 행위를 하는 것도 아니다". 림근오 (2009) 「살기 위한 탈북도 죄인가?」, 『림진강』 제4호, 27면

9 「北 "끝까지 결판 볼 것"」, 『동아일보』 2009.2.23.

10 "수수께끼 같은 나라"라는 표현은 Marika Vicziany, David Wright-Neville, and Peter Lentini, eds. (2004) *Regional Security in the Asia Pacific 9/11 and After*, 15면에서 인용. 또한 다음을 참고할 것. Jon Halliday (1981) "The North Korean Enigma," *New Left Review* 127, 18~52면.

11 한국에서 이러한 진술은 김정일에서 비롯되어 '우리는 승리한다'라는 제목의 기사를 통해 공개적으로 알려졌다(『로동신문』 1996.6.3). 보고에 따르면 김정일은 자신의 65주년 생일인 2007년 2월 16일에 행한 공개연설에서 다시 한번 이 진술을 반복했다고 한다. 다음의 문헌도 참조할 것. 「성스러운 3년」, 『로동신문』 1997.7.2. 「불멸의 5년을 회고하며」, 『로동신문』 1999.7.1.

12 Rudiger Frank (2007) "The North Korean Economy," *Handbook on the Northeast and Southeast Asian Economies*, 298~316면. James E. Hoare and Susan Pares (2005) *North Korea in the 21st Century: An Interpretative Guide*, 46~64면. John Larkin (2002) "North Korea, Mysterious Reform," *Far Eastern Economic Review* 8, 18~19면.

13 좋은벗들 (2001) 『북한사회 무엇이 변하고 있는가?』. Haggard and Noland 2007. 또한 다음의 책을 참조할 것. Hyung-Min Joo (2010) "Visualizing the Invisible Hands: The Shadow Economy in North Korea," *Economy and Society* 39, no. 1, 110~45면

14 Heonik Kwon (2008) *Ghosts of War in Vietnam*, 29~32면.

15 Mary Kaldor (1990) *The Imaginary War: Interpretation of East-West Conflict in Europe*.

16 Odd Arne Westad (2005) *The Global Cold War*.

17 Mark P. Bradley (2000) *Imagining Vietnam and America: The Making of Postcolonial Vietnam 1919-1950*.

18 도이모이(doi moi, 쇄신을 뜻함)는 1986년 베트남공산당 제6차 대회에서 제기된 슬로건으로, 베트남은 공산당 일당지배체제를 유지하면서 시장경제와 대외개방정책을 도입하여 큰 경제적 성과를 거두었다.

19 Armstrong 2003.

20 사실 남한 지식인들로부터 한반도 전체가 냉전의 마지막 "요새" 혹은 "섬"이라는 불만족스런 비평을 듣는 것은 흔한 일이다. 이러한 공간적 인식은 한민족 전체가 역사발전에서 외부세계에 뒤지고 있다는, 일리는 있지만 비논리적인 시간석 인식을 낳는다. 이러한 몇몇 쟁점과 근래의 냉전의 역사에 대한 인식에서 생겨나는 문제에 대해

서는 다음의 책에서 논의했다. Heonik Kwon (2010b) *The Other Cold War*.

21 다음의 문헌을 참고할 것. Charles K. Armstrong (2009) "Socialism, Sovereignty, and the North Korean Exception," *North Korean Foreign Relations in the Post? Cold War Era*, 41~55면.

22 Dipesh Chakrabarty (2000) *Provincializing Europe: Postcolonial Thought and Historical Difference*. Partha Chatterjee (1993) *The Nation and Its Fragments: Colonial and Postcolonial Histories*.

23 Kwon 2010b, 121~38면.

24 Heonik Kwon (2006) *After the Massacre: Commemoration and Consolation in Ha My and My Lai*, 161면.

25 和田春樹 (1998)『北朝鮮: 遊擊隊國家の現在』.

26 Dae-Sook Suh (1995) *Kim Il Sung: The North Korean Leader*, 123~36, 149~57면. Balázs Szalontai (2005) *Kim Il Sung in the Khrushchev Era: Soviet-DPRK Relations and the Roots of North Korean Despotism, 1953-1964*, 85~112, 214~28면.

27 Hyun Ok Park (2005) *Two Dreams in One Bed: Empire, Social Life, and the Origins of the North Korean Revolution in Manchuria*. Charles K. Armstrong (2005) "Centering the Periphery: Manchurian Exile(s) and the North Korean State," *Korea Studies* 19, 1~16면. Armstrong 2003, 13~37면.

28 Armstrong 2003, 222~39면. Andrei Lankov (2002) *From Stalin to Kim Il Sung: The Formation of North Korea, 1945-1960*.

29 Andrei Lankov (2005) *Crisis in North Korea: The Failure of De-Stalinization 1956*.

30 Suh 1995, 107~08면. Lankov 2005, 202~10면.

31 和田春樹 (1992)『金日成と滿洲抗日戰爭』, 377면.

32 서대숙은 다음과 같이 기술한다. "김일성이 정권 초기에 다른 정치 그룹들을 뿌리뽑을 때 빨치산들이 뒷받침했듯이, 김일성의 정권 유지는 조선인민군이 뒷받침하고 있다. 이러한 의미에서 북한의 군대는 본연의 군사적 임무보다 정치적 역할에 치중한다고 하겠다. 김일성의 개인 숭배가 과거의 스딸린이나 마오 쩌둥을 능가하는 지경에 이르도록 이를 지지하고 조장한 것은 당보다 군에 책임이 있다. (…) 조선인민군은 김일성 사후 김정일의 정권 창출에도 큰 힘이 된다." 서대숙 (2000)『현대 북한의 지도자: 김일성과 김정일』, 156~57면.

33 Ryang, Sonia (2009) "Biopolitics, or the Logic of Sovereign Love: Love's Whereabouts in North Korea," *North Korea: Toward a Better Understanding*, 57~84면. "인민들에 대한 한없는 사랑"이라는 표현은 '위대한 태양, 자애로운 어버이'라는 제목의 칼럼에서 인용함(『로동신문』 2009.6.8).

34 이러한 출판물에는 강청희·리성일 (2007)『영원히 인민과 함께』. 김우경 (2003)『영원한 추억』이 포함된다. 또한 Bradley K. Martin (2004) *Under the Loving Care of the Fatherly Leader: North Korea and the Kim Dynasty*를 참고할 것.

35 Charles K. Armstrong (2007) *The Koreas*, 78면.

36「수령님 부르신 노래」,『로동신문』2007.4.6.

37 북한 서적『음악의 원로, 김정일』은 김정일이 공식적인 음악교육을 받지 못했지만, 아주 어릴 때부터 작곡에 대단한 재능을 보여주었다고 주장한다. 그는 첫 노래인「조국의 품」을 한국전쟁기인 10살에 썼다. 그밖에 어린 시절에 그가 썼던 노래들은 다음과 같다.「축복의 노래」「나의 어머니」「대동강의 해맞이」「조선아 너를 빛내리」. 이와 관련해 다음의 문헌을 참고할 것. 조선미술출판사 (1998)『음악의 원로, 김정일』. 김두일 (2002)『선군시대 위인의 정치와 노래』. 김정일의 정치경력과 김일성으로부터의 권력승계 드라마에서 1952년이 차지하는 중요성에 대해서는 제4장을 볼 것.

38 이우영 2001, 104면.

39 Carol Medlicott (2005) "Symbol and Sovereignty in North Korea," *SAIS Review* 25, no. 2, 70면.

40 김성모 외 (2002)『북한의 집단체조』. 전영선 2002, 131~58면. 정병호 (2010)「극장국가 북한의 상징과 의례」,『통일문제연구』제22권 2호, 1~42면.

41 Armstrong 2003, 223면.

42 이문웅 1976, 43면.

43「우리는 한식술」,『로동신문』2007.10.3.

44 다음의 문헌을 참고할 것. 강진웅 (2001)「북한의 가족국가체제의 형성」,『통일문제연구』제13권 2호, 323~46면. 김성보·기광서·이신철 (2004)『사진과 그림으로 보는 북한 현대사』. Gwang-Oon Kim (2007) "The Making of the North Korean State," 15~42면. 김성보 (2000)「북한의 주체사상·유일체제와 유교적 전통의 상호관계」,『사학연구』제61호, 234~52면. 이헌경 (2002)「김일성·김정일 부자 우상화를 위한 유교적 정치사회화」,『세계지역연구』제18권, 89~104면. 이종흔 (2008)「북한 도덕교육에서 유교윤리의 비판과 수용」,『통일전략』제8권 1호, 217~49면.

45 Bruce Cumings (1997) *Korea's Place in the Sun: A Modern History*, 576~600면. Cumings 2004, 103~27면.

46 이런 맥락에서 '문화' 개념은, 물론, 이미 정치적이고, 또 정치화된 개념으로서 '(국가의)권력' 개념과 분리할 수 없는 것이다. 이를 지적하며, 실라 피츠패트릭은 1920년대 쏘비에뜨 러시아에 대한 유명한 글을 쓴 바 있다. Sheila Fitzpatrick (1992) *The Cultural Front: Power and Culture in Revolutionary Russia*, 5면.

47 이우영 (1993)「북한 정치사회화에서 전통문화의 역할: 북한영화분석을 중심으로」.

또한 다음을 참고할 것. 古田博司 (1991)「北朝鮮における儒敎の傳統と主體思想の
展開」,『下關市立大學論集 1991 第34巷 第3號』, 29~71면. 鈴木昌之 (1992)『北朝鮮:
社會主義と傳統の共鳴』. 小倉紀藏 (2001)『韓國人のしくみ』.

48 '쇄국' 정책이 기본적으로 군주체제에 대한 외부의 위협을 인지하고 그 실제적인 위
협에 대해 취한 방어적 대응이었고, 19세기 말의 상당히 다변적인 상황에서 주권을
유지하기 위한 비전이 부족했지만, 전적으로 시대착오적이거나 (불가피한 변화를 거
부한다는 의미에서) 반동적인 것은 아니었다. 제임스 팔레는 다음과 같이 지적한다.
"대원군의 기본적인 목적은 왕조와 국가를 지키는 것이었는데, 농민반란의 피상적인
원인을 제거하고, 왕의 권력과 위신을 이전 수준으로 회복하는 한편, 중앙정부의 재
정 자원에 대한 통제력을 강화하고, 전복적이고 이단적인 강령들을 일소하고, 전통적
인 방식으로 군사력을 강화시킴으로써 그 목적을 달성하고자 했다. 그의 접근방식은
기본적으로 계획적이거나 이상적인 것이라기보다는 실용적인 것이었다." James B.
Palais (1975) *Politics and Policy in Traditional Korea*, 3면.

49 김성보 2000.

50 Armstrong 2003, 215~29면.

51 Armstrong 2003, 215~29면. 김성보·기광서·이신철 2004, 203~13면.

52 David G. Marr (1981) *Vietnamese Tradition on Trial*, 1920-1945.

53 Shaun K. Malarney (2002) *Culture, Ritual, and Revolution in Vietnam*.

54 James B. Palais (1996) *Confucian Statecraft and Korean Institutions*를 참고할 것. 우리가
이 문제에 대해 주목할 수 있도록 조언을 주신 조흥윤 교수와 마티나 도히어(Martina
Deuchler) 교수에게 감사드린다.

55 김성보 2000과 통일부 (1995)『북한이해』를 참조할 것.

56 이문웅 1976, 44면. 효성의 윤리와 정치적 충성의 규범 간의 상호작용에 대해서는 이
논문의 제2장을 볼 것.

57 이러한 관점을 견지한 당시의 가장 영향력 있는 출판물은 다음과 같다. 브루스 커
밍스 (1986)『한국전쟁의 기원』. 강만길 (2008)『통일운동시대의 역사인식』. 리영
희 (2006)『새는 좌우의 날개로 난다』. 리영희 (2000)『반세기의 신화: 휴전선 남, 북
에는 천사도 악마도 없다』. 이 시기에 관한 탁월한 논의에 대해서는 다음의 두 문헌
을 참고할 것. Namhee Lee (2007) *The Making of Minjung: Democracy and the Politics
of Representation in South Korea*, 131~44면. Sheila Miyoshi Jager (2003) *Narratives of
Nation Building in Korea: A Genealogy of Patriotism*, 97~116면.

58 Haggard and Noland 2007, 21~50면.

59 좋은벗들 (2000)『북한이야기: 북한사람들이 말하는』, 60~61면.

60 "위대한 수령님께서 서거하신 후 우리 인민들 속에서 수령님에 대한 끝없는 경모

의 마음이 뜨겁게 발현된 데 대하여", 「위대한 수령님을 영원히 높이 모시고 수령님의 위업을 끝까지 완성하자: 위대한 령도자 김정일 동지의 불후의 고전적 로작」, 김일성종합대학에서의 기념연설(2009.4.23). http://www.ournation-school.com/Radio_lecture/w2-72/w2-72.htm(접속일: 2009.12.19).

61 「장군님 따라 승리의 한길로」, 『로동신문』 2004.7.2.

62 김정일의 모범적 효성의 실천에는 북한인민들이 이러한 문화작품들을 접할 수 있도록 한 일이 포함되는데, 이 작품들을 통해 이들은 마음속 깊이 김일성에 대한 기억을 간직할 수 있었다고 주장된다. 「태양의 노래는 영원합니다」, 『로동신문』 2008.4.17. 김우경·동기춘·김종석 (1999) 『금수산기념궁전전설집 1·2·3·4』.

63 이러한 각색에는 상당한 역사적 조작이 있다. 김일성은 식민지 만주에서 일어난 무장저항운동의 유일한 지도자는 아니었다. 또한 가장 영향력 있는 지도자도 아니었다. 게다가 이러한 운동들을 단결시켰던 것은 신비주의적인 친족관계보다는 평등주의적 동지관계였다.

64 김일성은 해방 직후인 1947년 항일투쟁 '혁명렬사유자녀'들을 위한 '만경대혁명가유자녀학원'을 설립한 데 이어, 휴전 직후인 53년 8월에는 '조국해방전쟁'에서 전사한 '애국렬사유자녀'와 전쟁고아들을 위한 '유자녀학원'과 '초등학원' 설립을 추진했다. 이후 동유럽 사회주의 형제국 등으로 피난시켰던 전쟁고아들의 귀국시기에 맞춰 1958년 9월까지 평양과 각도 소재지에 새로운 '혁명유자녀학원'을 창설했다. 1962년에는 전국의 모든 유자녀학원을 '혁명학원'으로 개편하여 혁명유자녀 고아들과 함께 당간부의 자녀들도 교육할 수 있도록 했다. 강근조 (1991) 『조선교육사』 제4권, 151~56면, 356~71면.

65 "혁명의 핵심골간"이란 표현은 「혁명가 유자녀들은 백두의 선군전통을 이어나갈 핵심골간들이다」(『로동신문』 2007.10.12)에서 인용. 또한 다음의 논저들을 참고하라. 古田博司 (1992) 「忠誠と孝誠: 北朝鮮イデオロギー敎化史上の二大畵期點 1967, 1987」, 『下關市立大學論集 1992 第36巷 第1·2合倂號』, 1~92면. 평양출판사 (2006) 『선군태양 김정일장군』 제1권, 87~101면.

66 예를 들면 Tai Sung An (1983) *North Korea in Transition: From Dictatorship to Dynasty* 와 Adrian Buzo (1999) *Guerrilla Dynasty: Politics and Leadership*이 있다.

67 서대숙 2000, 170면. 박현선(朴炫宣)도 비슷한 지적을 했다. "'사회주의 대가정론'과 같은 가부장제적인 담론의 연원을 '유교적 전통'보다는 고전적 사회주의체계의 작동 논리에서 찾을 수 있다." 박현선 (2003) 『현대 북한사회와 가족』, 44면.

68 다음의 두 문헌을 참조할 것. Armstrong 2007, 78~79면. 古田博司 1991, 29~71면.

69 Medlicott 2005, 77~78면.

70 다음의 문헌을 참고할 것. Christine Kim (2009) "Politics and Pageantry in

Protectorate Korea (1905~10): The Imperial Progresses of Sunjong," *The Journal of Asian Studies* 68, no. 3., 835~59면. Takashi Fujitani (1998) *Splendid Monarchy: Power and Pageantry in Modern Japan*.

71 북한 아동문학 혹은 노동자문학 잡지들에는 지도자 방문에 대한 지역적 경험을 다룬 이야기들이 풍부하다. 『아동문학』이라는 잡지의 최근호에 실린 「그녀는 웃었네, 그녀는 울었네」라는 한 학생의 시는 다음과 같이 말한다.

> 미곡벌 한끝 청년작업반에
> 아버지 장군님 찾아오신 날
> 온 세상 행복을 독차지한 듯
> 관리 위원장 어머니는 웃기만 했답니다
> 미곡벌의 농사자랑 들어주시며
> 환하게 웃으시는 아버지장군님
> 장군님의 그 기쁨 너무도 좋아
> 가슴속에 자꾸만 샘솟던 웃음
> 멋지게 꾸린 침실을 보아주시며
> 환하게 웃으시는 아버지장군님
> 장군님의 그 웃음 너무도 기뻐
> 아이처럼 감출 줄 모르던 웃음
> 아 웃음에 넘쳐 있던 관리위원장 어머니
> 장군님 가신 다음 그만에야 울었답니다
> 점심때가 지난 줄도 감감 잊고 있었으니
> 그 먼길 어디에서 끼니 드실까?

위의 (동)시는 다음의 문헌에서 인용했다. 박수원 (2009) 「웃었답니다 울었답니다」, 27면.

72 조선중앙통신 2002.4.13.

73 「정력적인 현지지도 강행군」, 『로동신문』 2009.6.18.

74 「장군님 따라 승리의 한길로」, 『로동신문』 2004.7.2.

75 「태양의 노래는 영원합니다」, 『로동신문』 2008.4.17.

76 「장군님 따라 승리의 한길로」, 『로동신문』 2004.7.2.

77 Susan Buck-Morss (2002) *Dreamworld and Catastrophe: The Passing of Mass Utopiain East and West*, 12면.

78 Mark Neocleous (2003) *Imagining the State*, 1~2면.

79 금수산궁전은 김일성의 방부처리한 시신이 안장된 곳이다. 일부에서는 이 기념단지 보수비용이 미화 3억달러에 달한다고 주장한다. 이는 북한의 주식인 건조 옥수수의 200만톤을 구입할 수 있는 액수라는 것이다. 「함평 나비축제 '황금박쥐'와 평양 만수대 '김일성 동상'」, 『데일리NK』 2009.5.11.

80 평양출판사 (1994) 『민족의 원시조 단군』. 전제헌 (1994) 『동명왕릉에 대한 연구』. 김은택 (1996) 『고려 태조 왕건』.

81 다음의 기사를 참고할 것. 「새로운 승리에로 부르는 전투적 기치」, 『로동신문』 2010.1.9.

82 「장자강의 불야성」, 『로동신문』 2007.7.20. 오창은 (2010) 「선군시대 북한 농촌 여성의 형상화 연구」, 『현대북한연구』 제13권 2호, 84~117면.

83 「장군님 사랑하시는 노래」, 『로동신문』 2000.7.25.

제2장 현대적 극장국가

1 Weber 1947, 371, 389면.

2 Stephan Feuchtwang and Mingming Wang (2001) *Grassroots Charisma: Four Local Leaders in China*, 11면.

3 Ann R. Willner (1984) *The Spellbinders: Charismatic Political Leadership*.

4 Weber 1947, 370면.

5 Weber 1947, 329면.

6 Medlicott 2005, 70면.

7 Geertz 1980.

8 和田春樹 1998, 160면.

9 Medlicott 2005, 70면.

10 최신판 아리랑공연은 학생들이 공연하는 집단체조로 자주 분위기를 돋우고 있다. 다음의 탁월한 다큐멘터리를 볼 것. 「어떤 나라」(A State of Mind, directed by Daniel Gordon, Sheffield, UK: VeryMuchSo Productions 2004). 아리랑공연의 준비과정과 이에 관한 자세한 논의는 다음 논문 참조. 정병호 2010, 25~33면.

11 이에 관한 가장 중요한 기록은 1971년 10월 29일 김정일이 당 선전부 간부들과의 회합에서 행한 연설이다. 마틴은 다음과 같이 지적한다. "1970년대 초반 정권은 가까운 인척이 김일성의 후계자가 될 것이라는 매우 분명한 공식적인 의향을 내비쳤다. 1970년판 북한 『정치사전』에는 이 중요한 규정이 들어 있다. '세습승계는 일정한 자리나 부가 법적으로 상속될 수 있는 착취사회의 반동적 관습이다. 본래는 노예사회의 산물

이었는데 나중에 봉건영주들이 독재적인 지배를 영구화하기 위한 수단으로 채용한 것이었다.' 이 규정은 1972년판 사전에는 등장하지 않았다." Bradley K. Martin 2004, 194면.

12 다음의 문헌을 참고할 것. 김정일 (2010) 『김정일선집』, 제3권 255~62면. 과학백과사전출판사 (2002) 『종자론에 관한 철학론문집』.

13 "North Korea Confirms Kim Jong-Il's Son Will Take Over as Leader," *Guardian* 2010.10.8.

14 김지니 (2008) 「북한식 종합공연예술의 정착과 전개」, 『현대북한연구』 제11권 2호, 137~76면. 144면.

15 김정일 (2010) 『김정일선집』 제4권, 221~30면.

16 박영정 (2007) 『북한 연극/희곡의 분석과 전망』. 김정일 (2010) 『김정일선집』 제4권, 1~15, 98~105, 131~36면.

17 평양출판사 (2007) 『선군의 어머니 김정숙 녀장군』.

18 Margaret MacMillan (2008) *Nixon and Mao: The Week That Changed the World*. "기나긴 1970년대"라는 표현은 Chen Jian (2009) "The Great Transformation: How China Changed in the Long 1970s"(그해 1월 22일 런던정경대학LSE에서의 대중강연)에서 따왔다. 비슷한 견해가 Niall Ferguson (2010) "The Political Economy of the Cold War"(그해 10월 18일 런던정경대학 IDEAS에서의 대중강연)에서 제시되었다. Chen Jian (2011) "China's Changing Politics toward the Third World and the End of the Global Cold War," *The End of the Cold War and the Third World: New Perspectives on Regional Conflict*, 101~2, 119면.

19 예를 들어 다음의 문헌들이 있다. Mark Selden (2009) "East Asian Regionalism and Its Enemies in Three Epochs: Political Economy and Geopolitics, 16th to 21st Centuries", *Asia-Pacific Journal* (Feb. 25, 2009). Giovanni Arrighi, Takeshi Hamashita, and Mark Selden, eds. (2003) *The Resurgency of East Asia: 500, 150 and 50 Year Perspectives*. Giovanni Arrighi (2010) *The Long Twentieth Century: Money, Power, and the Origins of Our Times*.

20 Richard Nixon (1978) *The Memoirs of Richard Nixon*, 559~80면.

21 Henry Kissinger (2011) *On China*, 240면.

22 Odd Arne Westad and Sophie Quinn-Judge, eds. (2006) *The Third Indochina War: Conflict between China, Vietnam and Cambodia, 1972-1979*.

23 다음의 문헌을 참고할 것. Yongho Kim (2011) *North Korean Foreign Policy: Security Dilemma and Succession*, 35~52면. Chin O. Chung (1978) *Pyngyang between Peking and Moscow: North Korea's Involvement in the SinoSoviet Dispute, 1958–1975*.

24 「독재체제 확립 '적대적 공존'… 北, 대화하며 '박정희' 고립 시도」, 『주간동아』 2009.10.14.

25 「北, '7.4 성명은 대남적화를 위한 평화공세'」, 『동아일보』 2009.9.24.

26 Don Oberdorfer (1999) *The Two Koreas: A Contemporary History*.

27 W. W. Rostow (1960) *The Stages of Economic Growth: A Non-Communist Manifesto*. Michael E. Latham (2011) *The Right Kind of Revolution: Modernization, Development, and U.S. Foreign Policy from the Cold War to the Present*, 44~53면.

28 *Global People*, no. 127, 2010.5.16.

29 이 작품은 이후에 책으로 출간되었다. 김정일 (1984) 『영화예술론』.

30 「해마다 봄이 오면」, 『조선노래대백과』 2004, 1404면.

31 「혁명의 꽃씨앗을 뿌려간다네」, 『조선노래대백과』 2004, 1418면.

32 식민지 만주에서의 항일민족주의와 계급투쟁 간의 상호작용 문제에 대해서는 Hyun Ok Park 2005, 64~95면을 참고할 것.

33 다음의 문헌을 참고할 것. 김일성종합대학출판부 (2005) 『김정숙 동지 혁명력사』. 평양출판사 (2007) 『선군의 어머니 김정숙 녀장군』.

34 Medlicott 2005, 77면.

35 와다 하루키 (2002) 『북조선: 유격대 국가에서 정규군국가로』, 300면.

36 和田春樹 1998, 309~10면. 鈴木昌之 1992, 119~39면. Cumings 1997, 403~04면. 古田博司 1996, 51~87면.

37 Cumings 2004, 107면.

38 이문웅 1976, 39면.

39 John Borneman (2004) "Introduction: Theorizing Regime Ends," *Death of the Father: An Anthropology of the End in Political Authority*, 3면.

40 Hannah Arendt (1958) *The Human Condition*.

41 중국의 '대약진운동'과 그 엄청난 결과에 대한 탁월하고 감동적인 서술에 대해서는 Stephan Feuchtwang (2011) *After the Event: The Transmission of Grievous Loss in Germany, China and Taiwan*의 part II를 볼 것.

42 Masao Maruyama (1969) *Thought and Behavior in Modern Japanese Politics*, 6~7면.

43 Cumings 1997, 402면.

44 Emiko Ohnuki-Tierney (2002) *Kamikaze, Cherry Blossoms, and Nationalisms*, 78~79면.

45 이병천 외 (2003) 『개발독재와 박정희시대: 우리 시대의 정치경제적 기원』.

46 Eric Hobsbawm and Terence Ranger (1983) *Introduction to The Invention of Tradition*, 10면.

47 정치통합체(body politic)는 국가가 사람의 몸과 같이 하나의 통합된 존재로 생각하

는 은유적 용어다. 전형적으로 한 나라의 국민은 하나의 집단으로, 또 정부의 최고 직위는 국가의 머리(수뇌)로 여겨진다. (Thomas Hobbes 〔2010〕 *Leviathan*)

48 와다 하루키 2002, 301면.

49 Clifford Geertz (1973) *The Interpretation of Cultures*, 207면.

50 Geertz 1980, 9면.

51 Geertz 1980, 1면.

52 Geertz 1980, 111~12면.

53 Geertz 1973, 225면.

54 Geertz 1980, 121면.

55 교도민주주의(敎導民主主義)는 정치 엘리뜨의 지도적인 역할을 강조하는 민주주의 형태로, 인도네시아의 수카르노 대통령이 제창한 서구 민주주의 전통과 다른 탈식민 사회 고유의 전통을 살린 민주주의 방식의 필요성에 대한 주장이다.

제3장 총대

1 Han S. Park (2002) *North Korea: The Politics of Unconventional Wisdom*, 85~88면.

2 Ilya Zbarsky and Samuel Hutchinson (1998) *Lenin's Embalmers*.

3 조성호 (2003) 『김정일장군 일화집』, 45~48면.

4 Emile Durkheim (1995) *The Elementary Forms of Religious Life*.

5 Jeffrey Brooks (2000) *Thank You, Comrade Stalin!: Soviet Public Culture from Revolution to Cold War*, 3~18면.

6 「우리 당의 위대한 선군사상과 령도업적을 만대에 빛내이자」, 『로동신문』 2006.8.18.

7 전덕성 (2004) 『선군정치에 대한 리해』, 1면.

8 전덕성 2004, 6면.

9 전덕성 2004, 3면.

10 전덕성 2004, 15면.

11 「정론. 김정일 장군: 선군승리의 50년에서 무궁번영할 천만년을 내다보며」, 『로동신문』 2010.8.24.

12 전덕성 2004, 7면.

13 전덕성 2004, 8, 9면.

14 전덕성 2004, 11면.

15 Melvyn P. Leffler (2007) *For the Soul of Mankind: The United States, the Soviet Union, and the Cold War*, 403~14면.

16 전덕성 2004, 44~45면.

17 전덕성 2004, 45면.

18 전덕성 2004, 8면(강조는 원문).

19 강성길 (2002) 『선군시대의 조국을 가다』. 김인옥 (2003) 『김정일 장군 선군정치 리론』. 김봉호 (2005) 『선군으로 위력 떨치는 강국』.

20 Park 2002, 41면.

21 Oberdorfer 1999, 20면.

22 Gabroussenko 2010, 43면.

23 古田博司 (2002) 「平壤: 北朝鮮における‘主體’護持の意志と表象空間」, 『アジア新世紀』第1巻, 181~94면. 姜尙中 (2002) 「過ぎ去らない“アジア”の心象地理を超えて」, 『アジア新世紀』第1巻, 77~107면.

24 조성박 (1999) 『세계를 매혹시키는 김정일의 선군정치』.

25 Armstrong 2004, 71~74면.

26 김정일 (1997) 「주체의 당건설이론은 로동계급의 당건설에서 틀어쥐고 나가야 할 지도적 지침이다」, 『김정일 선집』 제10권, 263면

27 Oberdorfer 1999, 20면.

28 Park 2002, 31~40면.

29 김정일 1997, 263면

30 전덕성 2004, 22~23면.

31 전덕성 2004, 27면.

32 「선군사상의 시원」, 온라인저널 ‘우리민족끼리’ 2010.8.2.

33 최근에 북한에서 언급되는 총 이야기 중에는 김정일이 어린 시절에 어머니인 김정숙으로부터 아버지를 잘 지켜달라는 유언과 함께 받았다고 하는 또 하나의 유산인 작은 권총이 포함된다. 평양출판사 (2006) 『선군태양 김정일장군』 제1권, 128~34면. 평양출판사 (2008) 『선군의 어버이 김일성장군』 제1·2권. 평양출판사 (2007) 『선군의 어머니 김정숙 녀장군』.

34 평양출판사 2006, 72~76면.

35 평양출판사 (2008) 『선군의 어버이 김일성장군』 제2권, 378~79면. 또한 다음을 참고할 것. 정진혁 (2002) 『절세의 위인가문』, 36면.

36 Maurice Halbwachs (1992) *On Collective Memory*.

37 사회과학출판사 (2003) 『우리 당의 총대철학』.

38 사회과학출판사 2003, 3~4면.

39 Sonia Ryang 2009, 59면.

40 사회과학출판사 2003, 43면.

41 와다 하루키 2002, 310면. 또한 다음의 문헌을 참고할 것. 礒崎敦仁 (2006) 「金正日
　"先軍政治"の本質」, 『危機の朝鮮半島』, 283~304면.

42 와다 하루키 2002, 317면.

43 Carl Schmitt (2007) *Theory of the Partisan: Intermediate Commentary on the Concept of
　the Political*, 40~48면.

44 Schmitt 2007, 44면.

45 Schmitt 2007, 60면.

46 Hannah Arendt (1969) *On Violence*, 11면.

47 Brooks 2000, 89면.

48 Brooks 2000, 105면.

49 오현철 (2005) 『선군령장과 사랑의 세계』, 112~13면. 김두일 (2002) 『선군시대 위인
　의 정치와 노래』, 254면.

50 오현철 2005, 91~103면. 또한 다음을 참고할 것. 최기환 (2002) 『영원한 태양 김일성
　주석』, 207~09면.

51 오현철 2005, 102면.

52 「백두산 눈보라」, 『로동신문』 2000.3.21.

53 "1990년대 후반에 북한 문헌들은 고난의 행군이 북한 사람들의 삶에 끼친 실제적 영
　향을 거의 언급하지 않았다. 그러나 2000년대에 고난의 행군에 대한 사실적인 회상이
　등장하는 것은 주목할 만하다. 〔이러한 회상〕에 그려진 굶주림의 고통은 무시무시했
　다." 오창은 2010, 86면.

54 오현철 2005, 46면.

제4장 혁명렬사릉

1 이 박물관의 한국전쟁 전시와 그것이 평양의 전시와 어떻게 미묘하지만 중요하
　게 달라지는지에 대해서는 다음의 저술을 참고할 것. Tessa Morris-Suzuki (2009)
　"Remembering the Unfinished Conflict: Museums and the Contested Memory of the
　Korean War," *Asia-Pacific Journal*.

2 1211고지전투, 351고지전투, 월미도전투 이외에 북한이 가장 중요하게 여기는 한국
　전쟁 역사에는 주문진해전과 전쟁 초기의 대전전투가 있다.

3 김일성 (1992) 『세기와 더불어』, 128~30면.

4 Nym Wales and Kim San (1972) *Song of Arirang: A Korean Communist in the Chinese
　Revolution*.

5 이것은 사실과 다르다. 심양에는 항미원조전쟁의 전사자묘지가 있으며 일부 지방에는 전사자 개인묘소들도 있다고 한다.

6 보고에 따르면, 중국공산당 동지들과 함께 중국내전에 참전했던 3만 5000여명의 조선족 병사들이 한국전쟁 발발 직전에 북한으로 돌아왔다고 한다. 후에 한국전쟁에 참전한 중국병력은 130만명의 전투병에 달하고 이중 30만명 이상의 사상자가 났다고 한다. 이에 관해서는 朱建榮 (2004) 『毛澤東の朝鮮戰爭』, 10~36면 참조. 커밍스는 중국 조선족 참전병력 규모를 7만명에서 10만명까지로 추정한다. Cumings 1997, 241면을 참고할 것. 타까자와 히데끼는 이들 중국 조선족 참전경험자들을 다수 면담하고 그 결과를 자세히 보고했다. 瀧澤秀樹 (2008) 『朝鮮民族の近代國家形成史序說』, 101~40면.

7 *Chris Springer* (2003) *Pyongyang: The Hidden History of the North Korean Capital*. 저자 크리스 스프링거와의 사적인 대화 인용(2006.6.29).

8 Jay Winter (1995) *Sites of Memory, Sites of Mourning: The Great War in European Cultural History*.

9 George Mosse (1991) *Fallen Soldiers: Reshaping the Memory of the World Wars*.

10 예를 들어 다음과 같은 문헌들이 있다. John R. Gillis, ed. (1994) *Commemorations: The Politics of National Identity*. 그리고 Winter 1995.

11 Richard Werbner (1998) "Smoke from the Barrel of a Gun: Postwars of the Dead, Memory, and Reinscription in Zimbabwe," *Memory and Postcoloniality*, 2면.

12 Patricia M. Pelley (2002) *Postcolonial Vietnam: New Histories of the National Past*.

13 Shaun K. Malarney (2002) *Culture, Ritual, and Revolution in Vietnam*.

14 다음 문헌 참고. 「숭고한 도덕의리의 상징으로 빛나는 애국렬사릉」, 『로동신문』 2004.12.28. 백과사전출판사 (1999) 「리수복」, 『조선대백과사전』 제8권, 211~12면.

15 이러한 정보에 관심을 갖게 해준 짐 호어(Jim Hoare)에게 감사드린다.

16 백과사전출판사 (2000) 「조국해방전쟁」, 『조선대백과사전』 제17권, 501~05면.

17 오대형·하경호 (1989) 『당의 령도 밑에 창작건립된 대기념비들의 사상예술성』, 234~35면.

18 Charles K. Armstrong 1995. 1~16면.

19 오대형·하경호 1989, 219면.

20 1985년 최종 보수공사 전에 김정숙의 묘소는 북한에서 높이 받드는 다른 12명의 옛 빨치산 영웅들 무덤 위쪽이 아니라 이 무덤들과 함께 있었다. 오대형·하경호 1989, 237면.

21 김정숙에 대한 이러한 징호는 1978년에 세워신 회령의 오산덕 기념비에 새겨져 있다. 오산덕은 회령의 중심에 위치한 야산으로 김정숙은 어린 시절 이곳에서 산나물을

따곤 했다고 한다. 또한 북한에서 출간한 김정숙의 공식적 전기에 따르면, 바로 이 야
산에서 조선사람들이 만주로 더 나은 삶을 찾아 두만강을 건너는 구슬픈 현장을 목격
하고 나서 어린 김정숙이 일본에 대한 증오심과 조국에 대한 사랑을 키웠다고 한다.
최희복 (2009)『백두산 녀장군의 인생관』. 평양출판사 2007a.

22 문학예술출판사 (2004)「김정숙 어머님 우리 어머님」,『조선노래 대전집』, 408면.

23「우리 조국의 어머니」,『로동신문』2005.12.23.

24 오대형·하경호 1989, 225면.

25 오대형·하경호 1989, 237면.

26 Suk-Young Kim (2009) "For the Eyes of the Dear Leader: Fashion and Body Politics
in North Korean Visual Arts"(그해 3월 17일 워싱턴 국회도서관에서의 대중강연).

27 정진혁 (2002)『절세의 위인가문』, 22~32면.

28 오늘날 북한 문학과 예술에서 특히 붉은 진달래는 김일성을 따르는 여성 빨치산 대
원들을 상징한다. 회령의 김정숙 동상에는 진달래꽃이 같이 조각되어 있다. 김정숙의
일대기를 그린 소설인 리종렬 (2007)『진달래』, 401~02면 참조.

29「인민의 마음속에 영생하시는 녀사」,『로동신문』2000.12.22(인용문 중 "안아 올리
신" 부분은 그림 4-5 참조).

제5장 지도자에게 바치는 선물

1 이우영 (2002)『북한사회의 상징체계 연구: 혁명구호의 변화를 중심으로』, 53, 59면.

2「민족의 자주적 운명 개척을 위한 진로를 밝힌 새 세기의 대걸작: '김일성상' 계관작
품 대집단체조와 예술공연 〈아리랑〉에 대하여」,『로동신문』2002.7.19.

3「선군령장과 아리랑」,『로동신문』2007.9.24.

4「4월의 대축전장을 향하여 힘차게 앞으로」,『로동신문』2002.3.11.

5 김정일의 1996년 2월 11일 조선로동당 중앙위원회 연설.

6 이문웅 1976, 201면.

7 조선로동당출판사 (2000)『김정일 선집』제14권, 146면.

8 "The International Friendship Exhibition," Pyongyang: 1990(영문 팸플릿).

9 B. R. Myers (2010) *The Cleanest Race: How North Koreans See Themselves and Why It
Matters*, 76~77면.

10 그의 해외 현지지도 여행은 2007년 10월 전람관 벽에 전시된 기록에 의하면 36만
8000킬로미터에 달한다.

11 최기환 (2002)『영원한 태양 김일성주석』, 127~28면.「김일성주석님은 오늘도 선물

을 받으십니다」,『로동신문』2004.8.8.

12 곽성호 (2010) 「보물고」,『청년문학』제7호, 16면.

13 곽성호 2010, 17면.

14 「김일성민족의 존엄과 영광」,『로동신문』2009.7.5.

15 「평양에 건설되는 김일성화, 김정일화 전시관」,『로동신문』2000.4.22.

16 Brooks 2000, 105면.

17 Brooks 2000, 74, 83~105면.

18 Brooks 2000, 89면.

19 Reuben Fowkes (2002) "The Role of Monumental Sculpture in the Construction of Socialist Space in Stalinist Hungary," *Socialist Spaces: Sites of Everyday Life in the Eastern Bloc*, 77면.

20 Sergei Goncharov, John Lewis, and Litai Xue (1993) *Uncertain Partners: Stalin, Mao, and the Korean War*, 84면.

21 Helen Womack and Tom Harper (2006) "To Russia with Love". *Daily Telegraph* (2006.10.29).

22 Nikolai Ssorin-Chaikov (2006) "On Heterochrony: Birthday Gifts to Stalin, 1949," *Journal of the Royal Anthropological Institute* 12, no. 2., 368면.

23 Ssorin-Chaikov 2006, 357면.

24 Ssorin-Chaikov 2006, 358면.

25 Brooks 2000, 83~84면.

26 "Exposición de la amistad internacional, ediciones en lenguas extranjeras," Pyongyang, RPD de Corea, 1982, 4면(스페인어 팸플릿). 다음의 문헌도 참조. "The International Friendship Exhibition," Pyongyang: 1990.

27 Armstrong 2009, 45면.

28 Armstrong 2009, 45면.

29 이 구절의 인용 출처는 다음과 같다. Young C. Kim (1986) "North Korea and the Third World," *North Korea in a Regional and Global Context*, 328면. 연설 원문은『김일성 전집』제22권, 평양: 조선로동당출판사 2000, 91면 참조.

30 Kim 1986, 328면.

31 Kim 1986, 329면.

32 Sergey Radchenko (2009) *Two Suns in the Heavens: The Sino-Soviet Struggle for Supremacy, 1962-1967*.

33 여기서 경제적 '자립'은 외국의 경제원조를 받는 것과 양립 가능하다고 북한은 주장한다. 커밍스는 다음과 같이 지적한다. "자립은 단순히 수사의 문제만은 아니다. 북한

은 자본주의 세계체제로부터 의식적으로 이탈하여 독립적인 자족적 경제를 건설하려는 진지한 노력을 보여준 탈식민적 개발도상 세계의 가장 좋은 사례다. 결과적으로 (북한경제는) 세계에서 가장 자급자족적인 산업경제다. 사회주의세계의 알바니아와 '자유세계'의 미얀마같이 뚜렷한 목적 없이 '이탈하여' 그 경제가 멈추거나 악화된 두 경우와 달리 북한은 멈추지 않고 항상 달려왔다. 이는 발전과 함께한 이탈이었고 발전을 위한 이탈이었다." Cumings 1997, 419~20면.

34 북한이 제3세계에 폭넓게 참여하면서 동남아시아 국가들과 맺은 관계에 대한 개관은 다음을 참고. Kook-Chin Kim (1987) "An Overview of North Korean-Southeast Asian Relations," *The Foreign Relations of North Korea*, 353~78면. 김국진은 1955년의 반둥회의가 "평양의 제3세계 외교 출범의 분수령이 된 것으로 판명"되었다고 한다. Kim 1987, 368면. 주체원리에 대한 간결한 소개는 다음 문헌 참고. Armstrong 1998, 34~38면. Jacques L. Fuqua (2007) *Nuclear Endgame: The Need for Engagement with North Korea*, 37면.

35 1960년대와 1970년대 북한의 왕성한 아프리카 개입에 관한 간략한 개관은 다음을 참고. Jae Kyu Park (1987) "North Korea's Foreign Policy toward Africa," *The Foreign Relations of North Korea*, 436~61면.

36 Janice Boddy (1989) *Wombs and Alien Spirits: Women, Men and the Zār Cult in Northern Sudan*, 165면. Heike Behrend (1999) "Power to Heal, Power to Kill," *Spirit Possession: Modernity and Power in Africa*, 25~26면.

37 「절세의 위인을 경모하는 만인의 순결한 마음」, 『로동신문』 2007.6.1.

38 David E. Apter (1994) "Yan'an and the Narrative Reconstruction of Reality," *China in Transformation*, 211면.

39 Michael Dutton (1998) *Streetlife China*, 244~45면.

40 Andrei Lankov (2007) *North of the DMZ: Essays on Daily Life in North Korea*, 7면.

41 Lankov 2007, 8면.

42 예를 들어 다음 글 참고. 'The Character of a Just Man: Who Is General Kim Jong Il?' Chongryon.com (http://www.chongryon.com/k/mc/kim/21-new/2-4.htm, 접속일: 2010.2.17).

43 Szalontai 2005, 241면.

44 흐루쇼프의 비밀연설에 대한 김일성의 반응에 대해서는 다음을 참고. Szalontai 2005, 85~112면.

45 『김일성 전집』 제33권, 평양: 조신로동당출판사 2000, 105~07면.

46 김우경·동기춘·김종석 (2004) 『금수산기념궁전 전설집』 제3권, 75~76면.

47 "하면 된다"라는 슬로건은 북한 고유의 것이 아니다. 비슷한 인식들이 일본의 메이

지시대 대중정치뿐 아니라 남한의 박정희시대의 국가 주도 사회적·경제적 동원에서도 널리 퍼져 있었다.

제6장 도덕경제

1 Buck-Morss 2002, 3면.

2 김성보·기광서·이신철 2004, 121~22면. Cumings 1997, 423~24면. Joseph Chung (1987) "North Korea's Economic Development and Capabilities," *Asian Perspective* 11, no. 1 (spring-summer), 45~74면.

3 Joan Robinson (1965) "Korean Miracle," *Monthly Review* 16, no. 8., 548면. Marjorie S. Turner (1989) *Joan Robinson and the Americans*, 90면. 단명했던 북한의 전후 산업화 성취에 대한 집약적인 소개는 Glyn Ford and Soyoung Kim (2008) *North Korea on the Brink: Struggle for Survival*, 56~66면을 참조.

4 국제위기감시기구(ICG)의 로버트 템플러와의 대화(2010.3.16).

5 Helen-Louise Hunter (1999) *Kim Il-song's North Korea*, 26면.

6 Hunter 1999, 26면.

7 김성보·기광서·이신철 2004, 181면.

8 이문웅 1976, 188면.

9 「수령님의 만수무강을 축원합니다」, 『조선노래 대전집』, 810면.

10 「세상에 부럼 없어라」, 『조선노래 대전집』, 839면.

11 「오직 한마음」, 『다함께』 제66호(2005.10.26).

12 Marcel Mauss (1990[1922]) *The Gift*, 58면. 또한 다음의 문헌들을 참고할 것. Jonathan Parry (1985) "The Gift, the Indian Gift and the 'Indian Gift,'" *Man* 21, 453~73면. Gloria Goodwin Raheja (1988) *The Poison in the Gift: Ritual, Presentation, and the Dominant Caste in a North Indian Village*.

13 Martin 2004, 193면.

14 일본의 정치학자이자 저명한 북한 전문가인 오꼬노기 마사오(小此木政夫)는 "정치와 경제의 비대칭"이 북한 사회체제의 주요한 특징을 이룬다고 주장한다. 小此木政夫 (1997) 「はじめに: 連鎖崩壊の惡夢」, 『韓國人のしくみ』, 12면.

15 Caroline Humphrey (2001) *The Unmaking of Soviet Life: Everyday Economies in Russia and Mongolia*.

16 Chris M. Hann (2002) "Farewell to the Socialist 'Other,'" *Postsocialism: Ideals, Ideologies, and Practices in Eurasia*, 10면.

17 Christopher G. A. Bryant and Edmund Mokrzycki (1993) "Theorizing the Changes in East-Central Europe," *The New Great Transformation?: Change and Continuity in East-Central Europe*.

18 Frances Pine and Sue Bridger (1997) "Introduction: Transitions to Post-Socialism and Cultures of Survival," *Surviving Post-Socialism: Local Strategies and Regional Responses in Eastern Europe and the Former Soviet Union*, 1면.

19 Zygmunt Bauman (1993) "After the Patronage State: A Model in Search of Class Interests," *The New Great Transformation?: Change and Continuity in East-Central Europe*. 또한 다음을 참고할 것. Katherine Verdery (1996) *What Was Socialism and What Comes Next?*

20 Pine and Bridger 1997, 3면.

21 Hann 2002, 10면.

22 Hann 2002, 1면.

23 E. P. Thompson (1963) *The Making of the English Working Class*.

24 James C. Scott (1976) *The Moral Economy of the Peasants*.

25 참고할 만한 저작들은 다음과 같다. 우리민족서로돕기 불교운동본부『북한식량난의 실태』, 서울: 좋은벗들 1998. 정병호 2004. Robinson 2001, 69~85면. Haggard and Noland 2007. Andrei Lankov (2004) "North Korean Refugees in Northeast China," *Asian Survey* 44, no. 6., 856~73면. Natsios 2001.

26 Hazel Smith (2005) *Hungry for Peace: International Security, Humanitarian Assistance and Social Change in North Korea*.

27 다양한 증언을 확인하려면 좋은벗들의 보고서와 다음 책자 참조. 좋은벗들 2000. 좋은벗들 (2001)『북한사회 무엇이 변하고 있는가?』. 시장의 성장에 관해서는 Hyung-Min Joo 2010, 110~45면 참조. 고난의 행군 당시의 일상생활에 관해서는 박순성·홍민 엮음 (2010)『북한의 일상생활세계: 외침과 속삭임』과 이우영 (2009)『북한 도시주민의 사적 영역 연구』참조.

28 특집으로 다룬 한 북한주민의 증언 중 일부 인용. 류경원 (2009)「또다시 긴장감 흐르는 시장」,『림진강』제4호, 122면.

29 1996년 북한의 홍수피해조사를 위해 방북허가를 받은 최초의 외부 전문가들 중 한 사람인 수 라우츠(Sue Lautze)는 공공배급체계의 파탄과 국가비상시기 배급우선권의 변화에 대해 보고했다. Sue Lautze (1997) *The Famine in North Korea: Humanitarian Responses in Communist Nations*.

30 Meredith Woo-Cumings (2002) "The Political Ecology of Famine: The North Korean Catastrophe and Its Lessons," *Research Paper* 31.

31 Natsios 2001, 10~16면.

32 Natsios 2001, 36~49면. Chung 2003, 193~96면.

33 Cumings 1997, 426면.

34 James E. Hoare and Susan Pares 2005, 43면.

35 임동원 전 통일부장관의 회고록 참조. 임동원 (2008)『피스메이커: 남북관계와 북핵 문제 20년』, 279~303, 526~50, 569~75면.

36 Cumings 2004, 102면.

37 이 격변의 시기에 대한 더 많은 정보는 다음을 볼 것. Selig S. Harrison (2003) *Korea Endgame: A Strategy for Reunification and U.S. Disengagement*, 144~45, 206~07면. Cumings 2004, 42~102면. Oberdorfer 1999, 373~491면.

38 Cumings 1997, 426면.

39 이 문제에 관한 세심하고 설득력 있는 논의는 Haggard and Noland 2007, 38~41면 참조.

40 Natsios 2001, 89~121면.

41 좋은벗들 2000, 61면.

42 정병호 2004, 109~40면.

43 Barbara Demick (2010) *Nothing to Envy: Real Lives in North Korea*, 147~59면.

44 Natsios 2001, 55~88면. 또한 기근상황의 다양한 경험과 고통에 대한 감동적 기록은 Demick 2010, 133~46면 참조.

45 좋은벗들 2000. Joel R. Charny 2005. Byung-Ho Chung (2008) "Between Defector and Migrant: Identities and Strategies of North Koreans in South Korea," *Korean Studies* 32, 1~28면.

46 Chung 2003, 193면.

47 1994년 김일성 사망 이후 6년 동안, 김정일은 전국에 걸친 군사시설 현지지도의 일환으로 14만킬로미터 이상을 여행했다고 한다. 최기환 (2002)『영원한 태양 김일성주석』, 209면.

48 Smith 2005, 87~88면. Ralph Hassig and Kongdan Oh (2009) *The Hidden People of North Korea: Everyday Life in the Hermit Kingdom*, 108~09면.

49 이러한 논쟁 중 상당부분은 일부 국제매체들과 남한 보수언론의 과장된 보도, 즉 북한군이 인도주의적 원조를 대규모로 전용하고 있다는 내용에서 비롯된 것이다. 정병호 2000, 239~56면.

50 에버스타트와 배니스터는 적어도 북한에 120만의 병력이 존재한다고 추산하는데, 이는 세계에서 4번째로 큰 규모다. Nicholas Eberstadt and Judith Banister (1992) *The Population of North Korea*.

51 Lautze 1997, 7면.

52 과학백과사전출판사 1988, 188~89면. 석윤기 (1991)『장편소설 고난의 행군』.

53 Weber 1947, 329면.

54 Weber 1947, 359면.

결론

1 「인민이 잊지 못하는 이국땅의 기적소리」,『로동신문』 2011.12.23.

2 「정력적인 현지지도 강행군」,『로동신문』 2009.6.18.

3 이 여정에 대한 상세한 내용은 다음을 볼 것. Aidan Foster-Carter (2010) "North Korea: Kim Jong Il Snubs Jimmy Carter in Lead Up to Succession," East Asia Forum (September 2, 2010).

4 「김정일 총비서 중국을 비공식 방문」, 조선중앙통신 2010.8.30.

5 이 사건에 대한 더 많은 설명은 다음을 볼 것. Ruediger Frank (2010) "Power Restructuring in North Korea: Anointing Kim Jong Il's Successor," *Asia-Pacific Journal* (October 18, 2010).

6 Geertz 1973, 193~233면.

7 「조선로동당대표자회의」,『로동신문』 2010.7.30.

8 「다시 한번 경공업과 농업에 박차를」,『로동신문』 2010.1.1. 동일한 메시지가 2011년 『로동신문』 신년사설에서 반복되었다.

9 「김일성 방중 행적 따라 이동, 전통적 특수 관계 과시」,『중앙일보』 2011.5.28.

| 참고문헌 |

An, Tai Sung (1983) *North Korea in Transition: From Dictatorship to Dynasty*, Westport, CT: Greenwood Press.

Anderson, Benedict (1991) *Imagined Communities: Reflections on the Origin and Spread of Nationalism*, New York: Verso. (베네딕트 앤더슨 『상상의 공동체: 민족주의의 기원과 전파에 대한 성찰』, 윤형숙 옮김, 서울: 나남 2002)

Apter, David E. (1994) "Yan'an and the Narrative Reconstruction of Reality," *China in Transformation*, ed. Tu Wei-Ming, Cambridge, MA: Harvard University Press.

Arendt, Hannah (1958) *The Human Condition*, Chicago: University of Chicago Press. (한나 아렌트 『인간의 조건』, 이진우 옮김, 서울: 한길사 2002)

——— (1969) *On Violence*, New York: Harcourt Brace. (한나 아렌트 『폭력의 세기』, 김정한 옮김, 서울: 이후 1999)

Armstrong, Charles K. (1995) "Centering the Periphery: Manchurian Exile(s) and the North Korean State," *Korean Studies* 19, Honolulu: University of Hawaii Press.

——— (1998) "A Socialism of Our Style: North Korean Ideology in a Post-Communist Era," *North Korean Foreign Relations in the Post–Cold War Era*, ed. Samuel S. Kim, New York: Oxford University Press.

——— (2003) *The North Korean Revolution, 1945–1950*, Ithaca, NY: Cornell University Press. (찰스 암스트롱『북조선 탄생』, 김연철 · 이정우 옮김, 서울: 서해문집 2006)

——— (2007) *The Koreas*, New York: Routledge.

——— (2009) "Socialism, Sovereignty, and the North Korean Exception," *North Korea: Toward a Better Understanding*, ed. Sonia Ryang, Plymouth, MA: Lexington Books.

Arrighi, Giovanni (2010) *The Long Twentieth Century: Money, Power, and the Origins of Our Times*, London: Verso. (조반니 아리기『장기 20세기: 화폐, 권력, 그리고 우리 시대의 기원』, 백승욱 옮김, 서울: 그린비 2008)

Arrighi, Giovanni, Takeshi Hamashita, and Mark Selden, eds. (2003) *The Resurgency of East Asia: 500, 150 and 50 Year Perspectives*, London: Routledge.

Bauman, Zygmunt (1993) "After the Patronage State: A Model in Search of Class Interests," *The New Great Transformation?: Change and Continuity in East-Central Europe,* ed. Christopher G. A. Bryant and Edmund Mokrzycki, New York: Routledge.

Behrend, Heike (1999) "Power to Heal, Power to Kill," *Spirit Possession: Modernity and Power in Africa,* ed. Heike Behrend and Ute Luig, Oxford: James Currey.

Boddy, Janice (1989) *Wombs and Alien Spirits: Women, Men and the Zār Cult in Northern Sudan,* Madison: University of Wisconsin Press.

Borneman, John (2004) "Introduction: Theorizing Regime Ends," *Death of the Father: An Anthropology of the End in Political Authority*, ed. John Borneman, Oxford: Berghahn.

Bradley, Mark P. (2000) *Imagining Vietnam and America: The Making of Postcolonial Vietnam, 1919–1950*, Chapel Hill: University of North Carolina Press.

Brooks, Jeffrey (2000) *Thank You, Comrade Stalin!: Soviet Public Culture from Revolution to Cold War*, Princeton, NJ: Princeton University Press.

Bryant, Christopher G. A. and Edmund Mokrzycki (1993) "Theorizing the Changes in East–Central Europe," *The New Great Transformation?: Change and Continuity in East-Central Europe*, ed. Christopher G. A. Bryant and Edmund Mokrzycki, New York: Routledge.

Buck–Morss, Susan (2002) *Dreamworld and Catastrophe: The Passing of Mass Utopian East and West*, Boston: MIT Press.

Buzo, Adrian (1999) *Guerrilla Dynasty: Politics and Leadership*, London: I. B. Tauris.

Chakrabarty, Dipesh (2000) *Provincializing Europe: Postcolonial Thought and Historical Difference*, Princeton, NJ: Princeton University Press.

Charny, Joel R. (2005) *Acts of Betrayal: The Challenge of Protecting North Koreans in China*, Washington, DC: Refugees International.

Chatterjee, Partha (1993) *The Nation and Its Fragments: Colonial and Postcolonial Histories*, Princeton, NJ: Princeton University Press.

Chung, Byung–Ho (2003) "Living Dangerously in Two Worlds: The Risks and Tactics of North Korean Refugee Children in China," *Korea Journal* 43, no. 3.

——— (2008) "Between Defector and Migrant: Identities and Strategies of North Koreans in South Korea," *Korean Studies* 32.

Chung, Chin O. (1978) *Pyŏngyang between Peking and Moscow: North Korea's Involvement in the SinoSoviet Dispute, 1958 ‒ 1975*, Tuscaloosa, AL: University of Alabama Press.

Chung, Joseph (1987) "North Korea's Economic Development and Capabilities," *Asian Perspective* 11, no. 1 (spring—summer).

Cumings, Bruce (1997) *Korea's Place in the Sun: A Modern History*, New York: W. W. Norton. (브루스 커밍스 『브루스 커밍스의 한국현대사』, 김동노 옮김, 서울: 창비 2001)

———— (2004) *North Korea: Another Country*, New York: The New Press. (브루스 커밍스 『김정일 코드: 브루스 커밍스의 북한』, 남성욱 옮김, 서울: 따뜻한손 2005)

Demick, Barbara (2010) *Nothing to Envy: Real Lives in North Korea*, London: Granta.

Durkheim, Emile (1995) *The Elementary Forms of Religious Life*, trans. K. E. Fields, New York: The Free Press.

Dutton, Michael (1998) *Streetlife China*, Cambridge: Cambridge University Press.

Eberstadt, Nicholas and Judith Banister (1992) *The Population of North Korea*, Berkeley: Institute of East Asian Studies, University of California, Berkeley.

Ferguson, Niall (2010) "The Political Economy of the Cold War" (그해 10월 18일 런던정경대학IDEAS에서의 대중강연).

Feuchtwang, Stephan (2011) *After the Event: The Transmission of Grievous Loss in Germany, China and Taiwan*, Oxford: Berghahn.

Feuchtwang, Stephan and Mingming Wang (2001) *Grassroots Charisma: Four Local Leaders in China*, London: Routledge.

Fitzpatrick, Sheila (1992) *The Cultural Front: Power and Culture in Revolutionary*

Russia, Ithaca, New York: Cornell University Press.

Ford, Glyn and Soyoung Kim (2008) *North Korea on the Brink: Struggle for Survival,* London: Pluto.

Foster-Carter, Aidan (2010) "North Korea: Kim Jong Il Snubs Jimmy Carter in Lead Up to Succession," East Asia Forum, September 2, 2010, http://www.eastasiaforum.org/2010/09/02/north-korea-kim-jong-il-snubs-jimmy-carter-in-lead-up-to-succession (접속: 2010.10.)

Fowkes, Reuben (2002) "The Role of Monumental Sculpture in the Construction of Socialist Space in Stalinist Hungary," *Socialist Spaces: Sites of Everyday Life in the Eastern Bloc,* eds. David Crowley and Susan E. Reid, Oxford: Berg.

Frank, Rudiger (2007) "The North Korean Economy," *Handbook on the Northeast and Southeast Asian Economies,* ed. Anis Chowdhury, Cheltenham, UK: Edward Elgar.

―― (2010) "Power Restructuring in North Korea: Anointing Kim Jong Il"s Successor," *Asia-Pacific Journal,* October 18, 2010, http://www.japanfocus.org/-Ruediger-Frank/3429 (접속: 2010.10.)

Fujitani, Takashi (1998) *Splendid Monarchy: Power and Pageantry in Modern Japan,* Berkeley: University of California Press.

Fuqua, Jacques L. (2007) *Nuclear Endgame: The Need for Engagement with North Korea,* Newport, CT: Praeger.

Gabroussenko, Tatiana (2010) *Soldiers on the Cultural Front: Developments in the Early History of North Korean Literature and Literary Policy,* Honolulu: University of Hawaii Press.

Geertz, Clifford (1973) *The Interpretation of Cultures,* New York: Basic Books. (클리퍼드 기어츠『문화의 해석』, 문옥표 옮김, 서울: 까치 2009)

—— (1980) *Negara: The Theatre State in Nineteenth-Century Bali,* Princeton, NJ: Princeton University Press.

Gillis, John R., ed. (1994) *Commemorations: The Politics of National Identity,* Princeton, NJ: Princeton University Press.

Goncharov, Sergei, John Lewis, and Litai Xue (1993) *Uncertain Partners: Stalin, Mao, and the Korean War,* Stanford, CA: Stanford University Press.

Haggard, Stephan and Marcus Noland (2007) *Famine in North Korea: Markets, Aid, and Reform,* New York: Columbia University Press.

Halbwachs, Maurice (1992) *On Collective Memory,* Chicago: University of Chicago Press.

Halliday, Jon (1981) "The North Korean Enigma," *New Left Review* 127.

Hann, C. M. (2002) "Farewell to the Socialist 'Other,'" *Postsocialism: Ideals, Ideologies, and Practices in Eurasia,* ed. C. M. Hann, New York: Routledge.

Harrison, Selig S. (2003) *Korea Endgame: A Strategy for Reunification and U.S. Disengagement,* Princeton, NJ: Princeton University Press.

Hassig, Ralph and Kongdan Oh (2009) *The Hidden People of North Korea: Everyday Life in the Hermit Kingdom,* Lanham, MD: Rowman & Littlefield.

Hoare, James E. and Susan Pares (2005) *North Korea in the 21st Century: An Interpretative Guide,* Folkestone, UK: Global Oriental.

Hobbes, Thomas (2010) *Leviathan,* ed. Ian Shapiro, Yale University Press 2010. (토머스 홉스 『리바이어던 1·2』, 진석용 옮김, 서울: 나남 2008)

Hobsbawm, Eric and Terence Ranger (1983) *Introduction to The Invention of Tradition,* ed. Eric Hobsbawm and Terence Ranger, Cambridge: Cambridge University Press.

Humphrey, Caroline (2001) *The Unmaking of Soviet Life: Everyday Economies in*

Russia and Mongolia, Ithaca, NY: Cornell University Press.

Hunter, Helen-Louise (1999) *Kim Il-song's North Korea,* Newport, CT: Praeger, 26 면.

Jager, Sheila Miyoshi (2003) *Narratives of Nation Building in Korea: A Genealogy of Patriotism,* Armonk, NY: M. E. Sharpe.

Jeffries, Ian (2006) *North Korea: A Guide to Economic and Political Developments,* New York: Routledge.

Jian, Chen (2009) "The Great Transformation: How China Changed in the Long 1970s"(그해 1월 22일 런던정경대학LSE에서의 대중강연).

——— (2011) "China's Changing Politics toward the Third World and the End of the Global Cold War," *The End of the Cold War and the Third World: New Perspectives on Regional Conflict,* ed. Artemy M. Kalinovsky and Sergey Radchenko, London: Routledge.

Joo, Hyung-Min (2010) "Visualizing the Invisible Hands: The Shadow Economy in North Korea," *Economy and Society* 39, no. 1., London: Routledge.

Kal, Hong (2011) *Aesthetic Constructions of Korean Nationalism: Spectacle, Politics, and History,* New York: Routledge.

Kaldor, Mary (1990) *The Imaginary War: Interpretation of East-West Conflict in Europe,* Oxford: Blackwell.

Kim, Christine (2009) "Politics and Pageantry in Protectorate Korea (1905-10): The Imperial Progresses of Sunjong," *The Journal of Asian Studies* 68, no. 3.

Kim Gwang-Oon (2007) "The Making of the North Korean State," *Journal of Korean Studies* 12, no. 1.

Kim, Kook-Chin (1987) "An Overview of North Korean-Southeast Asian Relations," *The Foreign Relations of North Korea,* ed. Jae Kyu Park, Byung Chul

310

Koh, and Tae-Hwan Kwak, Boulder, CO: Westview Press.

Kim, Mike (2008) *Escaping North Korea: Defiance and Hope in the World's Most Repressive Country*, Lanham, MD: Rowman & Littlefield.

Kim, Suk-Young (2009) "For the Eyes of the Dear Leader: Fashion and Body Politics in North Korean Visual Arts,"(그해 3월 17일 워싱턴 국회도서관에서의 대중강연).

Kim, Suk-Young (2010) *Illusive Utopia: Theater, Film, and Everyday Performance in North Korea*, Ann Arbor: University of Michigan Press.

——— (2011) *North Korean Foreign Policy: Security Dilemma and Succession*, Lanham, MD: Lexington Books.

Kim, Young C. (1986) "North Korea and the Third World," *North Korea in a Regional and Global Context*, ed. Robert A. Scalapino and Hongkoo Lee, Berkeley: Institute of East Asian Studies, University of California, Berkeley. (조선로동당출판사『김일성 전집』제22권, 평양: 조선로동당출판사 2000.)

Kissinger, Henry (2011) *On China*, New York: Allen Lane.

Kwon, Heonik (2006) *After the Massacre: Commemoration and Consolation in Ha My and My Lai*, Berkeley: University of California Press. (권헌익『학살, 그 이후: 1968년 베트남전 희생자들에 대한 추모의 인류학』, 서울: 아카이브 2012)

——— (2008) *Ghosts of War in Vietnam*, Cambridge: Cambridge University Press.

——— (2010a) "North Korea's Politics of Longing," *Critical Asian Studies* 42.

——— (2010b) *The Other Cold War*, New York: Columbia University Press.

Lane, Christel (1981) *Rites of Rulers: Ritual in Industrial Society-the Soviet Case*, Cambridge: Cambridge University Press.

Lankov, Andrei (2002) *From Stalin to Kim Il Sung: The Formation of North Korea, 1945–1960*, London: C. Hurst.

——— (2004) "North Korean Refugees in Northeast China," *Asian Survey* 44, no. 6.

——— (2005) *Crisis in North Korea: The Failure of De-Stalinization, 1956*, Honolulu: University of Hawaii Press.

——— (2007) *North of the DMZ: Essays on Daily Life in North Korea*, Jefferson, NC: McFarland.

Larkin, John (2002) "North Korea, Mysterious Reform," *Far Eastern Economic Review* 8, August.

Latham, Michael E. (2011) *The Right Kind of Revolution: Modernization, Development, and U.S. Foreign Policy from the Cold War to the Present*, Ithaca, NY: Cornell University Press.

Lautze, Sue (1997) *The Famine in North Korea: Humanitarian Responses in Communist Nations*, Cambridge, MA: Feinstein International Famine Center, Tufts University.

Lee, Namhee (2007) *The Making of Minjung: Democracy and the Politics of Representation in South Korea*, Ithaca, NY: Cornell University Press.

Leffler, Melvyn P. (2007) *For the Soul of Mankind: The United States, the Soviet Union, and the Cold War*, New York: Hill and Wang.

MacMillan, Margaret (2008) *Nixon and Mao: The Week That Changed the World*, New York: Random House.

Malarney, Shaun K. (2002) *Culture, Ritual, and Revolution in Vietnam*, New York: Routledge Curzon.

Marr, David G. (1981) *Vietnamese Tradition on Trial, 1920 – 1945*, Berkeley: University of California Press.

Martin, Bradley K. (2004) *Under the Loving Care of the Fatherly Leader: North Korea and the Kim Dynasty,* New York: Thomas Dunne Books.

Maruyama, Masao (1969) *Thought and Behavior in Modern Japanese Politics,* ed. Ivan Morris, New York: Oxford University Press.

Mauss, Marcel (1990[1922]) *The Gift,* London: Routledge. (마르셀 모스 『증여론』, 이상률 옮김, 류정아 해제, 서울: 한길사 2002)

McHale, Shawn Frederick (2008) *Print and Power: Confucianism, Communism, and Buddhism in the Making of the Modern Vietnam,* Honolulu: University of Hawaii Press.

Medlicott, Carol (2005) "Symbol and Sovereignty in North Korea," *SAIS Review* 25, no. 2.

Moon, Katherine (2008) "Beyond Demonization: A Strategy for Human Rights in North Korea," *Current History* Sep. 2008.

Morris-Suzuki, Tessa (2009) "Remembering the Unfinished Conflict: Museums and the Contested Memory of the Korean War," *Asia-Pacific Journal,* July 27, 2009, http://www.japanfocus.org/-Tessa-Morris_Suzuki/3193 (accessed September 13, 2009).

Mosse, George L. (1991) *Fallen Soldiers: Reshaping the Memory of the World Wars,* Oxford: Oxford University Press.

Myers, B. R. (2010) *The Cleanest Race: How North Koreans See Themselves and Why It Matters,* Brooklyn, NY: Melville House Publishing.

Natsios, Andrew S. (2001) *The Great North Korean Famine: Famine, Politics, and Foreign Policy,* Washington, DC: U.S. Institute of Peace Press.

Neocleous, Mark (2003) *Imagining the State,* Maidenhead, UK: Open University Press.

Nixon, Richard (1978) *The Memoirs of Richard Nixon,* New York: Grosset and

Dunlap.

Oberdorfer, Don (1999) *The Two Koreas: A Contemporary History*, London: Warmer
Books. (돈 오버도퍼 『두개의 코리아: 북한국과 남조선』, 서울: 중앙일보사
1998)

Ohnuki-Tierney, Emiko (2002) *Kamikaze, Cherry Blossoms, and Nationalisms*,
Chicago: University of Chicago Press.

Palais, James B. (1975) *Politics and Policy in Traditional Korea*, Cambridge, MA:
Harvard University Press.

―――― (1996) *Confucian Statecraft and Korean Institutions*, Seattle: University of
Washington Press.

Park, Han S. (2002) *North Korea: The Politics of Unconventional Wisdom*, Boulder,
CO: Lynne Rienner Publishers.

Park, Hyun Ok (2005) *Two Dreams in One Bed: Empire, Social Life, and the Origins
of the North Korean Revolution in Manchuria*, Durham, NC: Duke University
Press.

Park, Jae Kyu (1987) "North Korea's Foreign Policy toward Africa," *The Foreign
Relations of North Korea*, ed. Jae Kyu Park, Byung Chul Koh, and Tae-Hwan
Kwak, Boulder, CO: Westview Press.

Parry, Jonathan (1985) "The Gift, the Indian Gift and the 'Indian Gift,'" *Man*
21.

Pelley, Patricia M. (2002) *Postcolonial Vietnam: New Histories of the National Past*,
Durham, NC: Duke University Press.

Peterson, Glen (1998) *The Power of Words: Literacy and Revolution in South China,
1949-95*, Vancouver: University of British Columbia Press.

Pine, Frances and Sue Bridger (1997) "Introduction: Transitions to Post-

314

Socialism and Cultures of Survival," *Surviving Post-Socialism: Local Strategies and Regional Responses in Eastern Europe and the Former Soviet Union,* ed. Sue Bridger and Frances Pine, New York: Routledge.

Radchenko, Sergey (2009) *Two Suns in the Heavens: The Sino-Soviet Struggle for Supremacy, 1962-1967,* Stanford, CA: Stanford University Press.

Raheja, Gloria Goodwin (1988) *The Poison in the Gift: Ritual, Presentation, and the Dominant Caste in a North Indian Village,* Chicago: University of Chicago Press.

Robinson, Joan (1965) "Korean Miracle," *Monthly Review* 16, no. 8.

Robinson, W. Courtland et al. (2001) "Famine, Mortality, and Migration: A Study of North Korean Migrants in China," *Forced Migration and Mortality,* eds. Holly E. Reed and Charles B. Keely, Washington, DC: National Academy Press.

Rostow, W. W. (1960) *The Stages of Economic Growth: A Non-Communist Manifesto,* Cambridge: Cambridge University Press.

Ryang, Sonia (2009) "Biopolitics, or the Logic of Sovereign Love: Love's Whereabouts in North Korea," *North Korea: Toward a Better Understanding,* ed. Sonia Ryang, Plymouth, MA: Lexington Books.

Schmitt, Carl (2007) *Theory of the Partisan: Intermediate Commentary on the Concept of the Political,* trans. G. L. Ulmen, New York: Telos Press. (칼 슈미트 『파르티잔: 그 존재와 의미』, 김효전 옮김, 서울: 문학과지성사 1998)

Scott, James C. (1976) *The Moral Economy of the Peasants,* New Haven, CT: Yale University Press.

Selden, Mark (2009) "East Asian Regionalism and Its Enemies in Three Epochs: Political Economy and Geopolitics, 16th to 21st Centuries," *Asia-Pacific Journal,* Feb. 25, 2009, http://www.japanfocus.org/-Mark-Selden/3061(접속

일: 2009.3.8).

Smith, Hazel (2005) *Hungry for Peace: International Security, Humanitarian Assistance and Social Change in North Korea,* Washington, DC: US Institute of Peace Press.

Springer, Chris (2003) *Pyongyang: The Hidden History of the North Korean Capital,* Gold River, CA: Saranda Books.

Ssorin-Chaikov, Nikolai (2006) "On Heterochrony: Birthday Gifts to Stalin, 1949," *Journal of the Royal Anthropological Institute* 12, no. 2.

Suh, Dae-Sook (1995) *Kim Il Sung: The North Korean Leader*, New York: Columbia University Press. (서대숙『현대 북한의 지도자: 김일성과 김정일』, 서울: 을유문화사 2000)

Szalontai, Balázs (2005) *Kim Il Sung in the Khrushchev Era: Soviet-DPRK Relations and the Roots of North Korean Despotism, 1953-1964*, Washington, DC: Woodrow Wilson Center Press.

"The International Friendship Exhibition," Pyongyang: 1990(영문 팸플릿).

Thompson, E. P. (1963) *The Making of the English Working Class,* London: Gollancz. (에드워드 팔머 톰슨『영국 노동계급의 형성 상·하』, 나종일 외 옮김, 서울: 창비 2000)

Turner, Marjorie S. (1989) *Joan Robinson and the Americans,* New York: M. E. Sharpe.

Verdery, Katherine (1996) *What Was Socialism and What Comes Next?,* Princeton, NJ: Princeton University Press.

Vicziany, Marika, David Wright-Neville, and Peter Lentini, eds. (2004) *Regional Security in the Asia Pacific 9/11 and After,* Cheltenham, UK: Edward Elgar.

Wada, Haruki (1998) *Kita Chōsen: Yūgekitai kokka no genzai,* Tokyo: Iwanami shoten. (와다 하루키『북조선: 유격대국가에서 정규군국가로』, 서동만 · 남기정 옮김, 서울: 돌베개 2002)

Wales, Nym and Kim San (1972) *Song of Arirang: A Korean Communist in the Chinese Revolution*, rev. ed., San Francisco: Ramparts Press. (님 웨일즈 · 김산『아리랑: 조선인 혁명가 김산의 불꽃 같은 삶』, 송영인 옮김, 서울: 동녘 2005)

Weber, Max (1947) *The Theory of Social and Economic Organization*, ed. Talcott Parsons, New York: The Free Press.

Werbner, Richard (1998) "Smoke from the Barrel of a Gun: Postwars of the Dead, Memory, and Reinscription in Zimbabwe," *Memory and Postcoloniality*, ed. Richard Werbner, London: Zed Books.

Westad, Odd Arne (2005) *The Global Cold War*, Cambridge: Cambridge University Press.

Westad, Odd Arne and Sophie Quinn-Judge, eds. (2006) *The Third Indochina War: Conflict between China, Vietnam and Cambodia, 1972–1979*, London: Routledge.

Willner, Ann R. (1984) *The Spellbinders: Charismatic Political Leadership*, New Haven, CT: Yale University Press.

Winter, Jay (1995) *Sites of Memory, Sites of Mourning: The Great War in European Cultural History*, Cambridge: Cambridge University Press.

Womack, Helen and Tom Harper (2006) "To Russia with Love," *Daily Telegraph* 2006.10.29.

Woo-Cumings, Meredith (2002) "The Political Ecology of Famine: The North Korean Catastrophe and Its Lessons," *Research Paper* 31, Asian Development Bank Institute, January 1, 2002, http://www.adbi.org/files/2002.01.rp31. ecology.famine.northkorea.pdf (접속일: 2011.9.21.)

Woodside, Alexander (1976) *Community and Revolution in Modern Vietnam*, Boston: Houghton Mifflin.

Yang, Dali L. (1996) *Calamity and Reform in China: State, Rural Society, and Institutional Change since the Great Leap Famine*, Stanford, CA: Stanford University Press.

Zbarsky, Ilya and Samuel Hutchinson (1998) *Lenin's Embalmers*, London: Harvill Press.

姜尚中 (2002)「過ぎ去らない"アジア"の心象地理を超えて」,『アジア新世紀』第1巻.

古田博司 (1991)「北朝鮮における儒教の傳統と主體思想の展開」,『下關市立大學論集 1991 第34巷 第3號』, 下關市立大學學會.

─── (1992)「忠誠と孝誠: 北朝鮮イデオロギー教化史上の二大畫期點, 1967, 1987」,『下關市立大學論集 1992 第36巷 第1·2合併號』, 下關市立大學學會.

─── (1996)「北朝鮮における宗教國家の形成」,『筑波法政』第20號.

─── (2002)「平壤: 北朝鮮における'主體'護持の意志と表象空間」,『アジア新世紀』第1巻.

鈴木昌之 (1992)『北朝鮮: 社會主義と傳統の共鳴』, 東京大學出版會.

滝沢秀樹 (2008)『朝鮮民族の近代國家形成史序說』, 東京: お茶の水書房.

小此木政夫 (1997)「はじめに: 連鎖崩壊の悪夢」,『北朝鮮ハンドブック』, 東京: 講談社.

小倉紀蔵 (2001)『韓國人のしくみ』, 東京: 講談社.

礒崎敦仁 (2006)「金正日"先軍政治"の本質」, 小此木政夫 編,『危機の朝鮮半島』, 慶應義塾大學出版會.

朱建栄 (2004)『毛沢東の朝鮮戰爭』, 東京: 岩波書店.

和田春樹 (1992)『金日成と滿州抗日戰爭』, 東京: 平凡社. (와다 하루끼『김일성과 만주항일전쟁』, 이종석 옮김, 서울: 창비 1992)

─── (1998)『北朝鮮: 遊擊隊國家の現在』, 東京: 岩波書店. (와다 하루키『북조선: 유격대국가에서 정규군국가로』, 서동만·남기정 옮김, 서울: 돌베개 2002)

강근조 (1991)『조선교육사』제4권, 평양: 사회과학출판사.

강만길 (2008)『통일운동시대의 역사인식』, 파주: 서해문집.

강성길 (2002)『선군시대의 조국을 가다』, 평양: 평양출판사.

강진웅 (2001)「북한의 가족국가체제의 형성」,『통일문제연구』제13권 2호, 서울: 평화문제연구소.

강청희·리성일 (2007)『영원히 인민과 함께』, 평양: 평양출판사.

과학백과사전출판사 (1988)『문학예술사전』제1권, 평양: 과학백과사전출판사.

─── (2002)『종자론에 관한 철학론문집』, 평양: 과학백과사전출판사.

곽성호 (2010)「보물고」,『청년문학』제7호, 평양: 문예출판사.

김두일 (2002)『선군시대 위인의 정치와 노래』, 평양: 문예출판사.

김봉호 (2005)『선군으로 위력 떨치는 강국』, 평양: 평양출판사.

김성모 외 (2002)『북한의 집단체조』, 평양: 외국문출판사.

김성보 (2000)「북한의 주체사상·유일체제와 유교적 전통의 상호관계」,『사학연구』제61호.

김성보·기광서·이신철 (2004)『사진과 그림으로 보는 북한 현대사』, 서울: 웅진지식하우스.

김우경 (2003)『영원한 추억』, 평양: 평양문화예술출판사.

김우경·동기춘·김종석 (1999)『금수산기념궁전전설집 1·2·3·4.』, 평양: 문학예술종합출판사.

김은택 (1996)『고려 태조 왕건』, 평양: 과학백과사전종합출판사.

김인옥 (2003)『김정일 장군 선군정치 리론』, 평양: 평양출판사.

김일성 (1978)『혁명적 문학예술을 창작할 데 대하여』, 평양: 로동당출판사.

──── (1992)『세기와 더불어』, 평양: 조선로동당출판사.

김일성종합대학출판부 (2005)『김정숙 동지 혁명력사』, 평양: 김일성대학출판부.

김정일 (1984)『영화예술론』, 평양: 조선로동당출판사.

──── (1997)「주체의 당건설이론은 로동계급의 당건설에서 틀어쥐고 나가야 할 지도적 지침이다」, 조선로동당중앙위원회 대회 연설(1990.10.10),『김정일 선집』제10권, 평양: 조선로동당출판사.

──── (2010)『김정일 선집』제3·4권, 평양: 조선로동당출판사.

김지니 (2008)「북한식 종합공연예술의 정착과 전개」,『현대북한연구』제11권 2호, 서울: 북한대학원대학교.

류경원 (2009)「또다시 긴장감 흐르는 시장」,『림진강』제4호, 서울: 림진강출판사.

리영희 (2000)『반세기의 신화: 휴전선 남, 북에는 천사도 악마도 없다』, 서울: 삼인.

──── (2006)『새는 좌우의 날개로 난다』, 파주: 한길사.

리종렬 (2007)『진달래』, 평양: 문예출판사.

림근오 (2008)「백성 해방-언론 해방이 최우선이다」,『림진강』제3호, 서울: 림진강출판사.

──── (2009)「살기 위한 탈북도 죄인가?」,『림진강』제4호, 서울: 림진강출판사.

박수원 (2009)「웃었답니다 울었답니다」,『아동문학』제4호, 평양: 문예출판사.

박순성·홍민 엮음 (2010)『북한의 일상생활세계: 외침과 속삭임』, 서울: 한울.

박영정 (2007a)『북한 연극/희곡의 분석과 전망』, 서울: 연극과인간.

───── (2007b)『21세기 북한 공연예술 대집단체조와 예술공연 아리랑』, 서울: 월인.

박현선 (2003)『현대 북한사회와 가족』, 서울: 한울아카데미.

백과사전출판사 (1999)「리수복」,『조선대백과사전』제8권, 평양: 백과사전출판사.

───── (2000)「조국해방전쟁」,『조선대백과사전』제17권, 평양: 백과사전출판사.

브루스 커밍스 (1986)『한국전쟁의 기원』, 김자동 옮김, 서울: 일월서각.

───── (2005)『김정일 코드: 브루스 커밍스의 북한』, 남성욱 옮김, 서울: 따뜻한손.

사회과학출판사 (1971)『한길 혁명 문학예술: 경애하는 수령 김일성 동지의 탄생 예순돌 기념』, 평양: 사회과학출판사.

───── (2003)『우리 당의 총대철학』, 평양: 사회과학출판사.

서대숙 (2000)『현대 북한의 지도자: 김일성과 김정일』, 서울: 을유문화사.

석운기 (1991)『장편소설 고난의 행군』, 평양: 문예출판사.

오대형·하경호 (1989)『당의 령도 밑에 창작건립된 대기념비들의 사상예술성』, 평양: 조선미술출판사.

오창은 (2010)「선군시대 북한 농촌 여성의 형상화 연구」,『현대북한연구』제13권 2호, 서울: 한울아카데미.

오현철 (2005)『선군령장과 사랑의 세계』, 평양: 평양출판사.

와다 하루키 (2002)『북조선: 유격대국가에서 정규군국가로』, 서동만·남기정 옮김, 돌베개.

우리민족서로돕기 불교운동본부 (1998)『북한식량난의 실태』, 서울: 좋은벗들.

윤우철·서경남·황철수 (2005)『조선로동당의 도덕 의리의 정치』, 평양: 사회과학출판사.

이문웅 (1976)「북한정치문화의 형성과 그 특징」,『북한연구』, 서울: 국토통일원 조사연구실.

이병천 외 (2003)『개발독재와 박정희시대: 우리 시대의 정치경제적 기원』, 서울: 창비.

이우영 (1993)「북한 정치사회화에서 전통문화의 역할: 북한영화분석을 중심으로」, 서울: 통일연구원.

────── (2001)「문학예술을 통해서 본 김정일 시대의 북한」,『경제와사회』제49호(2001년 봄호), 서울: 비판사회학회.

────── (2002)『북한사회의 상징체계 연구: 혁명구호의 변화를 중심으로』, 서울: 통일연구원.

────── (2009)『북한 도시주민의 사적 영역 연구』, 서울: 한울아카데미.

이종흔 (2008)「북한 도덕교육에서 유교윤리의 비판과 수용」,『통일전략』제8권 1호, 서울: 한국통일전략학회.

이헌경 (2002)「김일성·김정일 부자 우상화를 위한 유교적 정치사회화」,『세계지역연구』제18권, 서울: 한국세계지역학회.

임동원 (2008)『피스메이커: 남북관계와 북핵문제 20년』, 서울: 중앙북스.

전덕성 (2004)『선군정치에 대한 리해』, 평양: 평양출판사.

전영선 (2002)「북한의 대집단체조예술공연 '아리랑'의 정치사회적·문학예술적 의미」,『중소연구』제94호(2002년 8월), 서울: 한양대학교 아태지역연구센터.

────── (2011)「북한「아리랑」의 현대적 변형과 의미」,『현대북한연구』제14-1호, 서울: 경남대학교 극동문제연구소.

전제헌 (1994)『동명왕릉에 대한 연구』, 평양: 사회과학출판사.

전하철 (1994)『수령님은 영원히 우리와 함께 계신다』, 평양: 조선로동당출판사.

정병호 (2000)「북한 기아 구호활동 민간단체의 현황과 과제」,『북한의 식량문제 실태와 대책』, 임길진·장남수 엮음, 서울: 한울아카데미.

────── (2004)「북한기근의 인류학적 연구」,『통일문제연구』제16권 1호, 서울: 평화문제연구소.

────── (2010)「극장국가 북한의 상징과 의례」,『통일문제연구』제22권 2호, 서울: 평화문제연구소.

정병호, 전우택, 정진경 엮음 (2006)『웰컴 투 코리아: 북조선 사람들의 남한살이』, 서울: 한양대학교출판부.

정진혁 (2002)『절세의 위인가문』, 평양: 평양출판사.

조선로동당출판사 (2000)『김정일선집』제14권, 평양: 조선로동당출판사.

조선미술출판사 (1998)『음악의 원로, 김정일』, 평양: 조선미술출판사.

조성박 (1999)『세계를 매혹시키는 김정일의 선군정치』, 평양: 평양출판사.

조성호 (2003)『김정일장군 일화집』, 평양: 평양출판사.

좋은벗들 (2000)『북한이야기: 북한사람들이 말하는』, 서울: 정토.

────── (2001)『북한사회 무엇이 변하고 있는가?』, 서울: 정토.

최기환 (2002)『영원한 태양 김일성주석』, 평양: 평양출판사.

최순호 (2008)『탈북자 그들의 이야기』, 서울: 시공사.

최희복 (2009)『백두산 녀장군의 인생관』, 평양: 근로단체출판사.

평양출판사 (1994)『민족의 원시조 단군』, 평양: 평양출판사.

────── (2006)『선군태양 김정일장군』제1권, 평양: 평양출판사.

────── (2007)『선군의 어머니 김정숙 녀장군』, 평양: 평양출판사.

────── (2007)『선군의 어버이 김일성장군』제1·2권, 평양: 평양출판사.

남한 언론

「김일성 방중 행적 따라 이동, 전통적 특수 관계 과시」,『중앙일보』2011.5.28.

「김일성, '7.4 성명은 대남적화를 위한 평화공세'」,『동아일보』 2009.9.24.

「北"끝까지 결판 볼 것"」,『동아일보』 2009.2.23.

「"1970년대 초 南北정권 '적대적 공생관계' 입증"」,『동아일보』 2009.10.13.

「함평 나비축제 '황금박쥐'와 평양 만수대 '김일성 동상'」, 데일리NK 2009.5.11.

북한 언론

「강계정신으로 억세게 싸워나가자」,『로동신문』 2000.4.22.

「김일성민족의 존엄과 영광」,『로동신문』 2009.7.5.

「김일성 주석님은 오늘도 선물을 받으십니다」,『로동신문』 2004.8.8.

「나는 강계정신을 영원히 잊지 않을 것입니다」,『로동신문』 2000.5.8.

「다시 한번 경공업과 농업에 박차를」,『로동신문』 2010.1.1.

「민족의 자주적 운명 개척을 위한 진로를 밝힌 새 세기의 대걸작: '김일성상' 계
　　관작품 대집단체조와 예술공연 〈아리랑〉에 대하여」,『로동신문』 2002.7.19.

「백두산 눈보라」,『로동신문』 2000.3.21.

「불멸의 5년을 회고하며」,『로동신문』 1999.7.1.

「선군령장과 아리랑」,『로동신문』 2007.9.24.

「성스러운 3년」,『로동신문』 1997.7.2.

「세계민족해방투쟁사에 기리 빛날 불멸의 업적」,『로동신문』 2006.8.17.

「수령님 부르신 노래」,『로동신문』 2007.4.6.

「숭고한 도덕의리의 상징으로 빛나는 애국렬사릉」,『로동신문』 2004.12.28.

「아, 내 조국!」,『로동신문』 2009.9.6.

「우리 조국의 어머니」,『로동신문』 2005.12.23.

「우리는 승리한다」,『로동신문』 1996.6.3.

「우리는 한식솔」,『로동신문』 2007.10.3.

「위대한 태양, 자애로운 어버이」,『로동신문』 2009.6.8.

「인민의 마음속에 영생하시는 녀사」,『로동신문』2000.12.22.

「인민이 잊지 못하는 이국땅의 기적소리」,『로동신문』2011.12.23.

「장군님 사랑하시는 노래」,『로동신문』2000.7.25.

「장군님 따라 승리의 한길로」,『로동신문』2004.7.2.

「절세의 위인을 경모하는 만인의 순결한 마음」,『로동신문』2007.6.1.

「정력적인 현지지도 강행군」,『로동신문』2009.6.18.

「정론. 김정일 장군: 선군승리의 50년에서 무궁번영할 천만년을 내다보며」,『로동신문』2010.8.24.

「조선로동당대표자회의」,『로동신문』2010.7.30.

「태양의 노래는 영원합니다」,『로동신문』2008.4.17.

「혁명가 유자녀들은 백두의 선군전통을 이어나갈 핵심골간들이다」,『로동신문』2007.10.12.

「혁명전통을 대를 이어 빛나게 계승 발전시키자」,『로동신문』1974.4.25.

우리민족끼리 2010.3.29.

조선중앙통신 2002.4.13.

조선중앙통신 2010.8.30.

기타 미디어

김일성종합대학에서의 기념연설(2009.4.23). http://www.ournation-school.com/Radio_lecture/w2-72/w2-72.htm (접속일: 2009.12.19.)

김정일 연설(1996년 2월 11일, 조선로동당 중앙위원회)

「어떤 나라」(A State of Mind, directed by Daniel Gordon, Sheffield, UK: VeryMuchSo Productions 2004, DVD).

CyberHumanRights.com(http://www.cyberhumanrights.com/media/material/5049_1.pdf, 접속일: 2010.3.6).

"Exposición de la amistad internacional, ediciones en lenguas extranjeras," Pyongyang, RPD de Corea, 1982(스페인어 팸플릿).

Global People, no. 127, 2010.5.16.

"North Korea Confirms Kim Jong-Il's Son Will Take Over as Leader," *Guardian,* 2010.10.8.

"The Character of a Just Man: Who Is General Kim Jong Il?," Chongryon. com(http://www.chongryon.com/k/mc/kim/21-new/2-4.htm, 접속일: 2010.2.17).

제1장

1-1. 『태양과 청춘』, 평양: 금성청년출판사 1999, 111면

1-2. 『주체예술의 위대한 연륜』, 평양: 2·16예술교육출판사 2002, 212면

1-3. 『조선의 어머니 김정숙동지』, 평양: 조선화보사 1997, 138면

1-4. 『영광의 50년』, 평양: 조선화보사 1995, 309면

1-5. ⓒ 정병호 2006

제2장

2-1. ⓒ 류재수 2005

2-2. ⓒ 연합뉴스 2010.9.30

2-3. 『영광의 50년』, 평양: 조선화보사 1995, 168면

2-4. 『영광의 50년』, 평양: 조선화보사 1995, 169면

2-5. 『김일성주석과 오늘의 조선』, 평양: 조선화보사 1992, 216면

2-6. ⓒ 정병호 2006

제3장

3-1. 『조선』 제542호(2002년 5월), 평양: 조선출판사, 20면

3-2. 『선군, 승리의 기치』, 평양: 조선화보사 2003, 12면

3-3.『주체예술의 빛나는 화폭』, 평양: 문예출판사 2001, 116면

3-4.『선군, 승리의 기치』, 평양: 조선화보사 2003, 44면

제4장

4-1. ⓒ 정병호 2007

4-2.『조선의 어머니 김정숙동지』, 평양: 조선화보사 1997, 148면

4-3.『주체예술의 위대한 연륜』, 평양: 2·16예술교육출판사 2002, 203면

4-4.『불멸의 영상』, 평양: 문예출판사 1992, 154면

4-5.『주체예술의 빛나는 화폭』, 평양: 문학예술종합출판사 2001, 6면

제5장

5-1. ⓒ 류재수 2005

5-2. ⓒ 정병호 2006

5-3.『불멸의 영상』, 평양: 문예출판사 1992, 472면

5-4.『조선』 제542호(2002년 5월), 평양: 조선출판사, 10면

제6장

6-1.『조선』 제541호(2002년 4월), 평양: 조선출판사, 14면

6-2.『김일성동지의 위대한 주체사상의 기치 따라』, 평양: 외국문출판사 1972, 2면

6-3. ⓒ 정병호 2003

6-4.『태양과 청춘』, 평양: 금성청년출판사 1999, 122면

6-5. ⓒ 좋은벗들

6-6. ⓒ 좋은벗들

6-7.『불멸의 영상』, 평양: 문예출판사 1992, 184면

| 감사의 글 |

　이 책은 2012년 3월 미국에서 출간된 *North Korea: Beyond Charismatic Politics*의 한국어판이다. 이 책을 한국어로 출판할 수 있도록 도움을 주신 백낙청 교수, 그리고 좋은 책을 만들기 위해 장인정신과 열정을 아끼지 않았던 창비출판사의 염종선, 박대우 선생께 이 자리를 빌려 깊이 감사 드린다.

　이 책을 완성할 수 있도록 여러 기관과 친구들, 동료들이 도움을 주었다. 먼저 이 저서는 2010년도 정부(교육과학기술부)의 재원으로 한국학중앙연구원의 지원을 받아 수행된 연구다(AKS-2010-DZZ-3104). 연구의 구상단계에는 한국연구재단과 영국학술원이 도움을 주었다. 아낌없는 지원을 해준 이 기관들과 관계자 분들께 감사드린다. 통일부 북한자료관으로부터도 많은 도움을 받았다. 북한자료를 찾고 활용할 수 있도록 도움을 주신 김영란, 신은정 선생께 감사 드린다. 또한 사진자료를 활용할 수 있도록 협조해준 사단법인 좋은벗들, 연합통신, 류재수 선생과 사진편집을 도와주신 편형규 씨께도 감사 드린다. 2008년 가을에 우리가 함께 강의했던 한양대 문화인류학과 대학원 '북한문화론' 강좌에서는 이 책에 제시된 많은 아이디어들이 나왔다. 함께 토론했던 학생들과 특별히 참고문헌, 사진, 인용문 정리를 도와준 정우창, 김현임, 안종수 조교의 노고에 고마움을 전한다. 한양대 문화인류학과의 조흥윤, 배기동, 이희수, 안신원, 송도영 교수께도 감사를 드린다.

책을 쓰는 과정에서 내용의 일부를 여러 곳에서 공유할 기회가 있었다. 권헌익은 서울의 북한대학원대학교, 런던대학교, 케임브리지대학교, 괴팅겐의 막스플랑크연구소, 그외에 앤아버, 토론토, 홍콩, 코펜하겐, 워싱턴 등지에서 발표했다. 특히 홍콩과 토론토에서는 막스 베버의 혁명적 카리스마 권력의 역사적 수명에 관한 논지를 통해 북한 현대사를 고찰하는 중요한 계기를 가졌다. 앙드레 슈미트, 마이클 신, 류영주, 찰스 암스트롱, 전경수, 함택영, 뇨땀, 카밀라 쏘렌슨, 에드 씸슨, 마크 모리스, 바락 쿠쉬너 교수께 감사 드린다. 권헌익은 특히 런던정경대학의 옛 동료들과 서울대학교의 이문웅 명예교수께 감사를 전한다. 이문웅 교수가 1976년에 발표한 선구적 논문은 이 책을 준비하는 오랜 과정에 큰 도움이 되었다.

정병호는 일리노이대학교(어바나-샴페인), 하와이대학교, 와세다대학교와 홍콩시립대학교 등에서 이 책과 관련된 주제로 발표했다. 자리를 마련해주신 데이비드 플래스, 낸시 에이블먼, 제프리 화이트, 이또 아비또, 조너선 런던 교수께 감사 드린다. 정병호가 북한을 열차례 직접 가볼 수 있었던 것은 여러 민간단체와 남북한 당국의 배려와 도움이 있었기에 가능했다. 어려운 분단상황에서 남북교류의 가교를 잇기 위해 노력하고 있는 모든 분들께 이 지면을 빌려 감사 드린다. 그외에도 여러분의 도움을 받았다. 미국의 박한식, 구해근, 유형규, 존 페퍼, 코틀런드 로빈슨 교수와, 일본의 서승, 타끼자와 히데끼, 요

338

시다 야스히꼬 교수의 가르침과 자문에 감사 드린다. 한국에서 남북 문화통합연구와 실천사업을 함께해주신 조형, 조한혜정, 권혁범, 전우택, 김영수, 박순영, 박준규, 이기범, 이우영, 이태주, 이수정, 이향규, 황상익, 장수현, 정진웅 교수께 고마움의 인사를 전한다. 정병호는 우리말 번역의 최종 편집과 교열을 함께해준 아내 정진경 교수께 감사한다. 특별히 이 시대 지식인의 귀감이신 리영희 선생님께서 돌아가시기 전 건강이 기울어지는 중에도 이 연구에 각별한 관심과 지지를 보내주신 데 대해 깊은 감사를 드린다.

이 책을 쓰는 동안 꾸준히 지원해주고 큰 관심과 훌륭한 비평을 해주신 미국의 로우먼앤드리틀필드 출판사의 수전 맥이천 편집인과 마크 쎌던 교수께 감사 드린다. 또한 출판 전에 원고를 비평해준 익명의 비평자로부터도 큰 도움을 받았다. 덕분에 북한의 국가적 존엄의 진화에 대한 논의를 좀더 분명하게 구성하고, 개념 틀을 이전보다 명확하게 할 수 있었다. 학회지에 먼저 발표한 "북한의 그리움의 정치"(North Korea's Politics of Longing, 『비판적 아시아 연구』*Critical Asian Studies* 제43호 2010), "북한의 극장국가"(North Korea's Theater State, 『한국학 포럼』*Korean Studies Forum* 제4호 2010), 「극장국가 북한의 상징과 의례」(『통일문제연구』 제22호 2010) 등 논문의 일부를 다시 쓸 수 있게 허락해주신 학술지 측에도 감사 드린다.

마지막으로 우리에게 북한의 문헌과 예술을 어떻게 읽고 파악해야 하는지 가르쳐준 고마운 친구들이 있다. 이 책은 북한을 잘 아는 이분들이 그 지식과 경험을 나누어주지 않았으면 가능하지 않았을 것이다. 그들에게 감사 드린다. 그중에서 특히 김숙정 여사와는 많은 이야기를 나누었다. 이 책을 김숙정 여사의 아이들을 비롯하여 고난의 행군 시기를 용감하게 헤쳐온 북한의 모든 어린이들에게 바친다.

극장국가 북한

카리스마 권력은 어떻게 세습되는가

초판 1쇄 발행 / 2013년 2월 15일
초판 9쇄 발행 / 2023년 5월 3일

지은이 / 권헌익 정병호
펴낸이 / 강일우
책임편집 / 박대우
펴낸곳 / (주)창비
등록 / 1986년 8월 5일 제85호
주소 / 10881 경기도 파주시 회동길 184
전화 / 031-955-3333
팩시밀리 / 영업 031-955-3399 편집 031-955-3400
홈페이지 / www.changbi.com
전자우편 / human@changbi.com

한국어판 ⓒ (주)창비 2013
ISBN 978-89-364-8581-8 93300